Daxing Shenshui Qiaoliang Zuankongzhuang Zhuangduan Houyajiang Jishu

大型深水桥梁钻孔桩桩端后压浆技术

龚维明　戴国亮　黄生根　著

人民交通出版社

内 容 提 要

本书系统介绍了桩端后压浆技术的基本原理和设计、施工、检测成套技术，以及在典型深水桥梁基础工程中的具体应用，同时还包括该项技术在国内外推广应用的成果，以及东南大学课题组近10年的研究成果总结。

本书可供从事桩基础设计、施工、监理工作的工程技术和科研人员，以及高等院校师生参考使用。

图书在版编目（CIP）数据

大型深水桥梁钻孔桩桩端后压浆技术 / 龚维明，戴国亮，黄生根著 .—北京：人民交通出版社，2009.2

ISBN 978-7-114-07604-6

Ⅰ. 大… Ⅱ. ①龚…②戴…③黄… Ⅲ. 桥梁工程—钻孔灌柱桩—压浆法 Ⅳ.U443.15

中国版本图书馆 CIP 数据核字（2009）第 017608 号

书　　名：大型深水桥梁钻孔桩桩端后压浆技术
著 作 者：龚维明　戴国亮　黄生根
责任编辑：贾秀珍　田　川
出版发行：人民交通出版社
地　　址：（100011）北京市朝阳区安定门外外馆斜街3号
网　　址：http：//www.ccpress.com.cn
销售电话：（010）59757969，59757973
总 经 销：北京中交盛世书刊有限公司
经　　销：各地新华书店
印　　刷：北京交通印务实业公司
开　　本：787×1092　1/16
印　　张：13.25
字　　数：333千
版　　次：2009年2月　第1版
印　　次：2009年2月　第1次印刷
书　　号：ISBN 978-7-114-07604-6
印　　数：0001~3000册
定　　价：35.00元

前　言

自20世纪90年代以来，我国自主建设了大量的大跨径桥梁，无论规模、数量、跨径均已名列世界前茅，举世公认我国已步入了世界桥梁大国行列。“十一五”时期是我国全面建设小康社会的关键时期，高速发展的经济建设对交通基础设施建设提出了新的要求。随着跨海跨江大型桥梁工程建设的日益增多，深水钻孔灌注桩由于承载力大、成桩不受地层条件限制、施工设备可靠、适应性强等特点，应用非常广泛。但单一工艺的钻孔灌注桩，由于成孔工艺的固有缺陷等因素（如桩底沉渣和桩侧泥皮的存在），导致桩端阻力和桩侧摩阻力显著降低，而且影响因素具有很大的随机性，使得深水钻孔灌注桩的单桩承载力往往表现出很大的离散性。

钻孔灌注桩桩端后压浆技术是成桩时在桩底预置压浆管路和压浆装置，待桩身达到一定强度后，通过压浆管路，利用高压注浆泵压注以水泥为主剂的浆液，对桩端沉渣和桩侧泥皮进行固化，从而消除传统灌注桩施工工艺所固有的缺陷，达到提高桩的承载力，减少沉降量，并提高桩身质量的目的，是一种科学先进的技术方法。

作者对桩端后压浆技术的基本原理、设计、施工、检测成套技术进行了深入的探讨，并成功应用于多项重大桥梁工程的深水基础，为优化设计提供了依据，节约了工程造价，取得了良好的经济效益，目前我国已将该技术纳入相关规程。

鉴于问题的复杂性，该技术的许多方面都还有待于进一步研究和实践，我们深信，在广大同行的共同努力下，桩端后压浆技术必将日臻完善，并在我国桩基工程中得到广泛应用。

在编写本书的过程中，得到了各位前辈及同行的鼓励和支持，也得到了许多博士生及硕士生的帮助，更得到了众多设计人员、施工单位、建设单位的鼎力相助，在此一并致谢。

限于作者水平，本书必定存在不足甚至错误之处，敬请读者批评指正。

作者

撰于东南大学

2009年2月1日

目 录

第1章 绪论 ………… 1

1.1 研究背景 ………… 1

1.2 后压浆技术的产生 ………… 2

1.3 后压浆桩的分类 ………… 3

1.3.1 后压浆桩的定义 ………… 3

1.3.2 桩端后压浆施工工艺分类 ………… 3

1.4 后压浆桩技术的研究现状 ………… 5

1.4.1 国外研究现状 ………… 5

1.4.2 国内研究现状 ………… 9

1.5 桩端后压浆桩的优缺点 ………… 10

1.5.1 优点 ………… 10

1.5.2 缺点 ………… 11

第2章 桩端后压浆提高承载力的原理 ………… 12

2.1 传统钻孔桩的工艺缺陷 ………… 12

2.2 泥皮、沉渣对桩承载力的影响 ………… 13

2.2.1 泥皮对桩承载力的影响 ………… 13

2.2.2 沉渣对桩承载力的影响 ………… 16

2.3 提高承载力的机理分析 ………… 20

2.3.1 压浆适应的地层及其选择 ………… 20

2.3.2 灌注理论 ………… 20

2.3.3 影响桩端后压浆桩承载力的主要因素 ………… 24

2.3.4 提高承载力的机理 ………… 27

2.4 柱球扩张理论在后压浆理论分析中的应用 ………… 28

2.4.1 基本假定 ………… 29

2.4.2 桩端土的球穴扩张问题 ………… 29

2.5 室内注浆试验研究 ………… 32

2.5.1 饱和与非饱和土注浆效果研究 ………… 33

2.5.2 不同注浆压力的注浆效果研究 ………… 41

2.5.3 注浆固化物强度随时间发展规律的研究 ………… 42

2.5.4 不同注浆添加剂的注浆效果研究 ………… 44

2.5.5 不同外界条件对固化物强度、结构的影响分析 ………… 50

2.5.6 注浆机理小结 ………… 51

第 3 章　桩端后压浆的数值模拟分析 …… 53
3.1　后压浆有限元分析 …… 53
3.1.1　土的本构模型 …… 53
3.1.2　计算模型 …… 56
3.1.3　桩端加固体参数对桩端承载力影响的计算 …… 58
3.1.4　苏通大桥二期试桩有关参数的反分析 …… 61
3.2　考虑时间效应的有限元分析 …… 65
3.2.1　有限元模型 …… 66
3.2.2　计算结果分析 …… 67
3.2.3　桩端后压浆作用长期效应的原位试验 …… 69
第 4 章　桩端后压浆桩设计 …… 71
4.1　引言 …… 71
4.2　已有估算公式的评价 …… 71
4.2.1　合理压浆量 …… 71
4.2.2　压浆压力 …… 72
4.2.3　后压浆桩承载力 …… 73
4.3　后压浆桩的建议计算公式 …… 78
4.3.1　后压浆桩注浆量的建议公式 …… 78
4.3.2　后压浆桩承载力计算的建议公式 …… 80
4.4　后压浆桩的沉降计算方法 …… 82
第 5 章　桩端后压浆施工与检测 …… 84
5.1　后压浆施工工艺 …… 84
5.1.1　工艺流程 …… 84
5.1.2　压浆管的布置及压浆管的制作要求 …… 85
5.1.3　浆液性能要求 …… 85
5.1.4　压浆工艺系数及控制 …… 86
5.1.5　压浆顺序和时间 …… 86
5.1.6　施工技术要求 …… 87
5.1.7　设备要求 …… 88
5.1.8　压浆施工注意事项 …… 88
5.1.9　压浆施工中出现的问题和处理措施 …… 89
5.2　压浆效果检测 …… 90
5.2.1　取芯检测 …… 90
5.2.2　CT 检测 …… 91
5.2.3　静载试验 …… 94
第 6 章　工程应用 …… 102
6.1　苏通大桥 …… 102
6.1.1　工程概况 …… 102

6.1.2　试桩结果分析 …… 105

6.2　东海大桥 …… 132

6.2.1　工程概况 …… 132

6.2.2　试桩结果分析 …… 135

6.2.3　压浆效果分析 …… 137

6.2.4　桩端压浆施工工艺 …… 137

6.3　杭州湾跨海大桥 …… 139

6.3.1　工程概况 …… 139

6.3.2　试桩结果分析 …… 143

6.4　上海沪崇苏通道上海长江大桥 …… 151

6.4.1　工程概况 …… 151

6.4.2　试桩结果分析 …… 153

6.5　印尼 Suramadu 大桥 …… 163

6.5.1　工程概况 …… 163

6.5.2　试桩结果分析 …… 166

第7章　结论与展望 …… 178

7.1　结论 …… 178

7.2　展望 …… 178

附录 …… 180

附录1　总承载力数据统计 …… 180

附录2　端阻提高系数数据统计 …… 184

附录3　桩侧摩阻力提高系数数据统计 …… 185

附录4　侧阻提高系数方程式形式数据统计 …… 194

附录5　总承载力方程形式数据统计 …… 198

参考文献 …… 201

第1章 绪 论

1.1 研究背景

桩基础是一种重要的基础形式，在重要工业与民用建筑和大、中型桥梁工程中有广泛的应用，它承托上部结构，并将上部荷载传给地基。

国内自1950年开始，钢筋混凝土桩和预应力混凝土桩代替木桩成为工程中桩的主要类型。1963年，钻孔灌注钢筋混凝土桩在河南省安阳公路桥首次试用后，经过不断改进而逐步发展成一种深基础的形式。钻孔灌注桩属于非挤土桩，随着高层建筑、桥梁工程、港口工程建设的日益增多，钻孔灌注桩由于承载力大、成桩不受地层条件限制、施工设备可靠、适应性强，而且能将所有上部结构传来的动载和静载较均匀地传递到深层稳定的土层，从而大大减少了桥梁结构基础的沉降和不均匀沉降，现在已经逐渐被世界公认为安全可靠且极为有效的基础形式之一，目前在我国公路桥梁建设中所占的比例超过了80%。

随着世界交通建设的迅速发展，我国到目前为止，在大江、大河及海上修建的大跨径桥梁均采用钻孔灌注桩，而且桩径、桩长在不断加大。目前，长度超过50m，直径大于2m的超长大直径钻孔灌注桩已十分普遍。1985年河南省郑州黄河大桥，桩长70m，桩径220cm；1989年修建的武汉长江大桥，桩长65m，桩径250cm；1990年修建的铜陵长江大桥，桩长100m，桩径280cm；2003年修建的东海大桥，桩长110m，桩径250cm；2003年修建的苏通大桥，桩长117m，桩径250cm。

目前，国内外部分已经修建的大型桥梁深水桩基础一览表见表1-1-1。

国内外部分已建大型桥梁深水桩基一览表 表1.1-1

桥梁名称	跨径(m)	主塔基础形式	建成年代
苏通大桥	1 088	131根直径2.5~2.85m的摩擦桩，桩长117 m，水深20~25m	基础2005年完工
昂船洲大桥	1 018	28根直径2.8m的钻孔桩	在建
湖北鄂东长江大桥	926	33根直径2.5m的钻孔桩，桩长65m	在建
荆岳长江公路大桥	828	28根直径3.0m的摩擦桩，桩长67m，水深15m	在建
诺曼底大桥	856	28根直径2.1m的钻孔桩	1995年
南京长江三桥	648	30根直径2.90m的摩擦桩，桩长约85m，水深25m	2005年
南京长江二桥	628	21根直径3.0m的摩擦桩，桩长83m，水深20m	2001年
白沙洲长江公路大桥	618	40根直径1.55m的摩擦桩，桩长83m，水深6~12m	2000年
福州市青州闽江大桥	605	8根直径2.5m的钻孔桩，水深2~3m	2000年

桩基成孔工艺包括人工挖孔和机械钻孔。对于大型水中群桩基础，则采用机械钻孔进行

施工。美国在20世纪初、欧洲于20世纪40年代初已开始使用，但当时的钻孔工艺和设备尚不完善，钻孔直径也较小，桩的承载力受到限制，推广使用较少。近年来，国内外大直径钻孔设备开发较多，现有设备规格及品种繁多，性能差异较大。我国在公路桥梁上采用钻孔灌注桩始于20世纪50年代末期，最初是河南省首创的人工转动钻头钻孔，后逐渐在全国发展到冲抓锥、冲击锥、正反循环回转钻、潜水电钻等多种设备和成孔工艺，且成孔施工过程中为保证孔壁稳定采用泥浆进行护壁，应用规模不断扩大。到20世纪90年代初，钻孔灌注桩直径已达到300cm，桩长也达到100m左右，并向大直径、多样化、大规模、超长度的方向发展。钻孔工艺水平的不断提高，使得钻孔桩以及群桩基础承载力得到了长足发展，适用范围越来越广泛。

钻孔灌注桩发展至今，其钢筋笼安装已经发展为分节接高、整节安装或者一次性将整节钢筋笼安装到位的施工技术；钢筋笼接长由原来的焊接接长发展为目前的直螺纹连接技术；吊装设备也由原来的小型设备发展成大型的吊装设备。

钻孔灌注桩混凝土浇筑技术已经由原来的分散拌和、分散浇筑发展为集中拌和、集中浇筑。浇筑速度越来越快，浇筑质量越来越高。

钻孔灌注桩成孔、成桩施工质量控制标准越来越高，苏通大桥已经发展为：

(1)倾斜度全部控制在规范要求的1/200范围内。

(2)轴线偏位全部控制在50mm以内，小于规范要求的100mm。

(3)成孔时间控制在72h以内，泥浆采用优质泥浆。

(4)桩底沉淀厚度均控制在5cm以内，小于规范要求的200mm。

(5)桩身强度全部合格。

但单一工艺的钻孔灌注桩，由于成孔工艺的固有缺陷(如桩底沉渣和桩侧泥皮的存在)，导致桩端阻力和桩侧摩阻力显著降低。为了消除桩底沉渣和桩周泥皮等隐患，国内外把地基处理灌浆技术引用到桩基工程中，采取对桩端(孔底)和桩侧(孔壁)实施压力注浆措施，即所谓的后压浆技术，以达到提高单桩承载力、减小桩顶沉降的目的。

然而由于后压浆技术在我国起步相对较晚，目前尚未形成一套成熟完善的理论。

1.2 后压浆技术的产生

近20年来，伴随着土木建筑工程向大型化、群体化发展及长跨径桥梁的发展，各种类型的灌注桩的使用也越来越多，但单一工艺的灌注桩往往不能满足上述发展的要求，存在许多不利于承载力的因素。

(1)在成孔过程中，为维持孔壁稳定，避免出现坍塌和缩径现象，一般采用优质泥浆护壁。泥浆中的黏土颗粒在循环过程中吸附于孔壁，形成泥皮，从而起到保护孔壁的作用。但泥皮的存在，阻碍了桩身混凝土与桩间土的黏结，相当于在桩土间涂了一层润滑油，不同程度地降低了桩侧摩阻力。摩阻力降低的程度与泥皮的质量、厚度等有关，泥皮越大，摩阻力越低。

(2)成孔后，地层中形成了较大的自由面，改变了地层的初始应力状态，桩周土体向孔中心产生不同程度的位移，引起地层侧压力的降低，使桩土间的法向应力减小，桩侧摩阻力降低。

(3)施工过程中，由于使用泥浆作为冲洗介质，无论采取何种清孔工艺，很难将孔内沉渣全部带出至地表。特别是当孔内泥浆重度、黏度较大，清孔不彻底时，沉渣往往较厚。孔底沉渣的存在是影响钻孔灌注桩承载力的重要因素之一。

(4)孔壁受水浸泡,使桩周土的抗剪强度降低及桩身混凝土收缩等均会导致桩侧摩阻力的降低。

以上影响因素具有很大的随机性,使钻孔灌注桩的单桩承载力往往表现出很大的离散性,有试验资料表明,对同一个施工场地、相同结构的桩,其承载力相差较大,不仅造成资源的严重浪费,还使钻孔灌注桩的工程质量具有很大的不确定性。

为解决上述问题,国内外的一些单位通过以下措施减少对其承载力的影响:

(1)尽量缩短成孔时间。

(2)严格保证泥浆质量。

(3)成孔至设计高程后进行扫孔以控制泥皮厚度。

(4)进行钻孔灌注桩桩端压浆。

桩端压浆技术以往主要应用于城市建设中的高层建筑,其桩径、桩长一般较小。近年来,随着工程实践的发展,一些桥梁桩开始应用该项技术,如:东海大桥、苏通大桥、杭州湾跨海大桥等,均取得了良好的效果。

1.3 后压浆桩的分类

1.3.1 后压浆桩的定义

所谓后压浆桩(亦称为后处理注浆桩、后压力注浆桩或后注浆桩),是指在成桩后对桩端或桩侧土体进行压力注浆的桩型。钻孔灌注桩后压浆技术是成桩时在桩底或桩侧预置压浆管路和压浆装置,待桩身达到一定强度后,通过压浆管路,利用高压压浆泵压注以水泥为主剂的浆液;根据浆液性状、土层特性和注浆参数等不同,压力浆液对桩端沉渣、桩侧泥皮及桩周土体起到渗透、填充、置换、劈裂、压密及固结等不同作用,对孔底沉渣和桩侧泥皮进行固化,从而改善传统灌注桩施工工艺所固有的缺陷,通过改变土体的物理力学性能及桩土间边界条件,以达到提高桩的承载力,减少沉降量,并提高桩身质量和桩承载力可靠性的一种科学、先进的技术。属于这类桩型的有桩端压力注浆桩、桩侧压力注浆桩、桩端和桩侧联合压力注浆桩[1]。

1.3.2 桩端后压浆施工工艺分类

1)按压浆工艺分类

分为闭式压浆和开式压浆工艺。

(1)闭式压浆。闭式压浆工艺是将预制的、弹性良好的腔体(又称承压包、预压包、压浆胶囊等)或压力注浆室随钢筋笼放入孔底,成桩后在压力作用下,把浆液注入腔体内;随压浆压力和压浆量的增加,弹性腔体逐渐膨胀、扩张,在桩端土层中形成浆泡,浆泡逐渐扩大、压密沉渣和桩端土体,并用浆体取代(置换)部分桩端土层,扩大头逐渐形成,压密区范围也逐渐增大,直至达到设计要求为止。闭式压浆示意图见图1.3-1。

国内外已开发出多种预留压力注浆室,具体结构可能有一些差异,但工作原理均相同。

(2)开式压浆。开式压浆工艺是把浆液通过压浆管(单、双或多根),经桩端的预留压浆空腔、预留压浆通道或预留的特殊压浆装置等,直接注入桩端土层、岩体中,浆液与桩端沉渣和周围土体呈混合状态,呈现出渗透、填充、置换、劈裂等效应,在桩端显示出复合地基的效果。开式压浆示意图见图1.3-2。

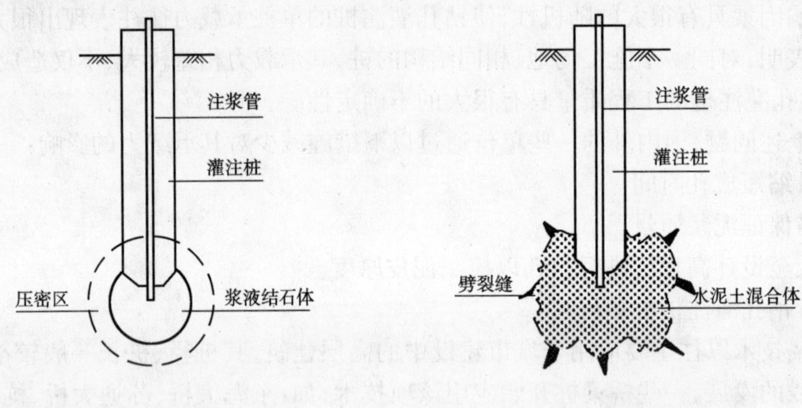

图1.3-1　闭式压浆示意图　　图1.3-2　开式压浆示意图

2)按压浆循环方式分类

分为单向压浆和循环压浆。

(1)单向压浆。每一个压浆系统由一个进浆口和桩端或桩侧压浆器组成。压浆时,浆液由进浆口到压浆器的单向阀,再到土层,呈单向性。压浆管路不能重复使用,不能控制压浆次数和压浆间隔。

(2)循环压浆,也称为U管压浆。每一个压浆系统由一根进口管、一根出口管和一个注浆装置组成。压浆时,将出浆口封闭,浆液通过桩端压浆器的单向阀注入土层中。一个循环压完规定的浆量后,将出浆口打开,通过进浆口以清水对管路进行冲洗,同时桩端压浆器的单向阀可防止土层中浆液回流,保证管路的畅通,便于下一循环继续使用,从而实现压浆的可控性。

3)按压浆部位分类

分为桩侧压浆、桩端压浆和桩侧桩端压浆。

(1)桩侧压浆。仅在桩身某一部位或若干部位进行压浆。

(2)桩端压浆。仅在桩端进行压浆。

(3)桩侧桩端压浆。在桩身若干部位和桩端进行压浆。

4)按压浆管埋设方法分类

可分为桩身预埋压浆管法和钻孔埋管压浆法。后者又可细分为桩身中心钻孔压浆和桩外侧钻孔压浆法。

(1)桩身预埋压浆管。桩身预埋压浆管是指在桩身混凝土灌注前预先将压浆管放置好,浇注桩身混凝土后,再压浆。压浆管一般放置在桩身的侧面,如图1.3-3所示。

(2)钻孔埋管压浆。钻孔埋管压浆一般是在桩身承载力不能满足要求和进行桩基事故处理时采用的方法,可分为桩身中心钻孔埋管和桩外侧钻孔埋管。桩身中心钻孔埋管压浆是在成桩后,在桩身中心钻孔埋设压浆管,并深入到桩端以下约1~2倍桩径范围,然后压浆。桩外侧钻孔埋管压浆是指在成桩之后,沿着桩身四周0.2~0.5m的间距钻孔并压浆,如图1.3-4所示。

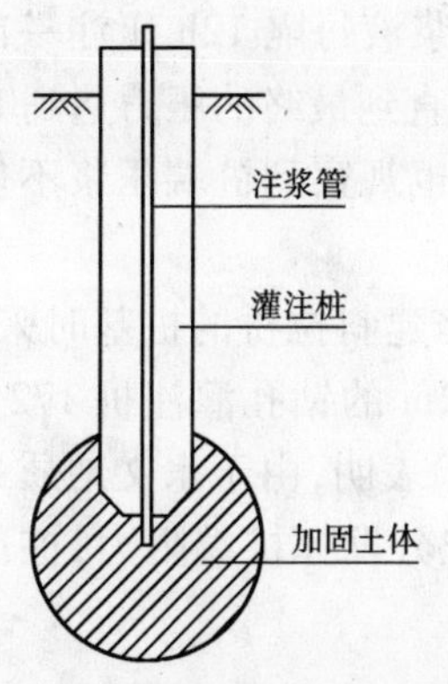

图 1.3-3 桩身预埋管压浆示意图

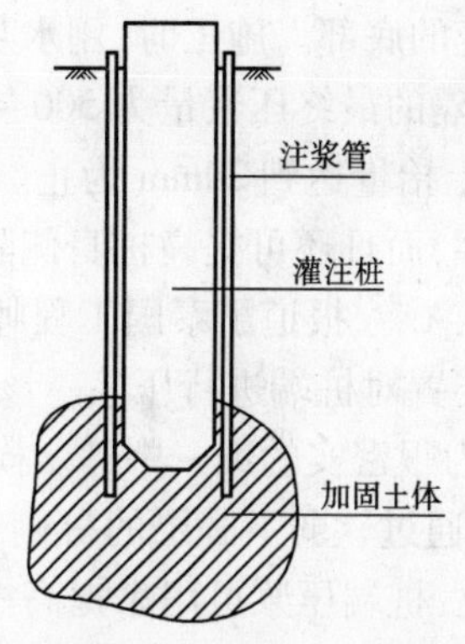

图 1.3-4 桩侧钻孔埋管压浆示意图

5)按桩端预留压力注浆装置的形式分类

可分为预留压力注浆室、预留承压包、预留注浆空腔、预留注浆通道及特殊注浆装置等。

1.4 后压浆桩技术的研究现状

1.4.1 国外研究现状

Bruce, D. A. 在文献[2、3]中报道了压力注浆自1961年在委内瑞拉修建 Maracaibo 大桥基桩中首次运用以来,在世界多个国家的桥梁中得到了广泛的应用。

Schnitter, G.[4] 报道了一种复合工艺桩,其施工工艺如下:

(1)先将内径为2.50m的钢管打入到设计持力层。

(2)将外径1.35m、内径0.99m、壁厚0.18m的钢筋混凝土空心桩插入钢管内,随即用混凝土封闭桩端。

(3)在桩端上装上橡皮袋和4个压浆孔道。

(4)在空心桩内灌注C30混凝土,将钢管拔出。

(5)混凝土经过几天养护后,通过压浆管向桩端进行压力注浆,该桩的承载力为未压浆桩的2~2.5倍。

Bolognesi, A. J. L & Moretto, O.[5] 详细报道了 Parana 运河上桥梁桩端压浆所用的装置(图1.4-1)。该工程使用了几百根长达75m,直径为2m的桩,通过桩底压力盒对每一根桩进行预加载。每一个压力盒有40个孔洞,用带有相同孔洞数的橡胶隔膜进行保护,压力盒上的孔洞与橡胶隔膜上的孔洞相互错开,从而起到单向压浆阀的作用。一根压浆导管将浆液从压浆吊篮的顶部导入压力盒的各个部分,吊篮内装满粗砂,作为"浆液和压力分配室"悬挂并

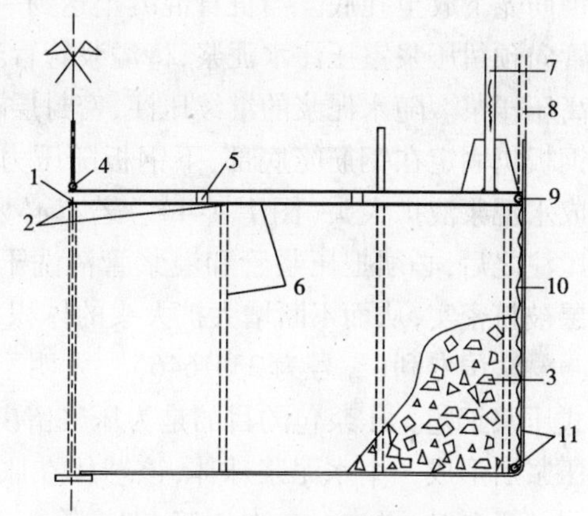

图 1.4-1 Parana 河桩端预留荷载箱压浆装置

1-64mm 的钢板;2-压浆孔;3-均匀的砾石;4-吊钩;5-定距块;6-吊篮;7-直径38mm 的压浆管;8-30mm 的加强管;9-直径25mm 的钢管;10-橡胶或氯丁橡垫;11-直径14mm 的钢管

固定在钢筋笼的底部。施工时,用水灰比为0.6的净水泥浆液每隔12h压注一次。根据桩径不同,每一间隔的最终压浆量为500~1 000kg,重复压浆,直到最终的压力达到10MPa且维持5min或桩顶上抬量达到20mm为止。Bolognesi & Moreeto也观察到桩端压浆不仅可以改善桩端下土的特性,而且还可提高桩身侧阻力。

Bruce,D. A.[2]报道了泰国工程师20世纪80年代在修建斜拉桥的桩基时采用了图1.4-2所示的压浆装置对桩端进行压浆。该工程采用了桩径为2m的钻孔灌注桩172根,桩长最长35m,持力层为很密实的细~中砂。模拟直径桩的载荷试验表明,由于水文地质条件和施工条件(不考虑桩通过软弱下卧层的桩侧摩阻力)的影响,要充分发挥桩端阻力,桩顶位移不小于120mm。因此,桩端压浆可用来提高桩的承载性能。

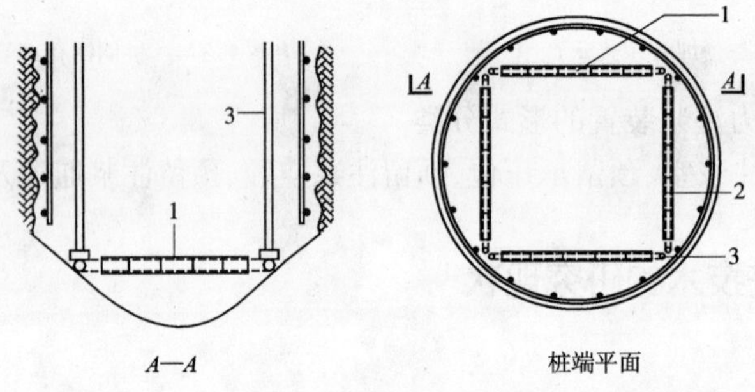

图1.4-2　泰国桩端压浆装置

1-直径为100mm的橡胶管;2-开在管内侧直径为8mm的穿孔;3-直径为50mm的压浆管

Lizzi,F[6]于1981年介绍了一种"FCP"桩,该桩使用了另一种预留压力注浆腔室的闭式压浆工艺,该装置如图1.4-3所示,主要由两块带孔的圆形钢板和定距块(或肋板)组成,上下两块钢板的间距为20~30mm,钢板的直径比桩孔径略小,上钢板与压浆管和溢浆管的下端相连。整个压力注浆室由两个密封层(内层是麻布或橡胶,外层是塑料布)包裹,压力注浆室随钢筋笼下放至孔底。当桩身混凝土达到一定强度后,即可通过压浆管向预留压浆室压注水泥浆,待溢浆管冒浆后,便堵住溢浆管,进行高压压浆。随水泥浆的继续压注,密封层被破坏,上下钢板分离,上钢板仍固定在钢筋笼底部,下钢板随压力增大而下沉,在桩端处形成水泥浆液扩大头(图1.4-4)。若有必要,可进行多次压注,每次压注之后,必须把压浆管和溢浆管清洗干净。通过该方法,桩端土层被挤密实,从而不断增大扩大头的体积,压浆压力为1~10MPa。

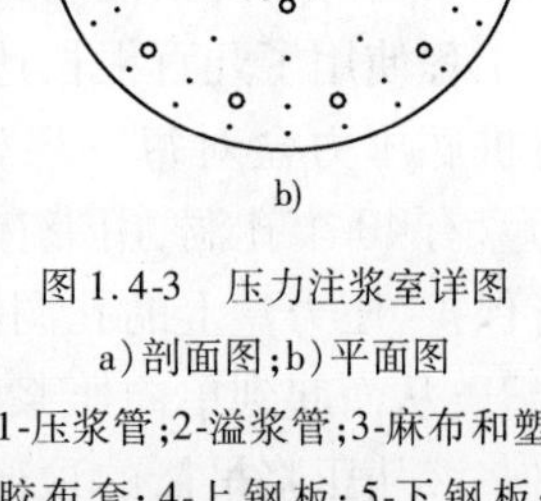

图1.4-3　压力注浆室详图

a)剖面图;b)平面图

1-压浆管;2-溢浆管;3-麻布和塑胶布套;4-上钢板;5-下钢板;6-定距块;7-气孔

法国专利(编号为2331646)[7]发明了预留压力注浆包,采用闭式压浆工艺。压浆包的目的是为压浆留出一个足够的空间,第一次压浆后形成一个水泥浆球体,该球体在胀大的过程中,挤压周围土层。必要时,可进行二次压浆,即在第一次注入的浆液完全硬化之前,对压浆包进行部分冲洗,重新形成一个适当容积的压浆包,再二次压浆;若还有必要,可再次进行冲洗和压浆,直到最后一次压浆量很少为止。

Krubasik K.[8]介绍了德国Biltingert Berger公司为减少大直径

桩沉降量、提高桩承载力的新工法:压力腔法和压力箱法。所谓压力腔法,是将设置在钢筋笼下端并与桩身断面相同的压力腔(塑料承压包)随钢筋笼放入桩孔底部,然后灌注混凝土。待混凝土硬化后,再以3.2MPa的压力将水泥浆压入压力腔内,对桩端进行预加载。所谓压力箱法,是将一种像液压油缸那样的装置,在灌注桩身混凝土前预先安放在桩孔底部,待混凝土硬化后,再以3.2MPa的压力将水泥浆液压入压力箱内,对桩端进行预加载。

Fleming, W. G. K.[9]介绍了一种U形压浆管(图1.4-5),在灌注桩身混凝土前,将U形压浆管随钢筋笼一起放入孔底。U形管通常采用直径约为30mm的钢管,由3段组成,即第一段为桩顶至桩端的进浆管,第二段为横穿桩端并用橡胶密封的穿孔管,第三段为由桩端回到桩顶的出浆管。视桩径大小采用2~4副U形压浆管,其中应留有备用U形管。在某些情况下,压浆管可兼做超声波检测管。U形压浆管属于开式压浆工艺的预留压浆通道装置,在欧洲地区较常用。U形压浆管装置压浆也可以起到部分提高桩侧摩阻力的作用。

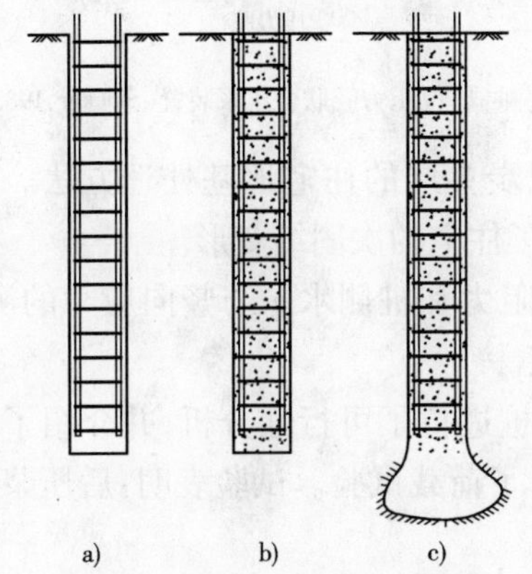
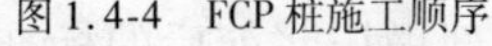

图1.4-4 FCP桩施工顺序

a)成孔、放钢筋笼和压力注浆室;b)灌注桩混凝土;c)压浆

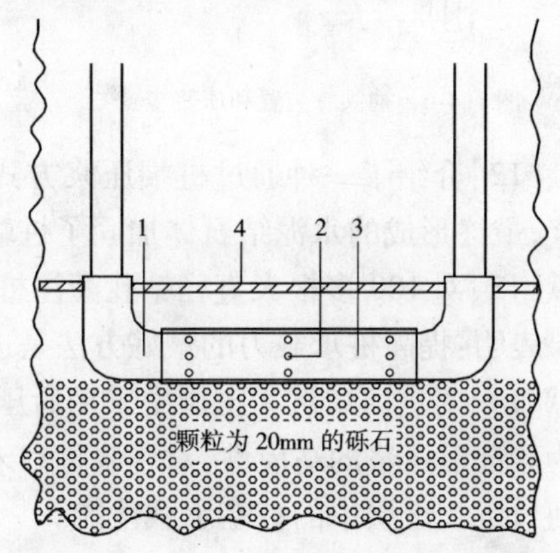

图1.4-5 桩端U形压浆管装置

1-直径为30mm的钢管组成的U形管;2-直径为8mm的穿孔;3-橡胶管;4-8mm厚的薄钢板

1983年,Littejohn等[10]介绍了一种如图1.4-6所示的袖阀管桩端压浆装置。此装置适用于低渗透性且低黏性的粉质砂土地层。为了形成扩大头,首先,在桩端注射一种特殊配方的浆液。然后,通过桩身预留的100mm中心管,将钻杆放至孔底,并钻至桩下2m处,然后置入压浆管并用水泥/膨润土(浆液水灰比为0.5,加入水重量5%的膨润土)形成包裹层。3d后,进行注水试验,接着在桩底进行压浆。为了确保地基的强度,可在第一次压浆完成后24h,进行二次压浆,使浆液尽量通过每一个压浆袖阀管。Littejohn提到在Corniche Centre, Jeddah, KSA.的工程中运用了袖阀管桩端压浆装置,压浆试验表明:对于孔隙率为25%~33%地基土,化学浆液可以扩散1.8~2.1m,深入到桩端土层至少1m。

1983年,Stocker, M. F.[11]提出的袖阀管/压力腔联合压浆装置(图1.4-7),通过压浆不但提高桩端阻力,也可以提高桩侧摩阻力。Stocker同时也建议,为了改善桩侧摩阻力,在桩身混凝土浇筑1~2d后,其强度达到5MPa时,进行压浆,若需要,可重复进行。为了提高桩的端承力,以6MPa的压浆压力进行间隔压浆。Stocker强调:在桩端压浆过程中,一定要将桩顶位移量控制在3mm范围内,因为较大的桩顶位移会影响随后桩侧摩阻力的发挥。他同时指出桩端阻力增加的多少,依赖于桩端土的类型和它的初始密实度。

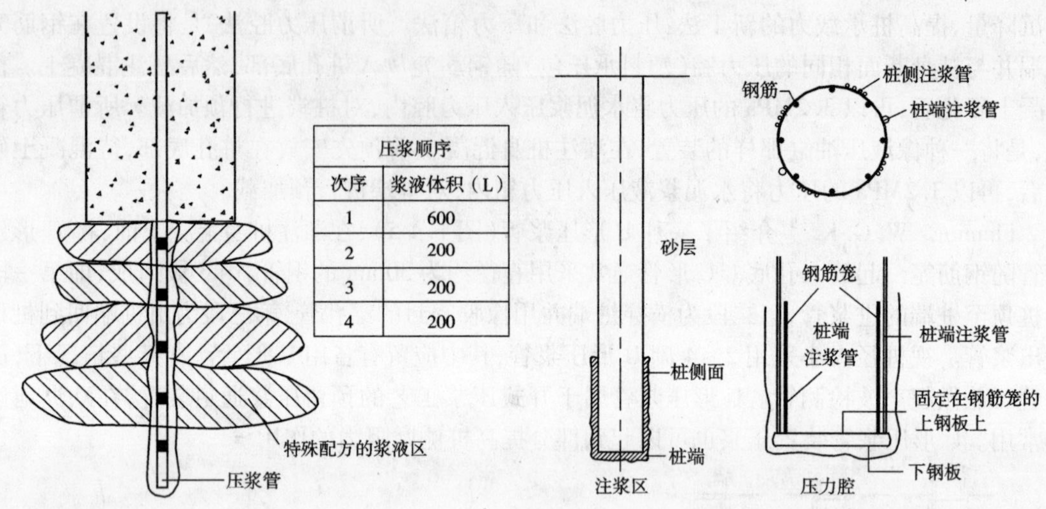

图 1.4-6　袖阀管装置和压浆步骤

图 1.4-7　袖阀管/压力腔联合压浆装置(Stocker,1983)

文献[12]介绍了一种通过桩端压浆方式挤出桩底泥炭夹层的住宅地基处理方法。通过桩端压浆,最终形成的水泥结石体加固了桩端地基,预防了住宅的次固结变形。

文献[13]对100多根大直径钻孔灌注桩进行了桩端阻力和桩侧水平与竖向应力的测试,试验结果表明:提高桩承载力的最好方法是进行桩端压浆。

文献[14]对进河口沉积土层中采用后压浆钻孔灌注桩进行了可行性分析,并介绍了设计情况。为验证后压浆的适应性,对压浆桩和未压浆桩进行了荷载试验。试验表明:后压浆桩能提高进河口沉积土层中的桩基承载性能。

文献[15]介绍了支承在砂砾石土层上桩长为44m、桩径为1.5m的后压浆桩的性能。桩端压浆采用袖阀管装置。桩端压浆的有效性,可以通过桩端底部做压浆前后的标准贯入试验(SPT)来评价,压浆的SPT可在压浆完成后3周进行。通过一系列分析,证明桩端压浆可以提高桩端阻力。该文献也简要介绍了大直径钻孔长桩的施工经验和桩端压浆的工艺。

为了解密实砂土中压浆桩的性能,文献[16]对12根压浆桩和11根未压浆桩进行了对比分析。结果表明:压浆桩的刚度有较大增加,桩端位移更小。桩端压浆可以恢复施工过程中对桩周围土体所产生的大部分扰动,但一般来说,不能提高没有受到扰动的地基的极限承载力。

文献[17]指出,在大直径桩施工时,孔壁周围土体会产生应力释放,同时孔底的土层受到扰动,通过在底部进行适当的压浆,可以大幅度地改善桩的承载性能。具体方法是:使用一个特殊的压浆包对端部的土体进行预加载。作为增加桩基承载力的一项措施,桩端压可以在施工或使用期间进行。

在世界各地,桩基广泛地运用于石灰质沉积层中,石灰质沉积层的压缩性大、易于变形,打桩时摩阻力非常低。通过沿桩身和桩周土体之间压浆,可恢复桩的摩阻力,且比通常的钻孔灌压桩节省成本,也避免了潜在的孔壁稳定性问题。文献[18]也研究了单桩与群桩的可打性,同时也对群桩的压浆进行了可行性研究。

文献[19]采用有限元方法模拟桩端、桩侧压浆机理,在分析和计算桩的侧摩阻力和桩端阻力后提出:为了提高承载力需在桩侧和桩端压浆。

1.4.2 国内研究现状

桩端后压浆技术在我国的应用始于20世纪80年代初。1983年,北京市建筑工程研究所在国内首先研究开发出预留压浆空腔方式的桩端压力注浆桩,在室外进行了2根直径分别为12.8cm和13.4cm,桩长分别为2.43m和2.51m的小规格后压浆桩的静载试验。1983年在北京崇文门7号楼首次应用,桩长1.8~7.90m,桩径0.4m,共计773根。该法采用长螺旋干作业成孔方式,在桩底设置固定式隔离钢板,采用钢管和PVC管的组合管作为压浆管。静载试验表明,桩端压力注浆桩的极限承载力为未压浆桩的2.1~3.1倍。

沈保汉和曾鸣于1987年研制开发出带活动钢板的预留压浆空腔方式的桩端压力注浆装置。

1988年,徐州市第二建筑设计院在国内首先研制开发出泥浆护壁灌注桩的预留压浆通道方式的桩端压力注浆技术。

进入20世纪90年代后,桩端压力注浆技术在国内得到蓬勃发展,具体表现在作为桩端压力注浆施工工艺的核心部件——桩端压力注浆装置形式众多,目前已有16种桩端压力注浆装置。图1.4-8[20]为工程中常用的桩端压浆装置,图1.4-9[21]为经过改良的桩端压浆装置。

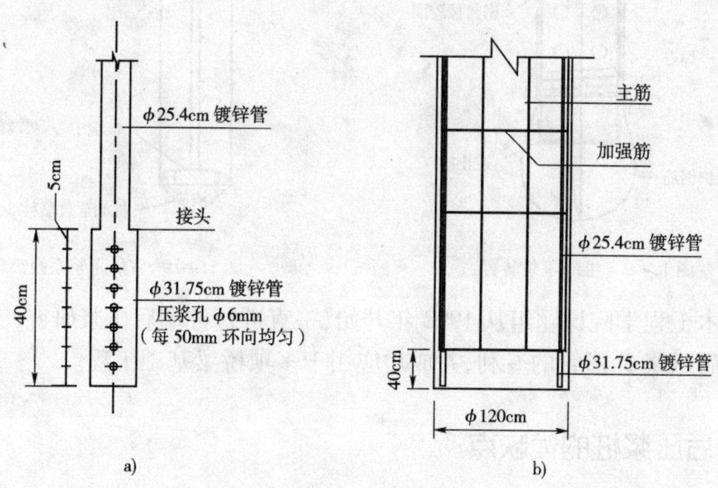

图1.4-8 桩端压浆装置一

a)压浆管大样;b)压浆管布置

杨耕、易良[22]研制开发出人工挖孔桩桩端压力注浆工艺,其特征是在灌注混凝土形成桩体前预埋压浆导管;在压浆前,用工程地质钻机在压浆导管中打入压浆花管或袖阀管至桩端以下一定深度,然后进行压力注浆。

黑龙江省桩基础工程公司则在1995年研制开发出有压浆管及溢浆管的人工挖孔桩桩端压力注浆工艺。

南通市房屋建设开发公司[23]研制开发出泥浆护壁钻孔灌注桩的简易桩端压力注浆装置。

中国建筑科学研究院地基基础研究所祝经成[24]研制开发出压浆管壁径向间隔设置压浆孔、外壁上压接包有双层胶套、管底部设有封堵钢板、外部包有保护编织物的桩端压力注浆装置。

武汉地质勘察基础工程(集团)总公司于1996年研制开发出独特的桩端压力注浆装置，该装置构造合理，使用方便，压浆成功率100%[25]。该公司还研制开发出桩侧埋管压浆法。

应权和沈保汉于1997年研制开发出YQ桩端中心压力注浆装置和压浆工艺[25]。YQ压浆系统由以下4部分组成：

(1)桩顶上部的置换控制阀。

(2)桩身部分的注浆管。

(3)桩端中心调节器。

(4)桩端适量填料。

其中，上部装置(1)和桩端中心调节器(2)为主要部分，见图1.4-10。

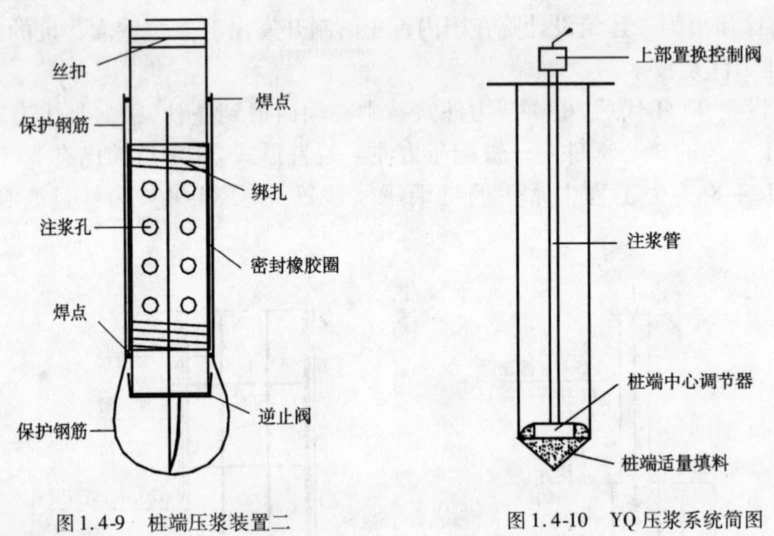

图1.4-9　桩端压浆装置二　　图1.4-10　YQ压浆系统简图

东南大学土木工程学院课题组从1992年开始，一直进行桩端后压浆研究，于2004年申请并被受权了桩端后压浆U形管的专利，并成功应用于多项桥梁基础工程。

1.5　桩端后压浆桩的优缺点

1.5.1　优点

(1)保留各种灌注桩的优点。

(2)大幅度提高桩的承载力，技术经济效益显著。

(3)采用桩端压力灌浆工艺，可改变桩底虚土(包括孔底扰动土、孔底沉渣土、孔口与孔壁回落土等)的组成结构，可解决普通灌注桩桩底虚土这一技术难题，对确保桩基工程质量具有重要意义。

(4)压力注浆时可测定压浆量、压浆压力和桩顶上抬量等参数，既能进行压浆桩底质量管理，又能预估单桩承载力。

(5)技术工艺简练，施工方法灵活，压浆设备简单，便于普及。

1.5.2 缺点

(1)须精心施工,否则会造成压浆管被堵、地面冒浆和地下窜浆等现象。

(2)须注意相应的灌注桩的成孔与成桩工艺,确保施工质量,否则将影响压力注浆工艺的效果。

(3)压力注浆必须在桩身混凝土强度达到一定值后方可进行,故增长施工工期,但当施工场地桩数较多时,可采取合适的施工流水作业,以缩短工期。

第2章 桩端后压浆提高承载力的原理

2.1 传统钻孔桩的工艺缺陷

钻孔灌注桩承载性能与桩侧摩阻力和桩端阻力大小及作用特性有关，而桩侧摩阻力和桩端阻力的大小及作用特性除与土层条件、桩的几何尺寸有关外，还受施工工艺影响。钻孔灌注桩一般采用泥浆护壁，成桩质量不稳定，其中孔壁泥皮和孔底沉渣是影响桩基承载力的主要因素。传统灌注桩的施工工艺缺陷包括以下几个方面。

(1)无论采用何种先进的二次清渣工艺，由于施工时使用泥浆作冲洗介质，不可能将钻渣完全携带至地面，同时在灌注桩身混凝土前的第二次清渣与桩身混凝土首次灌注工序之间有一定的时间间歇，在此期间，孔内泥浆中的部分钻渣将沉淀于孔底，形成孔底沉渣，孔底沉渣的存在使桩端岩土持力层性质发生了变化，形成高压缩的“软垫”，是影响泥浆护壁钻孔灌注桩单桩承载力的重要原因之一。

(2)在灌注桩身混凝土时，由于灌注导管长而细，且管内充满泥浆液体，桩身混凝土首灌时在导管内落差大，流动时间长，会导致首灌混凝土离析，在桩底处会产生“虚尖”、“干渣石”等弊端，使桩端混凝土强度降低，从而影响单桩承载力。

总之，由于施工工艺、施工方法、现场管理、施工操作及地层土质等因素影响，泥浆护壁钻孔桩的工程实践中上述现象屡见不鲜，暴露出许多问题。

(1)孔壁的完整性不好，原因如下。

①钻具的导向性差，钻杆在钻进过程中会向摆动方向运动。

②土层的结构不是很严密，土层有孔隙、孔洞。

③钻具上下提动会产生抽吸力、压力等作用。

④地下渗水压力引起土层流砂现象等。

(2)泥皮效应。在成孔过程中，为了保持孔壁稳定，不致产生塌孔和缩颈现象，一般需要采用特制泥浆护壁。泥浆中的黏土颗粒在循环过程中吸附于孔壁，形成泥皮，厚度为2～5mm，在孔壁形成一层保护膜，阻碍了桩身混凝土与桩周土的黏结，相当于在桩侧涂了一层润滑剂，这种涂抹作用不同程度地降低了桩侧摩阻力。

(3) 浆体浸泡作用。在成孔过程中，由于桩孔内充满泥浆液体，桩周与桩底土层受到泥浆中自由水的浸泡而变得松软，使桩周一定范围土层的抗剪强度降低。特别是水敏感性地层以及成孔时间较长的桩，长时间受泥浆液体的侵蚀会引起桩周岩土层抗压强度降低，从而降低摩阻力及端部承载力。

(4)孔底沉渣影响。成孔时产生的钻屑和泥浆混合在一起形成悬浊液，当孔内循环终止时，就会产生沉渣。桩底沉渣的存在不仅降低桩端阻力，还对一定范围的桩侧阻力产生弱化作用。因此，孔底沉渣是影响钻孔桩承载力重要因素之一。

(5)应力释放作用。成孔后,在地层中形成了较大的自由面的压力平衡,改变了地层的初始应力状态,桩周土体向孔中心产生不同程度的位移,引起地层压力向自由面释放应力,地层侧压力降低,破坏了土层本身,严重的甚至引起孔壁坍塌,而且随时间的延长而更加明显且严重。

(6)混凝土的影响。在灌注桩身混凝土时,由于灌注混凝土的导管长而细,桩身混凝土首灌时在导管内落差较大,会导致首灌混凝土离析,在桩底处会产生"虚尖"、"干渣石"等弊端,使桩端混凝土强度降低,从而影响单桩承载力;在向钢筋笼内浇灌混凝土时,由于混凝土的流动性,会充填于钢筋笼内,但同时紧排箍筋会使混凝土的密实性差,出现"瓶颈",甚至出现缩径、露筋现象,导致单桩承载力减小;同时,钻孔灌注桩在桩身混凝土固结后,会发生体积收缩,使桩身混凝土与孔壁之间产生间隙,减小侧摩阻力。

由于存在上述一系列问题,使桩基础的优点未能得到充分的发挥,造成施工中一些工程事故的发生或者缺陷的存在。此类降低单桩承载力的因素的存在,导致产生以下问题:

(1)为了满足设计承载力的要求,往往需要增加桩长或加大桩径,结果使每立方米桩体积所提供的极限承载力偏低,其数值只有相应的打入式钢筋预制桩的一半甚至不足一半。

(2)桩端沉渣和桩周泥皮成为钻孔灌注桩的两大症结,使钻孔灌注桩的承载力显著降低,从而使其使用范围被加以限制。

2.2　泥皮、沉渣对桩承载力的影响

近年来,桩—土界面性状对桩端后压浆桩承载力的影响引起了很多学者的注意,其中以泥皮的影响最为主要,国内外一些学者就其与钻孔灌注桩承载力方面的问题进行了论述,本节从理论、工程试验或实例等方面作系统论述,同时分析了成孔时间对其的影响。

2.2.1　泥皮对桩承载力的影响

桩侧泥皮的存在,改变了桩土摩擦力的发挥,往往导致桩侧摩阻力的降低。这已经引起了工程界的高度重视,已有了大量的研究。如 Hosoi 通过试验得出混凝土与存在泥皮土间摩阻力明显小于其与同种无泥皮土间的摩阻力,泥浆护壁钻孔桩的泥皮在浇灌混凝土时不能完全被清除,侧摩阻力应考虑泥皮的影响;霍风民[26]通过钢筋计现场实测,发现泥皮过厚的钻孔桩侧摩阻力下降近 50%;刘俊龙[27]实测了不同泥皮厚度时强风化层中的桩侧摩阻力,结果发现泥皮厚度较大的桩侧摩阻力比泥皮较薄的桩下降近 40%;李小勇等[28]对泥皮产生的机理进行了分析,对钻孔桩泥浆护壁性状进行了实验研究;乔建伟[29]通过列举几组典型的试桩进行分析,提出泥皮对灌注桩承载力的重要影响作用。

1)理论分析

(1)成桩过程中,护壁泥浆与周围土体结合,形成一层隔水膜,吸附于孔壁四周。这种隔水膜像是一层润滑剂涂抹于孔壁上,减小了桩身与桩周土之间的摩擦,从而降低了桩侧摩阻力。

(2)泥皮厚度较大时,泥皮硬化不充分,抗剪强度较低,桩土剪切破坏面将发生在泥皮与

土体的接触面或泥皮中，侧阻充分发挥所需的桩土相对位移加大，同时剪切面也易发生滑移，侧阻损失而降低，桩侧土层强度不能得到正常发挥。

(3)成孔时，由于孔壁侧向应力解除，钻孔灌注桩会出现侧向松弛变形，孔壁土的松弛效应将导致土体强度削弱，桩侧阻力则随之降低。

(4)泥浆护壁层的物理力学性状的改变。在泥浆的包围、渗透下，孔壁周围土发生了一系列的物理化学变化，包括：桩间土对泥浆的吸附作用；在灌注桩的施工过程中，由于地层丧失水分，泥浆胶体中的微细粒凝聚于孔壁；在钻孔过程中，由于高速旋转，其所形成的离心力、水力梯度产生的动水压力加强了泥浆向土层凝聚和附壁作用；在施工过程中，灌注混凝土使泥浆稠度、黏聚性由下向上增大，加大了泥浆黏着于土层的能力。泥浆在钻孔灌注桩施工过程的不同阶段，在多种压力下与孔壁土体胶结、渗透，使细粒土流失，从而使得桩周土体的物理力学性状发生了如下的变化：

①含水率增大，孔隙比提高，液性指数提高。

②压缩模量变小。

③内摩擦角和黏聚力减小。

④强度降低。

因为泥皮的存在，使桩与地基土之间的摩擦变成了桩与泥皮之间的摩擦。由于桩周土体的物理力学性能发生了如上的变化，泥皮的力学性能较桩间原状土要差，并且有一定的润滑性。当该层泥皮达到一定厚度时，就使桩周摩阻力大幅度降低。

2)试验数据论证

为了了解泥浆护壁的工程性状，文献[30]记载了相关方面的试验，在20个钻孔灌注桩工程实例现场取样，进行室内试验，试验类别包括：

(1)颗粒分析试验。

(2)含水率、天然密度、液塑限等常规物理指标试验。

(3)压缩试验和三轴抗剪强度试验。

对泥浆护壁与桩间黏土的压缩模量以及不排水三轴抗剪强度指标进行了对比；此外还对泥浆护壁进行了三轴不排水与固结不排水抗剪强度指标对比，物理性状见表2.2-1，力学性状见表2.2-2。

泥浆护壁的物理性状 表2.2-1

编号	泥浆护壁							原始泥浆	
	含水率(%)	天然密度(g/cm^3)	液限(%)	塑性指数	孔隙比	不均匀系数	砂粒含量(%)	不均匀系数	砂粒含量(%)
1	22.1	1.901	23.8	6.0	0.80	3.5	25	5.5	6.3
2	22.9	1.902	24.9	6.9	0.82	3.5	24	5.4	5.5
3	22.5	1.939	26.4	8.3	0.75	3.9	16	5.8	5.5
4	23.2	1.895	24.0	7.5	0.88	3.0	21	5.1	5.0
5	20.5	1.820	23.5	6.2	0.90	3.6	25	5.3	6.5
6	21.9	1.900	23.4	7.8	0.82	3.2	20	5.7	6.5

续上表

编号	泥浆护壁						原始泥浆		
	含水率（%）	天然密度（g/cm³）	液限（%）	塑性指数	孔隙比	不均匀系数	砂粒含量（%）	不均匀系数	砂粒含量（%）
7	23.6	1.997	24.3	7.1	0.85	3.8	18	5.6	7.0
8	22.8	1.950	23.6	7.5	0.78	3.6	20	5.4	5.5
9	22.6	1.932	24.2	8.0	0.79	3.2	16	5.2	6.5
10	23.6	1.929	25.7	8.2	0.80	3.1	20	5.5	7.0

泥浆护壁的力学性状　表 2.2-2

编　号	泥浆护壁					桩间黏土		
	三轴不排水试验		三轴固结不排水试验		压缩模量（MPa）	三轴不排水试验		压缩模量（MPa）
	黏聚力（kPa）	摩擦角（°）	黏聚力（kPa）	摩擦角（°）		黏聚力（kPa）	摩擦角（°）	
1	10.2	10.5	15.2	13.5	6.5	30.6	12.6	13.5
2	10.8	15.0	13.6	18.9	6.0	32.5	18.1	12.5
3	8.5	10.8	12.8	16.2	7.0	20.3	13.6	13.0
4	6.8	13.5	10.6	18.6	5.5	28.5	18.2	12.5
5	9.6	10.8	10.5	14.5	5.0	19.9	15.8	11.5
6	5.8	10.0	9.6	12.6	6.5	15.2	13.2	12.5
7	5.0	12.5	10.2	15.8	6.0	12.9	16.1	12.0
8	8.9	13.8	11.5	18.2	7.0	21.5	18.9	14.5
9	10.5	14.6	14.8	19.6	6.5	25.1	19.1	13.5
10	5.9	12.8	10.1	12.8	6.0	12.6	15.9	11.5
11	7.5	13.5	11.5	15.6	5.2	15.6	14.5	12.5
12	7.3	13.0	12.5	15.6	5.6	18.9	12.8	12.9
13	6.5	14.1	10.8	16.1	7.0	20.1	12.4	11.8
14	6.3	14.0	11.1	15.8	6.4	15.6	14.7	11.0
15	7.4	13.8	13.1	16.2	5.9	19.7	12.1	13.1

从表 2.2-1 和表 2.2-2 所示试验结果可以得出泥浆的性状。

（1）泥浆护壁的塑性指数小于 10，而制备泥浆的黏性土塑性指数一般大于 10。

（2）泥浆护壁的含水率略为小于液限，处于软塑状态。

（3）泥浆护壁的不均匀系数小于 5，属均匀土，级配不良；而泥浆的不均匀系数大于 5，属不均匀土，级配较好。

（4）泥浆护壁的压缩模量明显低于桩间黏土的压缩模量，压缩性指标较高。

（5）泥浆护壁比桩间土的抗剪强度低，泥浆护壁的黏聚力指标较小；泥浆护壁的固结不排水抗剪强度比不排水抗剪强度得到显著提高。

综上所述，桩侧所形成的泥皮土，由于其结构成分不同于桩间土，从而导致了其应力—应变关系也不同于桩间土。泥皮土强度低于桩间土,而且易于软化;软化后残余强度低于桩间土,形成了桩与土间的一层薄弱层,进而导致侧摩阻力的降低。

2.2.2 沉渣对桩承载力的影响

1)理论分析

钻孔灌注桩在施工过程中,还会在桩底产生沉渣。在桩基施工过程中,桩底沉渣对承载力的影响是比较突出的重要因素[31]。沉渣的存在,直接影响钻孔灌注桩承载力能否达到设计要求以及能否保证其沉降不超过允许限度。

孔底沉渣属松散结构,会形成一个可压缩的软土层,其强度一般比桩端土层端阻力低,当沉渣厚度较大时,犹如桩底存在"软垫",桩端阻力由于可压缩的"软层"作用而未能充分地发挥出来。沉渣对桩端的承载力的影响因素是其厚度和性质。对同种孔壁或是泥浆护壁来说,沉渣厚度对承载力的削弱影响起决定作用,桩端极限承载力随沉渣厚度增大而减小。

通常用清底系数来衡量孔底沉渣对桩端阻力的影响。清底系数为受沉渣影响的端阻力与原始土层的端阻力之比。以苏通大桥为例进行引证,表 2.2-3[32] 为苏通大桥各期试桩沉渣厚度实测值以及清底系数反算值。

沉渣厚度实测值与清底系数反算值　　表 2.2-3

桩　号	直径(m)	压浆前(kPa)	计算值(kPa)	清底系数	清孔后沉渣(cm)
S1	1.5	1 650	3 963	0.42	16
S3	1.5	344	1 959	0.18	30
N2	1.0	1 250	4 000	0.31	19
N3	1.8	1 421	4 048	0.35	18
SZ4	2.5	1 729	3 000	0.58	12
NII-1(NII-2)	1.2	1 840	1 946	0.95	0
NII-4(NII-3)	1.5	1 493	1 912	0.78	0

由表 2.2-3 数据可得清底系数与沉渣厚度之间的关系,见图 2.2-1,两者具有很好的相关性。

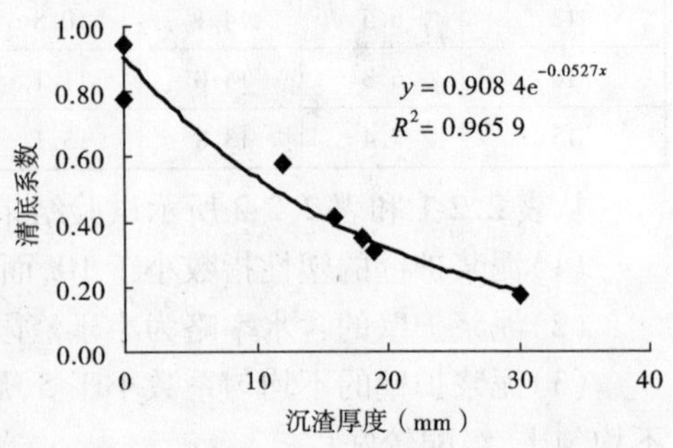

图 2.2-1　清底系数与沉渣厚度之间的关系

由图 2.2-1 可以很明显地看出,清底系数随沉渣厚度的增大而减小;根据清底系数的定义,沉渣很大程度上影响桩端阻力。

2)工程实例验证

刘俊龙[31]曾对桩底沉渣对超长大直径钻孔灌注桩承载力影响做了试验研究,对一项工程中选取工程地质性能相近的两根试桩(S1 与 S3)进行分析,其中试桩 S1 在主要土层分界面埋设钢筋应力计和超声波管,并在静载试验后进行了超声波检测及钻孔取芯检验。S3 与 S1 相距较近,桩周土层相似,两桩主要施工参数见表 2.2-4。

表 2.2-4

试验桩主要施工参数

桩 号	孔深(m)	桩径(m)	持力层	充盈系数	沉渣(cm)	施工方法	泥浆比重
S1	62.28	1.00	强风化层	1.25	39.67	正循环	1.25
S3	62.23	1.00	强风化层	1.17	8	反循环	1.13

试桩 S1 在第一循环测试后卸荷回零,再做第二循环试验。在经两循环加载后,桩的残余沉降 11.67cm,之后通过取芯检测得残留沉渣 28cm,故实际沉渣厚度为 39.67cm。两根试桩加载后,测得两次 S1 和 S3 两试桩的 $Q—S$ 曲线如图 2.2-2所示。

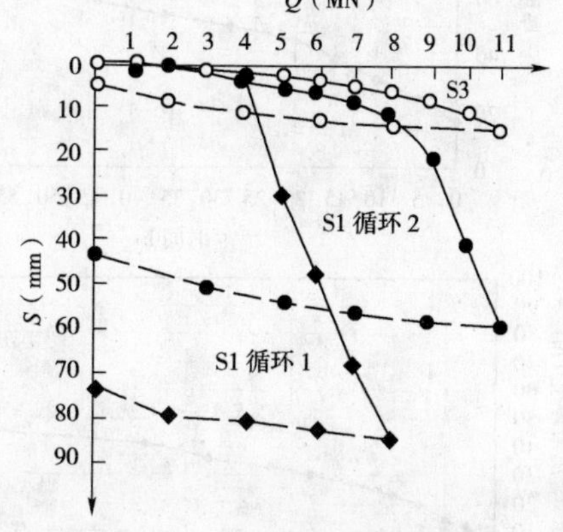

图 2.2-2 S1、S2 试桩 $Q—S$ 曲线

从图 2.2-2 可以看出,S1 桩底沉渣厚度为39.67cm 时,第一循环测试单桩极限承载力为 4 000kN,经卸荷回零后残余沉降为 7.3cm。即此时残余沉渣厚度约为 32.37cm。第二循环测试单桩极限承载力增加为 10 000kN,增长幅度为 150%。对试桩 S1 的两个不同循环过程而言,相同沉降量所对应的承载力相差甚大,如取沉降为 S = 30mm,循环 1 对应的荷载值为 5 000kN,循环 2 对应的达到 10 000kN,相差 1 倍的承载力值。同样,相同的荷载作用下,对应的沉降值相差很多。

可见,随着沉渣的压缩,单桩极限承载力迅速提高。但是,对沉渣厚度小的灌注桩而言,如此试验中的试桩 S3(沉渣厚度仅为 8cm),在相同荷载下偏大很多,单桩极限承载力同样就低得多。因此,在相同的工程地质及成桩条件下,桩底沉渣厚度越大,桩顶沉降量越大,单桩极限承载力越低。所以,必须要严格控制沉渣的厚度,以达到满足承载力的要求。

3)对沉渣采取的措施

(1)清孔方式。影响桩端沉渣厚度的因素主要是清孔方式。清孔是为了降低孔底沉渣的厚度、解除孔壁侧向应力和减少侧向松弛。所以清孔在灌注桩施工中也是一项很重要的施工流程,要针对具体情况采取有效的清孔方式。

正循环钻进的泥浆循环速度较慢,为了减少钻进过程中钻渣的重复破碎,就只能采用大重度的泥浆挟渣;反循环钻进流量大、流速慢、挟渣清底的效果相对较好,泥浆的重度就可相应减少,相应的孔壁泥层厚度比正循环的薄些,这对增加桩的摩擦力是有利的。所以,相比较而言,采用反循环钻进清孔比正循环效率高。但对砂性土层中使用反循环时应谨慎,以防塌孔,造成工程事故。

(2)控制成孔时间。由沉渣的产生原因可知,在钻孔时,由于器械与孔壁之间的摩擦与切削,孔壁会有一些土屑落至孔底,这部分的沉渣厚度与土层性质和钻孔工具及钻孔速度有很大关系;对同样孔壁和同样的钻孔工具而言,钻孔的速度会影响成孔时间和沉渣的厚度。

钻孔结束后,孔壁土由于受力不平衡,孔壁表层的一些土屑会在重力作用下脱离孔壁沉至孔底,而且随时间变长,孔底沉渣越多;除此之外,孔壁土在泥浆、水等浸泡、软化之后,强度降低,会塌落形成沉渣。显然,沉渣的厚度会随着成孔时间的增长而加大。

现以苏通大桥的实测数据来加以验证说明。图2.2-3是二期工艺试桩中沉渣厚度与成孔时间的实际关系曲线，由图2.2-3可见，沉渣厚度与成孔时间呈递增关系，后逐渐变缓，最后渐渐趋于水平。也即说明沉渣厚度随成孔时间的增长不断变厚，增长幅度随时间的推进逐渐变小，最终基本不再增加。因此要严格控制成孔时间。

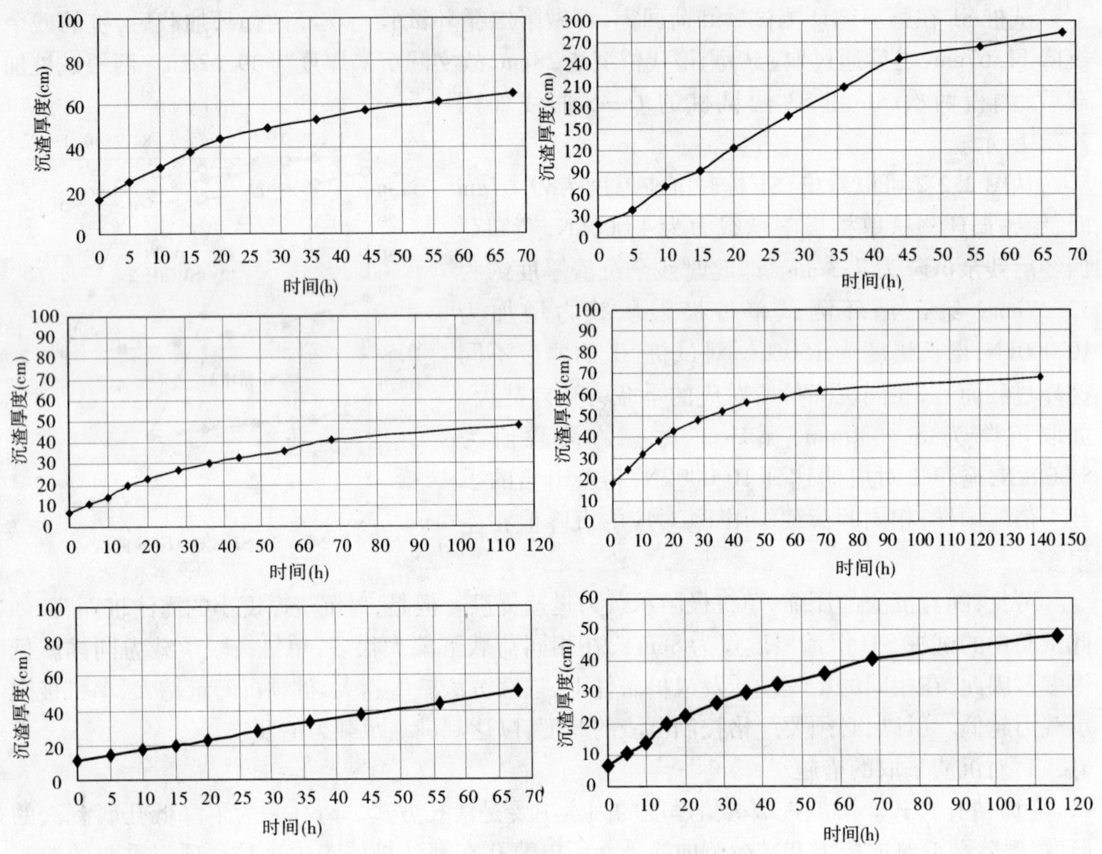

图2.2-3 沉渣厚度随成孔时间变化的曲线

(3)成孔时间。

①理论分析。对钻孔灌注桩承载力的影响，主要表现在下面几个方面：

a.由于孔壁侧向应力解除，钻孔灌注桩在成孔过程中会出现侧向松弛变形。孔壁土的松弛效应将导致土体强度削弱，桩侧阻力则随之降低。成孔时间越长，松弛效应就越明显，桩侧阻力降低量越大。

b.成孔时间越长，孔壁浸泡软化现象越严重，孔壁四周土体的物理力学性能将会比原状土相差更多。润滑作用越明显，与桩身周围的摩擦越小，从而降低了桩侧摩阻力。

c.成孔时间将会影响泥皮的厚度。成孔时间越长，泥皮越厚。所以，成孔时间会通过泥皮对钻孔灌注桩承载力产生不利影响。

d.成孔时间对沉渣厚度产生影响。当泥浆性能一定时，时间越长，沉渣越厚。

②力学分析。孔壁钻孔后，桩周土体会发生向孔内的缩径现象。文献[33]对桩周土体进行分析，利用圆柱孔扩张理论，同时结合黏弹性理论中的厚壁圆筒问题理论解，分析了成孔时

间对桩土界面法向应力 $P_a(t)$ 的影响，其中 $P_a(t)$ 为孔壁内压力。

$$P_a(t) = P_0 + P_0\frac{18G}{6K+G}\exp(-at) - \frac{u_0 G}{a}\exp\left(\frac{G}{\eta}t\right) \tag{2.2-1}$$

其中：

$$a = \frac{6KG}{(6K+G)\eta} \tag{2.2-1a}$$

$$G = \frac{E}{2(1+\nu)} \tag{2.2-1b}$$

$$K = \frac{E}{3(1-2\nu)} \tag{2.2-1c}$$

式中：P_a——桩周法向应力；

ν——泊松比；

η——流变参数；

G——剪切模量；

K——体积模量。

由式(2.2-1)可知，时间 t 与 P_a 成反比关系，即 P_a 随成孔时间 t 的增长而逐渐减小。而在滑移段桩长内，桩土间发生了相对滑动，桩周土的侧摩阻力不再随桩土位移的增加而增加，土体抗剪强度发挥到了极限。则桩侧摩阻力的计算式为：

$$\tau_f = P_a\tan\varphi + c \tag{2.2-2}$$

式中：φ——桩周土的内摩擦角；

c——黏聚力。

由式(2.2-2)可知，影响侧摩阻力的因素主要是孔壁桩周法向应力和桩土间接触面的性质。随着成孔时间的增长，法向应力将进一步降低；土的法向应力决定着土的抗剪强度，也即桩周土的法向应力影响桩侧摩阻力的大小。所以，成孔时间过长，会导致桩侧摩阻力降低。

③工程实例验证。文献[34]给出了成孔时间不同的钻孔灌注桩的承载力对比 Q—S 曲线，如图 2.2-4所示。S3 试桩在成孔中，因钢筋笼掉进孔底，下笼时间长达 5d，其承载力为 6MN，仅是正常桩 S4 的 50%。而文献[35]也曾报道一根超长嵌岩桩，其成孔时间长达 888h，从而使得泥皮厚度大，沉渣数量多，实测单桩极限承载力仅为设计值的 10%。

综上所述，成孔时间直接或是间接地对钻孔灌注桩极限承载力有很大的影响。在施工中，要注意控制成孔时间，尽可能地减小成孔时间。

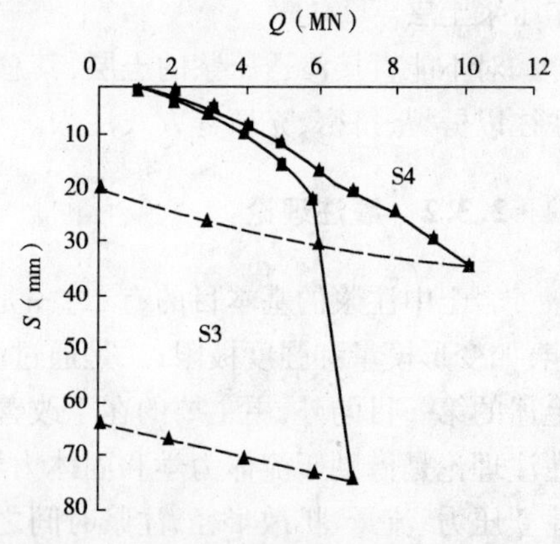

图 2.2-4　不同成孔时间试桩 S3、S4 的 Q—S 曲线

2.3 提高承载力的机理分析

2.3.1 压浆适应的地层及其选择

基于结构松散或裂隙较为发育及粗粒土层较细粒土层压浆后承载力增幅大，压浆效果好的原因如下：

(1)对于结构松散、孔隙发育的第四系地层后压浆地层的选择次序为：砾卵石、砂砾石、中粗砂、细砂、粉砂、黏性土。

(2)对于非嵌岩桩，其桩端持力层即桩端压浆地层应尽可能选择在中密或密实状态的砾卵石层中，若同时进行桩端桩侧压浆，则桩端压浆地层和桩侧压浆地层至少相距15m，以免距离太近相互影响浆液的渗扩。

(3)对于嵌岩桩，其桩端持力层一般选择在中微风化岩层，且嵌入深度不小于桩径的1倍；对于基岩破碎带，则用桩端后压浆进行破碎带的加固，通过浆液的渗扩、加密、胶结、固化等来确保桩基持力层是一种行之有效的解决办法。

当灌浆材料的颗粒尺寸 d 小于土的有效孔隙尺寸 D_p，即 $D = D_p/d > 1$ 时，表明土体具有容纳浆粒的空间，浆液才是可灌的。在压浆过程中，如果浆液浓度较大，材料往往以两粒或多粒的形式同时进入孔隙，出现“挤粒”现象，导致渗透通道的堵塞。

研究表明：设粒径级配曲线中15%的颗粒粒径为 D_{15}，浆液的粒径级配曲线中85%的颗粒粒径为 G_{85}，当 $N = D_{15}/G_{85}$ 为15～25时，浆液对该土层是可渗透的。对普通水泥浆而言，其颗粒粒径范围为0.06～0.1mm，这时土的渗透系数要求大于 5×10^{-2}cm/s。能够直接以渗透方式进入的土层，仅包括中砂、粗砂、砾石等少数土层。由于渗透方式对浆液的扩散较为有利，可以使浆材渗入土体后较均匀地生成结石体，增加灌注桩的桩径、桩长及桩端截面积等，因此可较大幅度地提高桩的承载力。

对于颗粒粒径比砾石更大的土层，如卵石、碎石土等，其密实度如果过小，会由于浆液渗透系数过大而产生流动，在这种土层中压浆，浆液的走向随机性较大，无法有效控制，因而不宜设作压浆土层。

对不能直接渗透压浆的土层，其总厚度往往占桩身长度的较大比例，在这些土层中注浆，往往以劈裂、挤密、充填等方式注入。

2.3.2 灌注理论

岩土中注浆的基本目的有二：一是通过注浆改变岩土体的结构，达到提高土体的力学性能，如变形模量和强度极限；二是通过注浆堵塞孔隙，达到堵水和防渗的目的。桩端注浆除了上述的第一目的外，更主要的在于改善桩与周围土的特殊关系，这也是桩端注浆的特有目的。灌注理论是借助于流体力学和固体力学的理论发展而来的，对浆液的单一流动形式进行分析，建立压力、流量、扩散半径、注浆时间之间的关系。

浆液扩散机理随土层类别、性质、上覆压力、边界条件等而变化，可分为充填注浆、渗透注浆、劈裂注浆、挤密注浆四种情况。在实际压浆过程中，并不是某一种浆液扩散形式单独作用，而是以一种或两种扩散形式为主，其他形式为辅，同时作用。浆液在地层中往往以多种形式运动，而且这些运动形式随地层的变化、浆液的性质和压力变化而相互转化或并存。如在渗透注浆过程中存在劈裂现象，在劈裂注浆过程中存在渗透流动，在挤密注浆过程中存在劈裂或渗透流动。

1）充填注浆

指注入浆液充填土层内大孔隙、大空间的注浆，如卵石层、碎石层、砂砾层中注浆，浆液固结形态与土层内的原有空洞相同。

2）渗透注浆

渗透注浆是在不足以破坏地层构造的压力（即不产生水力劈裂下），把浆液注入到粒状土的孔隙，从而取代、排出其中的空气和水。一般渗透注浆的必要条件是满足可注性条件。渗透注浆浆液一般均匀地扩散到土颗粒间的空隙内，将土颗粒胶结起来，增强土体的强度和防渗能力。

地层结构基本不受扰动和破坏，浆液在压力作用下，克服浆液流动的各种阻力，渗入土的孔隙和岩土裂隙中，将孔隙中的自由水和气体排挤出去，浆液凝固后把土颗粒黏接在一起，形成水泥土结石体，使土层的抗压强度和变形模量得以提高。相对而言，注浆压力较小，通常只适用于中砂以上的砂性土和有裂隙的岩石。

渗透注浆的理论前提条件为：

$$R = D_p/d > 1 \tag{2.3-1}$$

式中：R——净空比；

D_p——地层的裂隙尺寸；

d——浆液的颗粒尺寸。

由于在灌浆过程中，尤其在浆液的浓度较大时，浆液往往以两粒或多粒的形式同时进入缝隙，导致渗透通道的堵塞。因此，在确定 R 时，必须考虑群粒堵塞作用带来的附加影响。

迄今普遍认为，当净空比 $R \geqslant 3$ 时，由群粒形成的结构是不稳定的，易被灌浆压力击溃而不致造成灌浆通道的堵塞，即：

$$R = D_p/d \geqslant 3 \tag{2.3-2}$$

浆液的 d 值容易求出，为确定 D_p 值，引入有效孔隙比 e_E 的概念。

$$e_E = D_p/D \tag{2.3-3}$$

式中：e_E——有效孔隙比；

D——土层的颗粒直径。

根据数学统计结果，有效孔隙比 e_E 多在 0.195 ~0.215 之间变化，取平均值 0.2，因此，式(2.3-3)可简化为：

$$D_p = 0.2D \tag{2.3-4}$$

把式(2.3-3)代入式(2.3-2),可得浆液在地层中实施渗入性灌浆的条件为:

$$D/d \geqslant 15 \tag{2.3-5}$$

由于土层和各种浆液都是由大小不等的颗粒组成,怎样选用 D 和 d 就成为复杂的问题。如果 D 采用最小值和 d 采用最大值,理论上就能把所用孔隙封闭,但这样做就要采用颗粒尺寸很小的浆液材料,不但造价昂贵,而且大规模地把材料磨细也十分困难。相反,若选用的 D 值偏大和 d 值偏小,就可能使过多的孔隙不能接受灌浆,灌浆效果大大降低。文献[36]以 7 种砂砾石和 4 种灌浆水泥为例,做了计算:

(1)若以 D 最小和 d 最大计算,所有的水泥和砂砾石都不能满足式(2.3-5)的要求。

(2)若以 D_{10} 和 d_{90} 计算,只有超细水泥能满足所有砂砾石可灌性要求。

(3)若以 D_{15} 和 d_{85} 计算,所有水泥和所有砂砾石都能满足式(2.3-5)的要求。

因此,从效果和经济出发,工程中常用 D_{15} 代替 D,用 d_{85} 代替 d,式(2.3-5)变为:

$$D_{15}/d_{85} \geqslant 15 \tag{2.3-6}$$

式中:D_{15}——土层中含量为 15% 的颗粒尺寸;

d_{85}——浆液中含量为 85% 的粒径尺寸。

渗透注浆一般只适用于中砂以上的砂性土和有裂隙的岩石。

渗透灌浆扩散范围理论有:球形扩散理论、柱形扩散理论及袖套管法理论,其中球形扩散理论较为广泛采用。

Magg(1938)按球形扩散理论推导出浆液在砂层中的渗透公式[37]:

$$r_1 = \sqrt[3]{\frac{3kh_1 r_0 t}{\beta t}} \tag{2.3-7}$$

式中:r_1——浆液的扩散半径,cm;

k——砂土的渗透系数,m/s;

h_1——注浆压力水头,cm;

r_0——注浆管半径,m;

t——注浆时间,s;

β——浆液黏度与水黏度之比。

式(2.3-7)是在以下四点假设下推导的:

(1)被注砂土为均质和各向同性的。

(2)浆液为牛顿体,其流变曲线为一自原点开始的直线。

(3)采用填压法注浆,浆液从注浆管底端注入地层。

(4)浆液在地层中呈球状扩散。

上述假设与实际工程中的桩端压力注浆桩的情况不尽相符,这是因为:

(1)实际砂土往往是非均质的和各向异性的。

(2)水泥浆液为宾汉姆流体(胀流体),表观黏度随切变速度而增加,其流变曲线为一自原点开始凸向切变轴的曲线[38]。

(3)桩端注浆管通常为 2 根或 2 根以上,并固定在钢筋笼两侧,不能形成桩端中心注浆,浆液在地层中不呈球状扩散。

综上所述，式(2.3-7)只能近似地作估算浆液有效扩散半径用，一般应以现场注浆试验确定影响浆液扩散范围。

3)劈裂注浆

劈裂注浆是目前应用最广泛的一种注浆方法，其理论远远滞后其应用。劈裂注浆是在钻孔内施加浆液压力于弱透水性地基中，当浆液压力超过劈裂压力时土体产生水力劈裂，也就是在土体内出现裂缝，融浆量突然增加。

在压力作用下，浆液克服地层的初始应力和抗拉强度，引起土体结构的破坏和扰动，使其在沿垂直于小主应力的平面上发生劈裂，使地层中的裂隙或孔隙张开，形成新的裂隙或孔隙，浆液进入到孔隙中，形成纵横交叉的脉状网络。劈裂注浆，浆液的可灌性和扩散距离增大，所用的灌浆压力相对较高。

(1)砂和砂砾石地层。可按照有效应力的莫尔—库仑破坏标准进行计算：

$$\frac{\sigma'_1 + \sigma'_3}{2} \cdot \sin\varphi' = \frac{\sigma'_1 - \sigma'_3}{2} - \cos\varphi' \cdot c' \tag{2.3-8}$$

式中：σ'_1——有效大主应力，kPa；

σ'_3——有效小主应力，kPa；

φ'——有效内摩擦角，(°)；

c'——有效黏聚力，kPa。

在灌浆压力的作用下，土层的有效应力减小，当灌浆压力 P_e 满足式(2.3-9)时，就会导致地层的破坏：

$$P_e = \frac{(\gamma h - \gamma_w h_w)(1 + K)}{2} - \frac{(\gamma h - \gamma_w h_w)(1 - K)}{2\sin\varphi'} + c' \cdot \cot\varphi' \tag{2.3-9}$$

式中：γ——土层的重度，kN/m^3；

γ_w——水的重度，kN/m^3；

h——灌浆段深度，m；

h_w——地下水位高度，m；

K——主应力比，$K = \sigma'_3/\sigma'_1$。

(2)黏性土层。在黏性土层中，水力劈裂将引起土体固结及挤出等现象，在只有固结作用的条件时，可用下式计算注入浆液的体积 V 及单位土体所需的浆液量 Q：

$$V = \int_0^r (p_0 - u) m_v \cdot 4\pi r^2 \mathrm{d}r \tag{2.3-10}$$

$$Q = p \cdot m_v \tag{2.3-11}$$

式中：p_0——灌浆压力，kPa；

u——孔隙水压力，kPa；

m_v——土的压缩系数；

p——有效灌浆压力，kPa。

4)挤密注浆

挤密注浆适用于加固比中砂细的砂土和能够充分排水的黏土,其优点是对最软弱土区起到最大的压密作用。在美国已应用了40多年,广泛用于沉降建筑物的抬升、提高桩端承载力、加固土石坝、控制隧洞掘进引起的地层位移等方面。

挤密注浆是用极稠的浆液(坍落度<25mm),通过钻孔挤向土体,取代并挤密注浆点土体,在注浆管端部附近形成“浆泡”。浆体的扩散靠一定的压力对周围土体的压缩。当浆泡的直径较小时,灌浆压力基本上沿钻孔的径向扩展。随着浆泡尺寸的逐渐增大,便产生较大的上抬力而使地面抬动。

经研究证明[39],向外扩张的浆泡将在土体中引起复杂的径向和切向应力体系。紧靠浆泡处的土体将遭到严重破坏和剪切,并形成塑性变形区,在此区内土体的密度可能因扰动而减小;离浆泡较远的土则基本上发生弹性变形,因而土的密度有明显的增加。

挤密注浆常用于中砂地基,黏土地基中若有适宜的排水条件也可采用。

2.3.3 影响桩端后压浆桩承载力的主要因素

影响桩端后压浆承载力的因素十分复杂,大体可分为两方面:一是灌注桩自身的因素,包括桩端、桩侧土层性质,桩长,桩径和桩身质量等;二是后压浆施工因素,包括压浆装置的形式,压浆时间的选择,管路系统的可靠性,浆液的类型,压浆量,压浆压力等。

1)桩端土层的性质

根据大量实测资料的分析,桩端土层对后压浆桩承载力有着很大的影响。一般来说,在其他条件相同的情况下,桩端为卵砾石、砂砾石、砂等粗粒土时比桩端为粉细砂等细粒土时的承载力提高的幅度大。

在粗粒土(孔隙率较大的卵砾石、中粗砂等)中压浆时,浆液渗入率高,通过渗透、部分挤密、填充及固结作用,大幅度提高持力层扰动面及持力层的强度和变形模量,并形成水泥土扩大头,增大桩端受力面积,故极限承载力增幅大,增幅在50%~260%范围内。

在细粒土(黏性土、粉土、粉细砂等)中压浆时,浆液渗入率低,实现劈裂压浆,土体被网状结石分割加筋成复合土体,它能有效地传递和分担荷载,极限承载力增幅通常在14%~88%的范围内,个别桩的增幅可达106%~138%,其增幅较在粗粒土中压浆时小。

以杭州某工程试桩为例[40],桩端持力层为砂卵砾石层。1号桩为未压浆桩,桩长48.60m,桩径800mm,其Q_u值为8 000 kN;2号桩为桩端压力注浆桩,桩长48.30m,桩径800mm,压浆压力2.2 MPa,水泥注入量1500 kg,其Q_u值为16 000kN,与1号桩相比,Q_u增幅100%;3号桩是在1号桩试压后实施桩端压力注浆工艺的,压浆压力和水泥注入量与2号相同,其Q_u值为20 800kN,增幅160%(此增幅值包含1号桩复压的影响),如图2.3-1所示。

以温州某工程试桩为例,桩端持力层为粉质黏土。1号桩为未压浆桩,桩长49.60m,桩径750mm,其Q_u值为4 160kN;2号桩和3号桩为桩端压力注浆桩,桩长分别为49.80m和49.40m,桩径750mm,压浆压力为0.9MPa,水泥注入量为1 000kg和1 400kg,其Q_u值均为7 800kN,比1号桩增幅88%,如图2.3-2所示。

表2.3-1[41]是不同地区、不同土层条件下桩端后压浆承载力提高比例的统计结果。

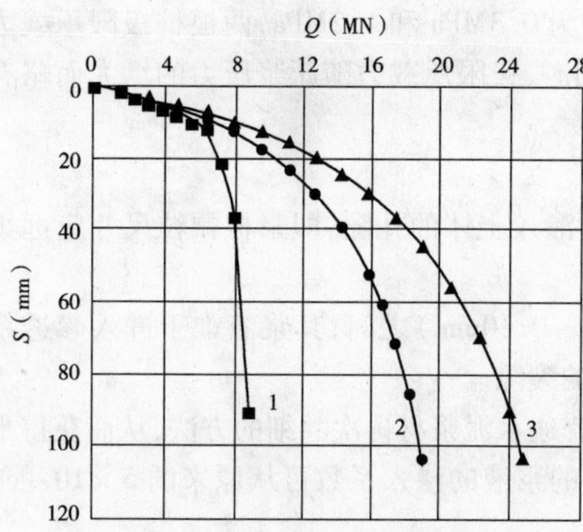

图 2.3-1　桩端为粗粒土条件下后压浆 Q—S 比较

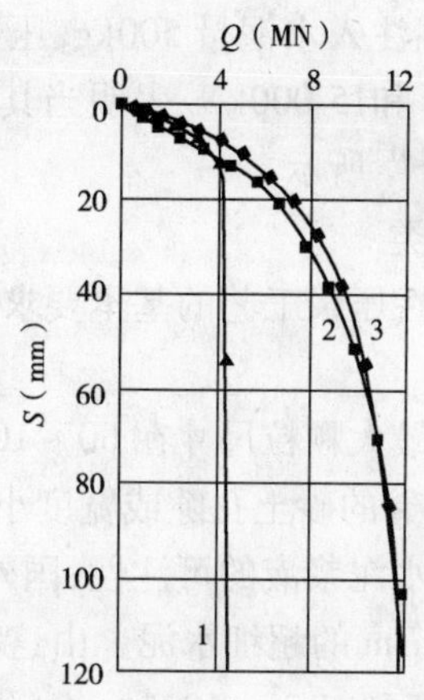

图 2.3-2　桩端为细粒土条件下后压浆 Q—S 比较

不同地区、不同土层条件下桩端后压浆承载力提高比例统计表　　表 2.3-1

地　区	桩长（m）	桩径（m）	桩 端 土 层	桩端土层承载力提高比例（%）
北京	6.4	0.4	卵石含砂、砾石	135～213
北京	11.1	0.4	中砂	167
安徽	18.6	0.4	粉细砂	70
上海	21.0	0.6	黏土	54

此外，桩端土层的密实程度对后压浆桩承载力有着重要的影响，桩端土层的初始孔隙越大，结构越松散，浆液的渗透效果就越好，桩端和桩侧阻力提高的幅度就越大。

2）压浆量（水泥量）

在土层性质、桩端压力注浆装置形式、桩体尺寸、压浆工艺及压浆压力等条件相同的前提下，对于桩端压浆桩而言，压浆量多者，承载力增幅一般也大。

武汉地区两根试桩，桩径 800mm，桩长分别为 46.00m 和 46.10m，桩端进入粉细砂层3.5m 和 3.1m，桩侧土层十分接近。两者均采用桩外侧钻孔压浆法，即成桩后，在桩径外侧沿桩侧周围相距 0.3m 处各钻一个直孔，成孔后放入压浆管及压浆装置，进行桩端压力注浆，压浆压力 1.5MPa，1 号和 2 号的水泥注入量分别为 1 100kg 和 1 600kg。试桩极限承载力分别为8 580kN 和 11 220kN，2 号桩的极限承载力比 1 号桩增幅 30.5%。这两根桩及相应的未压浆桩的 Q—S 曲线见图 2.3-3[40]。

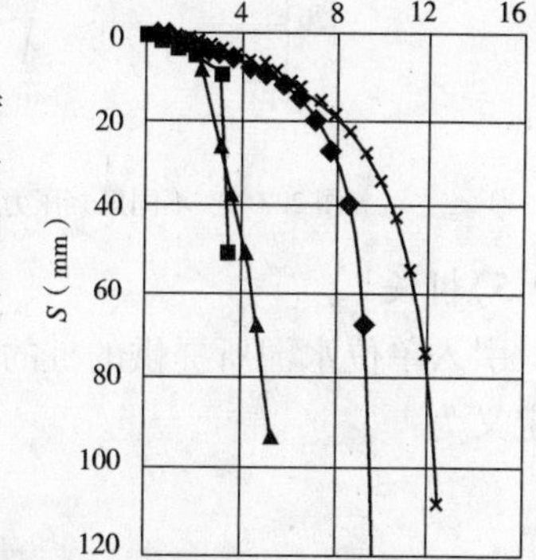

图 2.3-3　不同压浆量时承载力对比图

南通地区的两根试桩，桩径 900mm，桩长 14.00m，桩端持力层为粉细砂，压浆压力 0.5MPa，桩端水泥注入量分别为 400kg 和 285kg。试桩结果表明，两根桩极限承载力分别 3 200kN和 2 400kN，即压浆量多的桩的极限承载力比压浆量少的桩增幅 33.3%[40]。

3）压浆压力

压浆压力对开式注浆工艺的桩端压浆桩的极限承载力也有一定影响。

天津地区的两根试桩，桩径 800mm，桩长 56.00m，桩端为中密粉砂，桩端注入水泥量500kg，压浆压力分别为0.3MPa和1.2MPa，两根桩极限承载力分别为14 000kN和15 000kN。表明当其他条件相同时，极限承载力随压浆压力的增大而略有提高，如图2.3-4[41]所示。

4）浆液种类

实现渗入性压浆工艺的基本要求是浆液必须渗入土体的孔隙，即浆材颗粒尺寸应远小于孔隙尺寸。

普通水泥最大颗粒尺寸在60～100μm（0.06～0.10mm）之间，其浆液难于进入渗透系数$k<5\times10^{-2}$cm/s的砂土孔隙或宽度小于200μm的裂隙。

为了提高水泥浆液的可注性，国外常采用把普通水泥浆材再次磨细的方法，从而获得平均粒径小于3～4μm的超细水泥。由这种浆材配制的浆液的渗入系数可从原来的5×10^{-2}cm/s（粗砂层），提高到$10^{-3}\sim10^{-4}$cm/s（细砂层）。

超细水泥浆液与普通水泥浆液相比，具有更强的渗透能力；超细水泥的比表面积远大于普通水泥，故化学活性好，固化速度快，结石强度高；超细水泥分散性大，故具有抗离析能力强，沉淀少等特点。由于上述特点，采用超细水泥浆的桩端压力注浆对未压浆桩的承载力增幅远远大于普通水泥浆的桩端压力注浆桩对未压浆桩的承载力增幅。

图2.3-5中2号桩，桩径600mm，桩长46.00m，桩端持力层为细砂层，桩端注入水泥量300kg，其单方极限承载力（Q_u/V）较同条件的未压浆1号桩增幅30%。而4号桩为采用湿磨超细水泥浆液的桩端压力注浆桩，桩径600mm，桩长45.40m，桩端持力层为粉质黏土，桩端注入超细水泥量1 900kg，其单方极限承载力较3号未压浆桩（桩径850mm，桩长44.60m，桩端持力层为砂质粉土）增幅131%。上述4根桩的Q—S曲线见图2.3-5[40]。

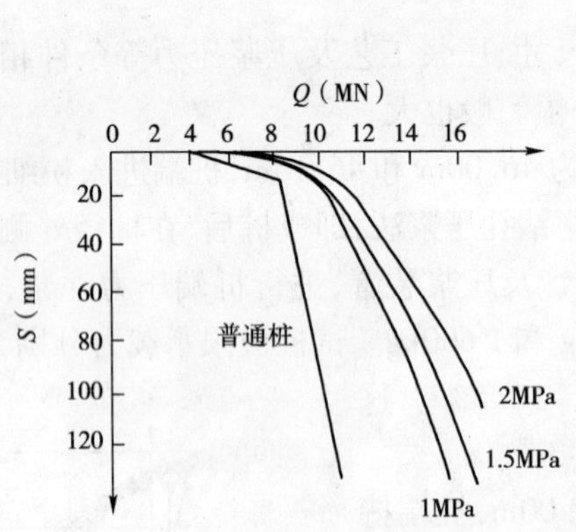

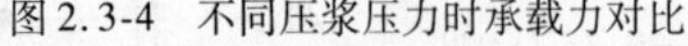

图2.3-4　不同压浆压力时承载力对比

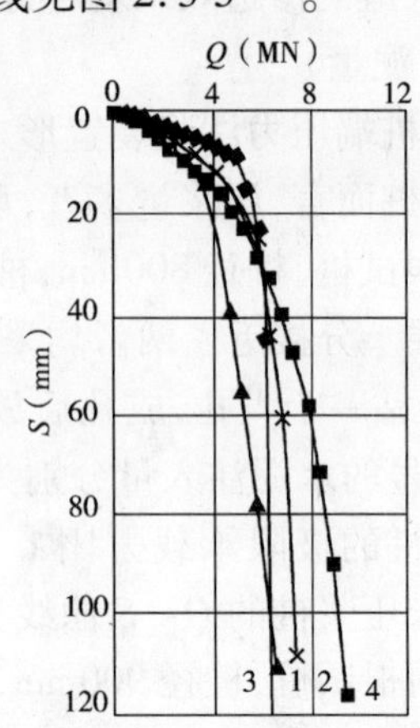

图2.3-5　不同压浆材料时承载力对比

5）桩长

引入单位水泥所提供的桩的单方极限承载力Q_{vc}来评价桩端压浆对提高桩承载力的贡献，其定义为：

$$Q_{vc}=\frac{Q_u}{VG_c} \tag{2.3-12}$$

式中：Q_{vc}——每公斤注入水泥量所提供的单方极限承载力，kN/（m^3·kg）；

Q_u——单桩竖向抗压极限承载力,kN;

V——桩的体积,m^3;

G_c——水泥注入量,kg。

对桩端压力注浆桩而言,如果其他条件相同时,桩端压浆之后,短桩比长桩承载力提高的比例要高。这是因为:在一般情况下,当桩长较短时,桩的侧阻力所占极限承载力的比例较小;当桩长较长时,桩的侧阻力所占极限承载力的比例较大。由于桩端压浆对桩端阻力提高的幅度较对桩侧阻力提高的幅度大,因而,短桩比长桩承载力提高的比例高。

表 2.3-2 提供了不同桩长条件下,压浆前后承载力提高对比[42]。

不同桩长条件下压浆前后承载力对比

表 2.3-2

桩长(m)	压浆前承载力(kN)	压浆后承载力(kN)	承载力提高比例(%)
5	400	690	72.5
10	700	1120	61.4
20	1050	1610	53.3
30	1600	2250	40.6

文献[40]统计了天津地区桩端压浆桩。为了便于分析,桩径都选 800mm,桩端持力层为细粒土(粉土夹粉砂、粉砂、粉质黏土、粉细砂、粉土),都采用同一种桩端压力注浆装置。图 2.3-6 显示随桩长增大,Q_{vc} 值明显减少,即桩端压浆对承载力的贡献率明显减少。

6)桩径

在实施桩端压力注浆工艺时,根据浆泡理论,在相同条件下,浆液加固范围相同,因而直径小的桩承载力增幅大,亦即 Q_{vc} 大。

表 2.3-3 提供了不同桩径条件下,桩端压浆桩与未压浆桩承载力对比[42]。

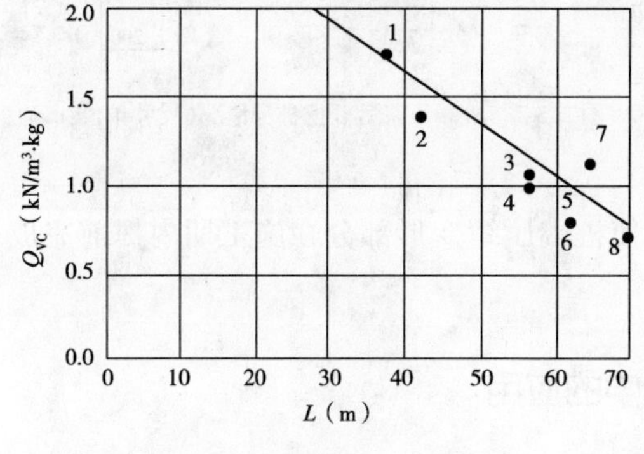

图 2.3-6 不同桩长 $L \sim Q_{vc}$ 关系

不同桩径条件下压浆前后承载力对比

表 2.3-3

桩径(m)	压浆前承载力(kN)	压浆后承载力(kN)	承载力提高比例(%)
0.5	1 500	2 590	72.7
0.6	2 800	4 450	58.9
0.8	3 500	5 120	46.3
1.0	4 500	5 950	32.2
1.2	6 000	7 480	24.7

2.3.4 提高承载力的机理

桩端压浆提高桩基承载力的机理不是单一的,而是诸多方面共同作用的结果。

1)减少桩底沉渣厚度,加固桩端持力层

不管桩端土性如何,注入的浆液与桩端沉渣混合固化,凝结成一个强度高、化学性能稳定的结石体,减少沉渣厚度。同时,浆液会沿着桩端持力层的孔隙扩散和渗透,使桩端土层强度得到明显提高，从而提高桩端阻力。

对于不同的桩端土质条件，桩端压浆加固的作用机理并不完全相同。

(1)持力层为细粒土：在细粒土(黏性土、粉土、粉砂、细砂)的桩端持力层中注浆时，浆液渗入率低，实现劈裂注浆。劈裂注浆状态下，桩端压力注浆较未注浆桩承载力增幅的原因在于劈裂浆脉的存在，使单一介质土体被网状结石体分割成复合土体，提高了桩端土体密度，并能有效地传递和分担荷载，从而提高桩端阻力。

与浆液渗入率作对比，劈裂注浆方式小于渗入性注浆方式，因此前者的桩端压力注浆桩极限承载力的增幅比后者小得多。

(2)持力层为粗粒土：粗粒土(孔隙率较大的中砂、粗砂、卵石、砾石)的桩端持力层中注浆浆液渗入率高，浆液主要通过渗透，部分挤密填充及固结作用，大幅度地提高持力层扰动面及持力层的强度和变形模量，并形成扩大头，增大桩端受力面积，提高桩端阻力。

2)改善桩—土界面特征

在桩端压浆过程中，桩端以上一定高度内的泥皮、桩身与桩周土层会在一定宽度范围内加固，浆液固结后土体参与桩的承载，提高了桩侧阻力。

文献[40]提供的两根试桩 A、B 的桩径分别为128mm、134mm，桩长分别为 2.33m、2.51m，桩底沉渣厚度分别为0.72m、0.64m。桩端持力层为黏质粉土，桩周土层主要是回填土、粉质黏土、粉砂和黏质粉土。桩端压浆水泥量分别为26.1kg、21.6kg，注浆压力分别为1.0MPa、0.65MPa。极限承载力分别为120kN、85kN，比同条件下的未压浆桩(50kN)分别提高140%和70%。两根桩开挖后桩身的形状见图2.3-7，浆液自桩端上升高度分别为0.6m、1.4m，压浆后的桩的直径比未压浆桩分别增大了64%和49%。

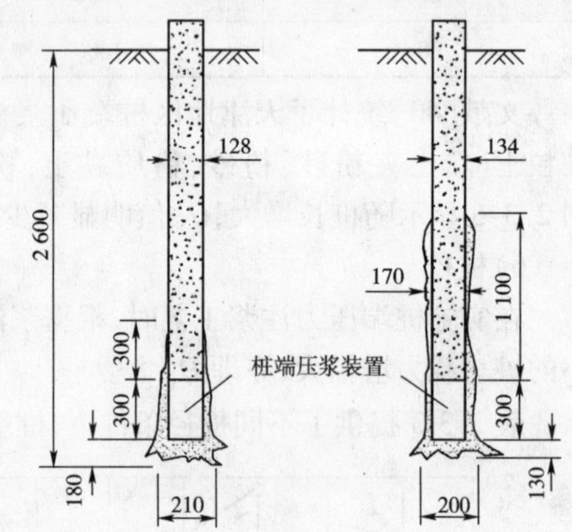

图2.3-7　桩端压浆后开挖桩身情况(尺寸单位：mm)

3)减少桩基沉降变形

在压浆压力作用下，桩端土层得到挤压密实，使桩端压缩变形部分在施工期内提前完成，减少日后使用期的竖向压缩变形。

2.4　柱球扩张理论在后压浆理论分析中的应用

在强渗透性土层中，浆液渗透扩散范围可采用球面扩散公式(2.4-1)进行计算。

$$P_{\mathrm{r}} = p_0 - \frac{A\mu}{M}\left[\frac{Q}{4\pi}\left(\frac{1}{r_0} - \frac{1}{r}\right) + B \cdot C(r - r_0)\right] \tag{2.4-1}$$

$$M = \frac{n^{0.1} d_0^4}{12D^2}$$

式中：d_0——孔隙直径；

n——孔隙率；

A——常数，由实验确定；

B——常数，$B=\frac{\tau_0}{\mu}$；

τ_0——初始剪切应力；

μ——塑性黏度；

C——由介质几何参数决定的常数，$C=\frac{d_0^3}{3.2n^{0.3}\cdot D_0^2}$。

对于其他土层，可采用球穴扩张理论来分析浆液对土层的挤密作用。

2.4.1　基本假定

根据上述的桩端压浆机理分析，浆液虽然是由一点或多点扩散，但孔底沉渣的存在，使浆液的扩散类似于自整个桩端向外扩散。同时，由于钻孔施工一般用锥形钻头，使桩底呈圆锥状，可将桩端简化为半球体。

为简化计算，作如下假定：

(1) 土体是弹塑性体，服从 Mohr-coulomb 破坏准则。

(2) 浆液扩散是某一初始半径为 r_0 的半球形在土层中的扩张过程，浆液扩散的体积等于半球状孔穴体积的变化量。

(3) 桩端土体为半无限空间，并不考虑介质重量。

2.4.2　桩端土的球穴扩张问题

图 2.4-1 表示一球形孔穴的下半部分，在均匀分布的内压作用下的扩张情况。当内压增加时，初始球穴的周围区域将由弹性状态进入塑性状态，塑性区随内压力的增加而不断扩大。设球形孔穴的初始半径为 r_0，球形孔穴扩张后的半径为 r_u，塑性区最大半径为 r_p，相应的浆液压力为 p，在半径 r_p 以外的土体仍保持弹性状态。将球形孔穴视为球对称问题，采用球坐标 (r,θ,φ) 表示，球穴周围土体单元仅发生径向位移。参照弹塑性力学问题的一般解法，列出三组基本方程（平衡方程、几何方程及本构方程），并给出破坏准则和边界条件来进行求解。

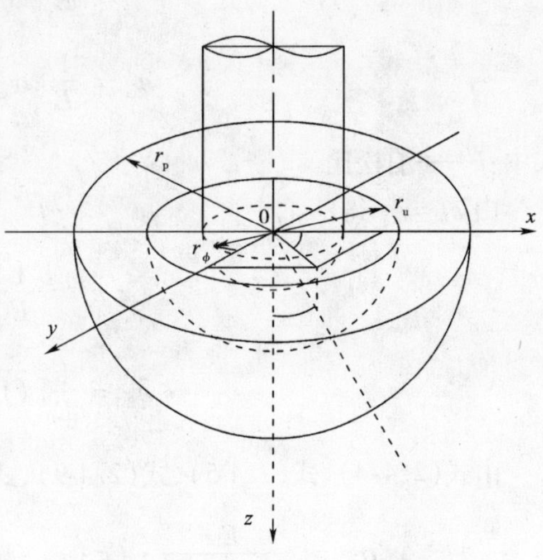

图 2.4-1　球形孔穴扩张示意图

1) 弹性状态

对空间问题的应力状态，其平衡方程式用球坐标可表示为：

$$\frac{\partial\sigma_r}{\partial r}+\frac{1}{r}\cdot\frac{\partial\tau_{r\theta}}{\partial\theta}+\frac{\sigma_r-\sigma_\theta}{r}+\frac{1}{r}\cdot\frac{\partial\tau_{r\varphi}}{\partial\varphi}+\frac{\sigma_r-\sigma_\varphi}{r}+F_r=0 \qquad (2.4\text{-}2)$$

式中：σ_r——径向应力；

σ_θ——沿 θ 方向的正应力；

σ_φ——沿 φ 方向的正应力；

$\tau_{r\varphi}$、$\tau_{r\theta}$——剪应力；

F_r——体力。

对空间球对称问题，上式可简化为：

$$\frac{\partial\sigma_r}{\partial r}+2\cdot\frac{\sigma_r-\sigma_\theta}{r}=0 \tag{2.4-3}$$

几何方程为：

$$\varepsilon_r=\frac{du}{dr} \tag{2.4-4}$$

$$\varepsilon_\theta=\varepsilon_\varphi=-\frac{u}{r} \tag{2.4-5}$$

本构方程为：

$$\varepsilon_r=\frac{1}{E}[\sigma_r-v\cdot(\sigma_\varphi+\sigma_\theta)] \tag{2.4-6}$$

$$\varepsilon_\theta=\frac{1}{E}[\sigma_\theta-v\cdot(\sigma_\varphi+\sigma_r)] \tag{2.4-7}$$

$$\varepsilon_\varphi=\frac{1}{E}[\sigma_\varphi-v\cdot(\sigma_\theta+\sigma_r)] \tag{2.4-8}$$

式中：v——泊松比。

由 $\varepsilon_\theta=\varepsilon_\varphi$ 得：

$$\varepsilon_r=\frac{1}{E}[\sigma_r-2v\cdot\sigma_\theta] \tag{2.4-9}$$

$$\varepsilon_\theta=\frac{1}{E}[(1-v)\sigma_\theta-v\cdot\sigma_r] \tag{2.4-10}$$

由式(2.4-4)、式(2.4-5)、式(2.4-9)、式(2.4-10)得：

$$\sigma_\theta=\frac{E}{1-v-2v^2}\cdot(v\cdot\varepsilon_r+\varepsilon_\theta)=-\frac{E}{1-v-2v^2}\cdot\left(\frac{du}{dr}\cdot v+\frac{u}{r}\right) \tag{2.4-11}$$

$$\sigma_\theta=\frac{E}{1-v-2v^2}\cdot[(1-v)\cdot\varepsilon_r+2v\cdot\varepsilon_\theta]=-\frac{E}{1-v-2v^2}\cdot\left[(1-v)\cdot\frac{du}{dr}+2v\cdot\frac{u}{r}\right] \tag{2.4-12}$$

将式(2.4-11)、式(2.4-12)代入式(2.4-2)得：

$$\frac{d^2u}{dr^2}+\frac{1}{r}\cdot\frac{du}{dr}-\frac{u}{r^2}=0 \tag{2.4-13}$$

令 $r=e^t$,则:
$$\frac{du}{dr}=\frac{du}{dt}\cdot\frac{dt}{dr}=\frac{1}{r}\cdot\frac{du}{dt} \tag{2.4-14}$$

$$\frac{d^2u}{dr^2}=\frac{1}{r^2}\left(\frac{d^2u}{dt^2}-\frac{du}{dt}\right) \tag{2.4-15}$$

将式(2.4-14)、式(2.4-15)代入式(2.4-13)得:$\dfrac{d^2u}{dr^2}-u=0$　(2.4-16)

其解为:

$$u=c_1\cdot e^t+c_2\cdot e^{-2t}=c_1\cdot r+c_2\cdot r^{-2} \tag{2.4-17}$$

则:
$$\frac{du}{dr}=c_1-2c_2\cdot r^{-3} \tag{2.4-18}$$

$$\frac{u}{r}=c_1+c_2\cdot r^{-3} \tag{2.4-19}$$

求解条件:①$r=r_0,u=u_r$;②$r=r_0,\sigma_r=p$。

将式(2.4-18)、式(2.4-19)代入式(2.4-11)、式(2.4-12),得:

$$\sigma_\theta=-E\left(\frac{c_1}{1-2v}+\frac{c_2}{1+v}\cdot\frac{1}{r^3}\right) \tag{2.4-20}$$

$$\sigma_r=-E\left(\frac{c_1}{1-2v}-\frac{c_2}{1+v}\cdot\frac{1}{r^3}\right) \tag{2.4-21}$$

由求解条件及 $u_r=0,\sigma_r=\sigma_0$ 可求得:

$$u_r=\frac{1+v}{2E}(p-\sigma_0)\cdot r_0 \tag{2.4-22}$$

上式即为弹性状态在浆液压力作用下桩端土的位移。

2)弹塑性状态

(1)桩端土临塑性荷载。随着浆液压力的增大,桩端土逐渐由弹性状态进入弹塑性状态,此时,桩端土既满足弹性变形,又满足 Mohr-Coulomb 破坏准则。

由式(2.4-20)和式(2.4-21)可得:

$$\sigma_r-\sigma_0=2(\sigma_\theta-\sigma_0) \tag{2.4-23}$$

代入 Mohr-Coulomb 破坏准则式(2.4-12)求得:

$$\sigma_{pc}=\frac{3(1+\sin\varphi)}{3-\sin\varphi}\cdot\sigma_0+\frac{4C\cdot\cos\varphi}{3-\sin\varphi} \tag{2.4-24}$$

(2)桩端土的径向位移。当浆液压力超过桩顶临塑性荷载时,桩端土中开始出现塑性区,其最大扩张半径为 r_p,设弹塑性边界的径向位移为 u_p。

根据孔的体积变化等于弹性区的体积变化加上塑性区的体积变化,得:

$$\pi(r_0+u_r)^3-\pi r_0^3=\Delta V_p+\Delta V_e \tag{2.4-25}$$

式中:ΔV_e——弹性区体积变化;

ΔV_p——塑性区体积变化。

①弹性区体积变化。弹性区体积变化 ΔV_p 可按下式计算:

$$\Delta V_e = \frac{2}{3} \cdot \pi[(r_p + u_p)^3 - r_p^3] \tag{2.4-26}$$

略去高阶后,得:

$$\Delta V_e \approx 2\pi r_p^2 \cdot u_p \tag{2.4-27}$$

当 $r = r_p$,$u_r = u_p$,则由式(2.4-22)求得:

$$u_p = \frac{1+v}{2E}\left[p - \frac{3(1-v)}{1+v} \cdot \sigma_0\right] \cdot r_p \tag{2.4-28}$$

将上式代入式(2.4-26),得:

$$\Delta V_e = \frac{1+v}{2E}\left[p - \frac{3(1-v)}{1+v} \cdot \sigma_0\right] \cdot r_0^3 \tag{2.4-29}$$

②塑性体积变化。塑性区的体积变形参照 Vesic 的做法,引入体积变化系数 Δ 进行描述,其表达式为:

$$\Delta V_p = \frac{2}{3} \cdot \pi(r_p^3 - r_0^3) \cdot \Delta \tag{2.4-30}$$

式中:Δ——塑性区平均体积变化系数。

塑性区的径向应力要结合平衡议程及屈服条件求解。

由平衡方程式(2.4-2)及屈服条件式(2.4-11)计算得:

$$\frac{d\sigma_r}{dr} + \frac{4\sin\varphi}{1+\sin\varphi} \cdot \frac{\sigma_r}{r} + \frac{2C\cos\varphi}{1+\sin\varphi} \cdot \frac{1}{r} = 0 \tag{2.4-31}$$

求解条件:

$$\begin{cases} r = r_p, \sigma_r = \sigma_{pc} \\ r = r_0, \sigma_r = p \end{cases}$$

求解式(2.4-31),并由求解条件可得:

$$r_p = \left(\frac{p + C \cdot \text{ctan}\varphi}{\sigma_{pc} + C \cdot \text{ctan}\varphi}\right)^{\frac{4\sin\varphi}{1+\sin\varphi}} \cdot r_0 \tag{2.4-32}$$

将式(2.4-32)代入式(2.4-30),得:

$$\Delta V_p = \frac{2}{3} \cdot \pi \cdot r_0^3\left[\left(\frac{p + C \cdot \text{ctan}\varphi}{\sigma_{pc} + C \cdot \text{ctan}\varphi}\right)^{\frac{4\sin\varphi}{1+\sin\varphi}} - 1\right] \cdot \Delta \tag{2.4-33}$$

③桩端土的径向位移计算。将式(2.4-29)、式(2.4-33)代入式(2.4-25),并略去高阶项,得以下表达式:

$$\frac{u_r}{r_0} = \left(\frac{p + C \cdot \text{ctan}\varphi}{\sigma_{pc} + C \cdot \text{ctan}\varphi}\right)^{\frac{4\sin\varphi}{1+\sin\varphi}}\left[\frac{1+v}{2E}(p - \sigma_0) + \frac{1}{3}\Delta\right] - \frac{1}{3}\Delta \tag{2.4-34}$$

2.5 室内注浆试验研究

室内注浆模拟试验主要从以下 5 个方面进行了研究:

(1)饱和与非饱和土注浆效果。

(2)不同注浆压力下注浆机理、注浆效果。

(3)固化物强度随时间的发展变化规律。

(4)注浆添加剂。

(5)不同外界条件下的注浆效果。

2.5.1　饱和与非饱和土注浆效果研究

2.5.1.1　试验概况

通过对饱和与非饱和土进行桩端注浆,研究浆液扩散范围、固化物形状,并对土中的应力变化情况进行测量研究。

1)试验装置与材料

(1)试验装置主要有:试验箱、注浆设备、测量系统。

①试验箱:试验箱形状为长方体,箱内空间尺寸为:长×高×宽=1 800mm×1 500mm×1 000mm,底板为12mm厚的钢板,构架为L50×50×4角钢,为便于观察,四壁安装1cm厚的有机玻璃,为保证箱体平整度和有机玻璃能够承受一定的压力,在有机玻璃外侧纵横方向加支撑角钢。

②注浆设备:包括注浆泵、注浆管道、搅拌桶等。

注浆泵可提供的注浆压力为0.2~4MPa,压气耗量0.7m^3/min,主机质量28kg,外形尺寸为0.5m×0.7m×0.5m,排量依图2.5-1的曲线计算。

注浆管道包括吸浆管、出浆管、回浆管和注浆管。吸浆管和出浆管直径均为50mm,回浆管直径为25mm,注浆管外径6mm,下端出浆口孔径4.8mm。

为最大限度地控制调节注浆压力、减小注浆压力的波动性并保护精密压力表,特将注浆管道增加一条回浆管,使浆液流动的通道形成一个回路。具体设计为:用一个三通连接吸浆管、注浆管和回浆管,在注浆管和回浆管上分别安装一个阀门,每个阀门对应有一压力表监测压力,如图2.5-2所示。注浆时先将回浆管的阀门开到最大,使浆液全部回到容器中,再慢慢关小回浆阀,使压力表的读数达到要求的注浆压力,再将注浆管的阀门打开,调节阀门使压力基本稳定在注浆压力值,进行注浆。

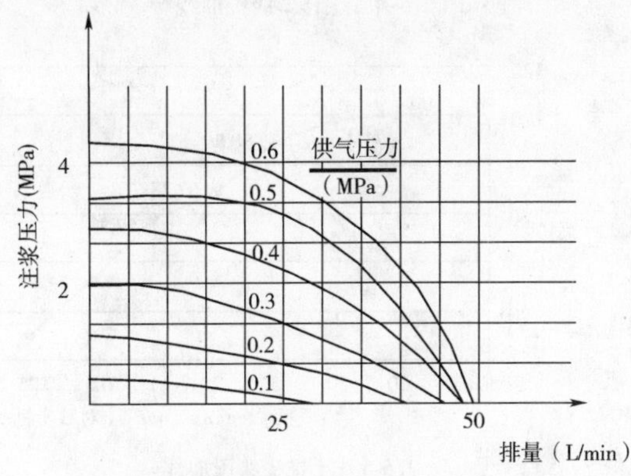

图2.5-1　注浆泵排量计算曲线

图2.5-2　用三通连接的吸浆管、注浆管和回浆管

搅拌桶为自制铁桶,底面尺寸为200mm×200mm,沿高度方向配有一标尺,便于掌握注浆过程中水泥浆液的消耗量。

③测量系统：主要用于土中应力变化情况的测量，包括土压力计、水压力计和江苏靖江东华 DH3816 应变数据采集仪等。土压力计采用江苏海岩工程材料仪器有限公司生产的应变式微型土压力计，直径 28mm，厚度 7mm，导线（四芯）长 8m。水压力计采用江苏海岩工程材料仪器有限公司生产的应变式微型水压力计，直径 28mm，厚度 12mm（含透水石厚度），导线（四芯）长 8m。

（2）试验材料主要有：浆体材料（采用普通硅酸盐水泥）、粗砂等。

①浆体材料：采用江苏省上坊镇天宝山水泥厂生产的普通硅酸盐水泥，等级为 32.5 级。

②粗砂：取土样做参数分析试验（表 2.5-1、图 2.5-3 ~ 图 2.5-5）。

注浆砂土基本参数　　表 2.5-1

土样	湿土质量 (g)	体积 (mL)	干土质量 (g)	天然密度 (g/cm^3)	干密度 (g/cm^3)	水的质量 (g)	含水率 (%)	孔隙比 e	孔隙率 (%)	饱和度 (%)
土样 1	1 380.03	825	1 331.13	1.673	1.613	48.90	3.67	0.643	39.1	15.12
土样 2	1 389.39	825	1 336.61	1.684	1.620	52.78	3.95	0.574	36.5	16.46
土样 3	1 387.62	825	1 325.35	1.682	1.606	57.27	4.70	0.650	39.4	19.16

从土样的级配曲线来看，土样的级配连续，但曲线比较平缓，颗粒粒径比较均匀；级配不良，土样不容易获得较大的密实度。

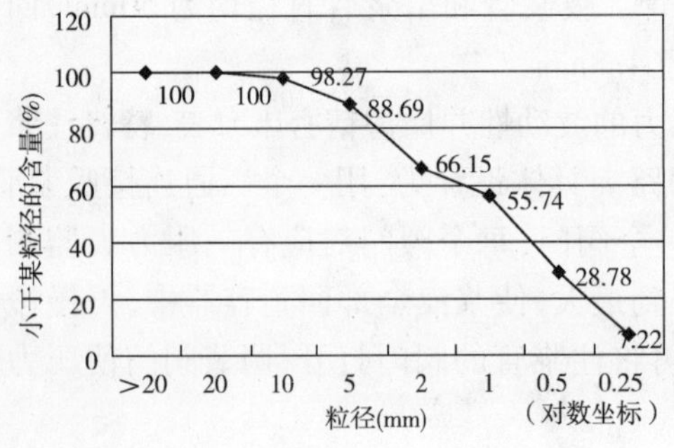

图 2.5-3　土样 1 级配曲线

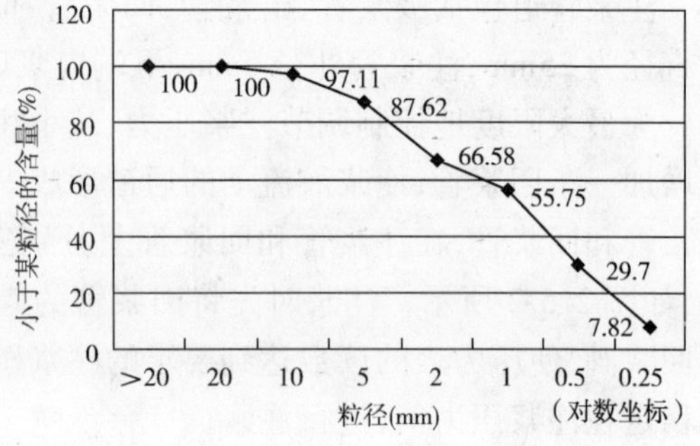

图 2.5-4　土样 2 级配曲线

③辅助设备：电子秤、塑料桶、搅拌棒、气泵、钢尺、精密压力表等。

2）试验基本原理

试验的基本原理是在自制的试验箱中模拟砂土层，然后在砂土中注入水泥浆，使原本松散的砂土胶结成一个整体，从而改善砂土层的性能。

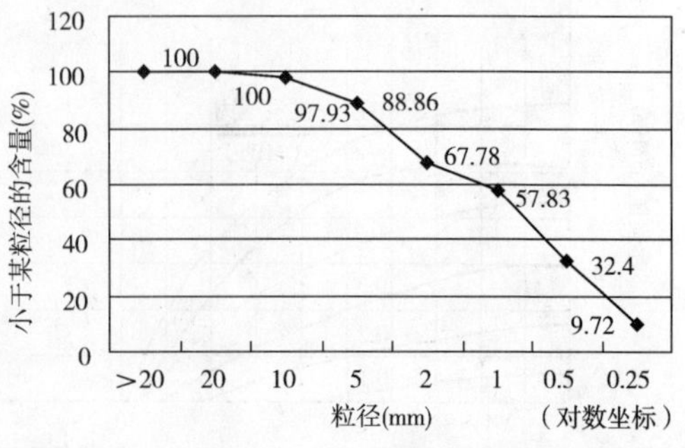

图 2.5-5　土样 3 级配曲线

在砂土中的注浆，主要以渗入为主，因此，注浆的基本理论是渗透注浆理论。马格（Maag）于 1938 年首次发表牛顿型浆液球形扩散公式，然而大多数水泥浆液都是非牛顿流体，其流变行为符合宾汉姆（Bingham）流体的流变规律，属于塑性流体。Lombardi 曾研究过宾汉姆流体的内聚力在注浆中的作用，也有学者认为水泥浆流变性与水泥种类和水灰比有关，一般水灰比较大时为牛顿型流体，水灰比较小时为假塑性流体，水灰比居中时为塑性流体，即宾汉姆流体。影响该浆体流动性的不仅有浆液的黏度，还有浆液的内聚力或称剪切屈服强度，它只有克服了内聚力后才能流动。因此水泥浆的流变规律可以采用下式来描述：

$$\tau = \tau_n + \mu_p \gamma \tag{2.5-1}$$

式中：τ_n——静切力或剪切强度或宾汉姆塑变值，Pa；

μ_p——塑性黏度，Pa·s；

γ——剪切速率或流速梯度，s^{-1}。

3）试验安排

试验的工作内容及数量见表 2.5-2。

试验的工作内容及数量　　表 2.5-2

土　体	工作内容	数　量
饱和土中	在土样中按顺序插入注浆管（排列示意见图 2.5-6）分别以 0.05MPa、0.1MPa、0.15MPa、0.2MPa、0.3MPa 作为注浆压力注浆，每个压力值注浆 4 次，即一纵列 4 根注浆管，记录相对应的注浆量，注浆 7d 后挖取固化物，观察浆液的扩散范围、上泛高度、固化物的形状	20 根 ×2 次
	在注浆管的管底和管侧埋设土压力计（图 2.5-7），并与应变数据采集仪焊接，记录注浆过程和注浆结束后土中应力的变化情况，挖取固化物，观察固化物的形状并与土压力计所测得的数据相比照，得出土中应力变化的规律	2 次
非饱和土中	同饱和土	同饱和土

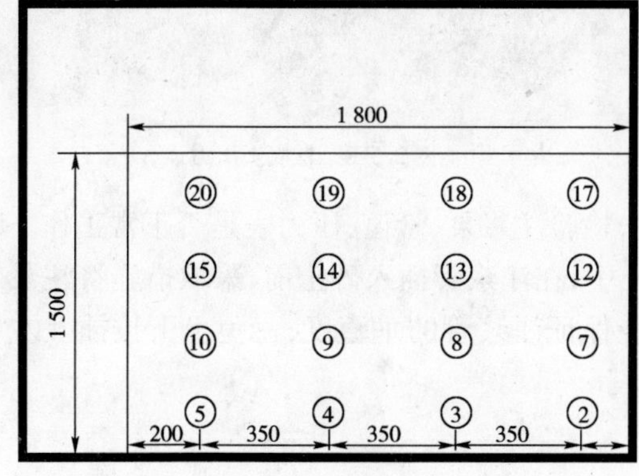

图 2.5-6　注浆管排列示意图（尺寸单位：mm）

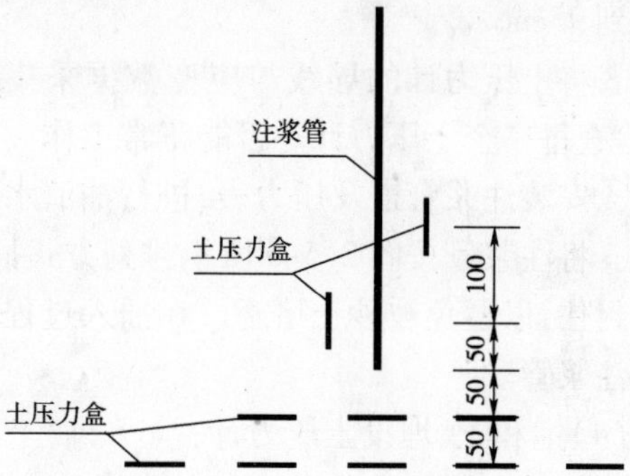

图 2.5-7　土压力计整体布置侧视图（尺寸单位：mm）

2.5.1.2　试验过程

1）准备阶段

（1）非饱和土、不埋设土压力计：

①将砂土填入试验箱中，每 20cm 一层，进行适当压实，在填土高度达到 40cm 时，放入取砂土土样的容器，继续填土，分层压实，直至砂土高度达到 95cm。

②安装注浆管道及压力表，进行抽清水试验，检验注浆泵、管道、压力表是否正常工作。

③将注浆管按图 2.5-6 所示排列方式插入土中，在注浆管接触到砂土前，人工将一图钉从

注浆管底端按住(图钉在注浆管内,图钉帽不能进入注浆管),插入过程,避免上下拔插注浆管,防止图钉在未注浆前脱离注浆管底端,使注浆管失去保护而被砂土堵塞,影响注浆的成功率;另外,注浆管要垂直插入,插入过程应避免摇动,尽量减少注浆管对原有土样的扰动,注浆管插入后复夯砂土,以减小冒浆的可能。

④制备水灰比为1.0的水泥浆。

(2)饱和土、不埋设土压力计:

①将砂土填入试验箱中,每20cm一层,进行适当压实和均匀洒水,在填土高度达到40cm时,放入取砂土土样的容器,继续填土,分层压实洒水,直至砂土高度达到95cm,最后向试验箱中各位置再均匀洒水,直至水面高度超过砂土土层高度并不再下降,认为制得饱和土。

②~④同(1)中②~④。

(3)非饱和土、埋设土压力计:

①为保护土压力计的导线,在土压力计埋入砂土前,在导线外穿一层塑料管,接口处用溶胶封口,并且为减少土压力计在砂土填入和注浆过程中的位移,桩底土压力计粘贴了铁片,桩侧增加了连杆,如图2.5-8所示。

②将砂土填入试验箱中,在填土高度达到25cm时,进行适当压实,埋入桩底第二层土压力计(距桩底10cm);在填土高度达到30cm时,适当压实,埋入桩底第一层土压力计(距桩底5cm),放入取砂土土样的容器,继续填土,埋入桩侧土压力计,继续填土分层压实,直至砂土高度达到95cm。

③将土压力计的导线与应变数据采集仪焊接,检查每一个土压力计是否能正常工作。

图2.5-8　桩底土压力计

④安装注浆管道及压力表,进行抽清水试验,检验注浆泵、管道、压力表是否正常工作。

⑤将注浆管按图2.5-6所示排列方式插入土中,在注浆管插入砂土前,采取措施将注浆管底端封住,以避免被砂土堵塞。在插入过程中,应保证注浆管的垂直度,避免上下拔插及左右晃动注浆管。

(4)饱和土、埋设土压力计:

步骤基本同(3),将砂土制备为饱和土。

2)注浆阶段

(1)将注浆管与注浆管道连接,将注浆管的阀门关闭,打开回路阀门,使浆液充满整个回路,将浆液倒入有刻度的铁桶中,记录初始浆液液面高度,准备注浆。

(2)调节回路阀门,使上方压力表的读数达到要求的数值(0.05MPa、0.1MPa、0.15MPa、0.2MPa、0.3MPa)稳定后,打开注浆管的阀门,开始注浆,同时开始计时,并记录相应时刻浆液的液面高度;埋设土压力计的试验部分,在开始注浆的同时,还应开始采集土压力计的数值,直至注浆结束10min。

(3)在浆液液面停止下降即注浆量不再增加后,停止注浆,记录注浆结束时,浆液的液面和注浆时间。

3)观察与记录阶段

养护7d,开挖试验箱,观察注浆情况,对浆液的扩散范围、上返高度、固化物形状进行观察和测量,并通过工具剥离等方法,初步确定固化物的强度规律;取出事先埋入土中的铁管,测定计算砂土参数,包括密度、干密度、体积等。

4)试验现象与结果分析整理

试验的基本流程如图 2.5-9 所示。

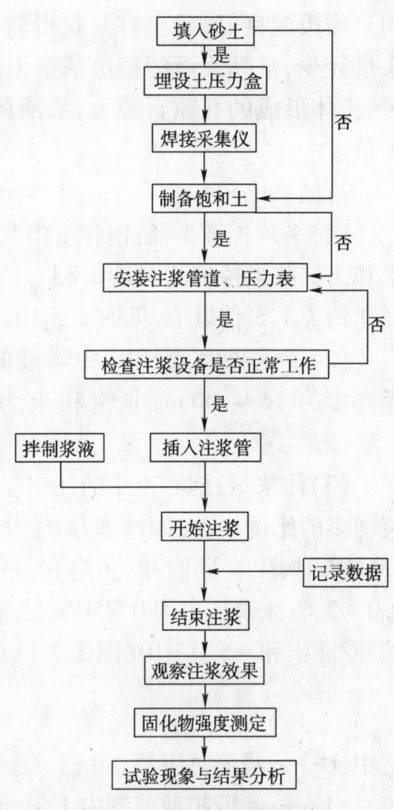

图 2.5-9　注浆试验基本流程

2.5.1.3　试验结论

1)注浆试验现象

(1)冒浆现象。由于模型桩是后插入的,尽管在插入桩之后复夯砂土,但对砂土的扰动仍不可恢复,在桩身与土体间留有缝隙,成为浆液克服阻力流动的薄弱环节。当浆液在桩端的渗流阻力大于浆液沿桩侧向上流动的阻力时,在压力作用下,浆液上返,甚至外溢,出现了冒浆现象。试验过程中出现的冒浆现象,一方面,造成了桩端注浆量的不足,未形成桩端扩大头;另一方面,冒浆使整个桩身与土层的黏结力增强,增大了侧摩阻力。

(2)串孔现象。若在桩端土附近存在较大的孔隙和裂隙,浆液在压力作用下,渗流可贯穿部分土层。当在 A 桩注浆时,浆液会从邻近的 B 桩冒出。首先,串孔造成了 B 桩注浆管的堵塞;串孔的注浆量也可能会很大,但是注入的浆液并非在桩端形成梨形体,而多用于填充桩端土附近的裂隙,在土层中形成脉状固结体,增大了整个土层的整体性,但是对单桩承载力的提高效果不明显。

(3)注浆压力与注浆量。在试验过程中,观察到注浆压力与注浆量的几种不同变化:

①注浆开始后,压力逐渐上升,但是达不到要求的压力,注浆量大。这种现象多是由于浆液在土层中形成脉状劈裂,或者部分浆液溢出。

②注浆开始后,压力不上升,注浆量少。这是由于浆液在短时间内沿桩侧溢出。

③注浆开始后,压力逐渐上升后突然大幅下降,注浆量较大。这是由于浆液在桩端的扩散突然遇到薄弱位置,或产生了新的脉状劈裂渗透。

④注浆开始后,压力迅速上升,但注浆量却很少。这是由于注浆管堵塞或者桩端土体密实,孔隙率小,浆液难以注入。

⑤注浆开始后,压力稳步上升,最后达到要求的压力,注浆量适中。这表明此次注浆比较成功。

(4)浆液的可注性。在注浆压力、土层参数一定的条件下,浆液的黏度将直接决定注入的成功与否。当水灰比过小,或浆液的搁置时间过长,使浆液的黏度增大,会直接加大注入的难度,甚至无法注入土层。

(5)砂土级配对注浆效果的影响。发现不同级配的土样对注浆效果的影响是十分明显的。当级配良好，砂土容易获得较大的密实度时，土体的孔隙直径小，浆液比较难注入，注浆量较少，桩端浆液的扩散基本上属于渗透扩散；当级配不良，甚至某部分粒径的颗粒缺失时，土体形成的孔隙直径大，浆液的扩散相对容易，注浆量较大，在桩端更容易产生劈裂式扩散。

2)结果比较

(1)平均扩散半径：饱和土中浆液的平均扩散半径大于非饱和土中浆液的平均扩散半径。饱和土扩散半径的范围是8.83～15.44mm，非饱和土为5.82～8.81mm，饱和与非饱和土的半径比约为1.5倍以上，见图2.5-10。

(2)上返高度：饱和土中浆液的上返高度小于非饱和土中浆液的上返高度。饱和土上返高度为16～48cm，非饱和土为19.2～57cm，非饱和土与饱和土中浆液上返高度为1.2～2。

(3)注浆量：饱和土中的注浆量大于非饱和土中的注浆量。随着注浆压力的增大，注入浆液增多的比例加大，如注浆压力为0.05MPa时，注浆量饱和/非饱和≈0.8～1.3；注浆压力0.1MPa时，注浆量饱和/非饱和≈0.9～1.3；注浆压力为0.15MPa，注浆量饱和/非饱和≈1.0～2.6；注浆压力为0.2MPa，注浆量饱和/非饱和≈1.0～7.3；注浆压力为0.3MPa，注浆量饱和/非饱和≈5.0～10(图2.5-11)；而理论计算注浆量一般采用：

$$Q = K \cdot V \cdot n \tag{2.5-2}$$

式中：Q——浆液总用量，mL；

V——浆液扩散范围内土量，m^3；

n——土的孔隙率；

K——经验系数，中、粗砂一般取0.5～0.7。

计算公式中并未考虑土样是否饱和。

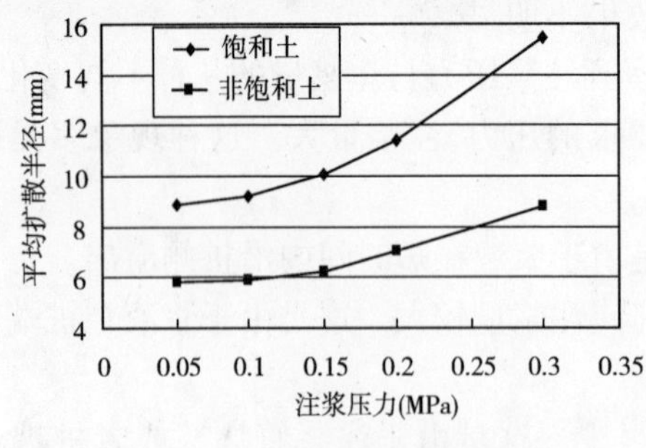

图2.5-10　饱和土与非饱和土平均扩散半径比较

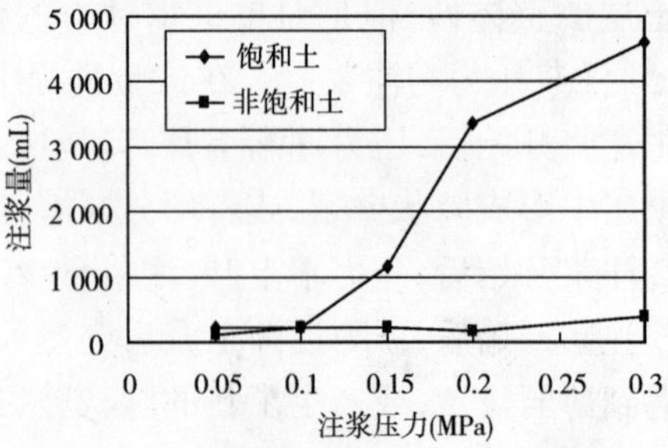

图2.5-11　饱和土与非饱和土注浆量比较

(4)固化物单位体积中含有水泥的比例：在固化物形状比较规则的情况下，即由桩端自下而上呈圆锥形或圆柱形时，由浆液扩散范围和相应注浆量的比较，可以推断饱和土固化物单位体积中水泥所占的比例应小于非饱和土。

(5)固化物形状：在饱和土中，固化物的形状更为饱满，在桩端易产生压密注浆和劈裂注浆，形成扩大头或从其他通道冒浆(图2.5-12)；非饱和土中，浆液的扩散范围十分有限，未形成明显的桩端扩大头(图2.5-13)。

图 2.5-12　饱和土固化物形状

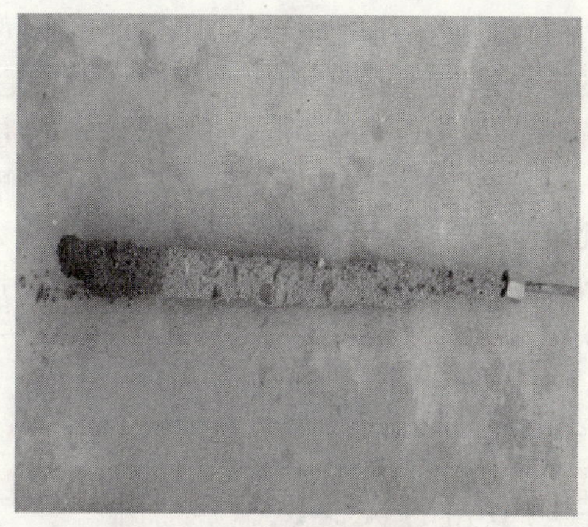

图 2.5-13　非饱和土固化物形状

3)原因分析

尽管试验采用的原理是渗透注浆原理,但是在实际的注浆过程中,浆液存在多种运动形式。渗透注浆中存在劈裂现象、压密现象,这些运动形式随着土层的变化、浆液的性质变化和压力变化而相互转化或者并存。综合各种现象和结果,分析原因:

(1)当浆液以渗透方式运动时,浆液注入到砂土孔隙中,取代、排除孔隙中的气体和水。浆液在土层中都是减速运动的,注浆量、浆液扩散半径的增加都随着注浆时间的推移而逐步减少,当浆液的运动速度降低为零时,浆液则不再扩散,注浆量也不再增加。浆液的黏度越大,浆液在土层中运动速度降低为零的这段时间越短,注浆量和扩散半径越小;当浆液的黏度超过一定限度时,浆液甚至很难注入。

(2)对于饱和土,一方面,开始阶段,浆液以渗透方式注入其中,由于饱和土中的自由水含量大,浆液进入土层后自由水对浆液起到了稀释作用,降低了浆液的黏度,使得浆液扩散的时间延长,扩散半径增大,注浆量增大;另一方面,由于饱和土中的自由水对土体颗粒的浮力作用、润滑作用,使得浆液在渗透运动受阻、压力迅速增大后,能够较容易地克服围压,以压密和劈裂的方式继续运动,而压力的主要方向是径向,也就是水平方向,因而浆液多在注浆管的底部形成扩大头和脉状劈裂,甚至当浆液对土体的上抬力超过土层的重量时,会引起土体的上隆和开裂。由于压力在注浆管的底部得以释放,因此饱和土中浆液的上返高度一般不会太高。

(3)非饱和土中,浆液初次渗透进入周围土层后,后压入的浆液,多是其中的水分扩散到更远的土层中,而水泥的悬浮颗粒聚集在注浆口的附近,使得注浆口附近的浆液稠度、黏度迅速增大,浆液径向运动的速度也很快降低为零。注浆口压力不能径向释放,因此只能沿注浆管插入的通道上返,甚至会产生冒浆。

综合分析饱和土和非饱和土土层的性质,可以解释相同注浆压力在饱和土中的注浆量、固化物平均扩散半径大于非饱和土,而浆液的上返高度却小于非饱和土,在饱和土中浆液更易产生压密和劈裂运动。

4)饱和与非饱和土中注浆对土中应力的影响

(1)饱和土和非饱和土中所测得的应力值,在注浆开始时,均有一突增,后随着注浆过程,应力值增大,当浆液的扩散、流动对某一位置的土压力计产生最大的压力时,即为所测得应力最大的时刻，由于各土压力计埋设位置的不同，浆液流动方向的任意性，因此各土压力计所测得的应力并不是同一时刻达到最大，也并不是在注浆量达到最大时，均达到最大。土中应力达到峰值之后，随着浆液的进一步扩散和流动，应力得以缓慢释放，应力值减小。

(2)非饱和土中，应力达到峰值之后，桩侧和桩底土压力计的应力释放速度基本一致，均有比较明显的降低；而在饱和土中，桩侧的应力释放比桩底的释放速度快，桩底的应力会保持比较长的一段时间，如图 2.5-14 和图 2.5-15 所示。

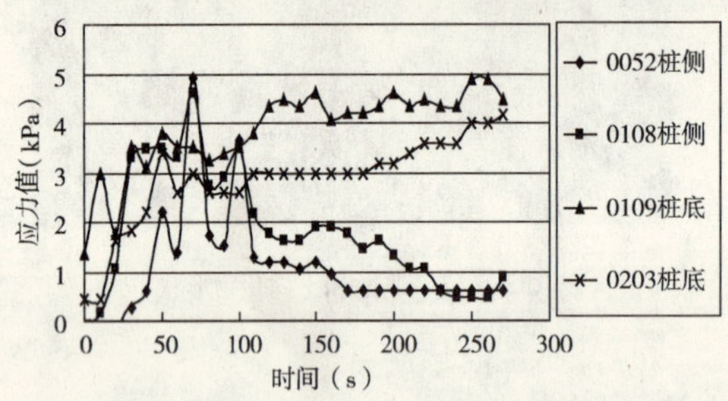

图 2.5-14 饱和土中应力随注浆时间变化曲线

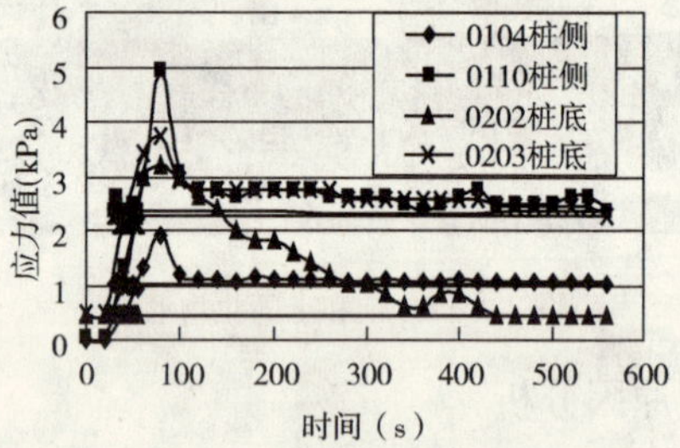

图 2.5-15 非饱和土中应力随注浆时间变化曲线

(3)若分别将饱和土和非饱和土中由注浆而引起的自由水流动所产生的孔隙水压力减去，则会发现饱和土中浆液扩散所需克服的有效应力小于非饱和土中浆液扩散所需克服的阻力，这也可以解释在同一注浆压力下，饱和土中浆液的扩散半径、注浆量均大于非饱和土。

(4)取出固化物，观察形状，根据土压力计所测得的数值，绘制土中应力等值线示意图，发现等值线的形状与固化物的形状有大致的对应性，因此判断土中某点应力值变化的大小，不能仅以该点距注浆管的远近作为判断的依据，应结合固化物的形状，即浆液的扩散范围分析判断。但从整体上看，桩底、桩侧某一方向上，土中应力的变化都随着距离出浆口半径的增大而减小。

应力等值线图是根据同一平面的 6 个土压力计实测值，按照应力由内向外递减、衰减速度由内向外递增的原则所画的示意图。

非饱和土应力等值线示意见图 2.5-16 ~ 图 2.5-17。

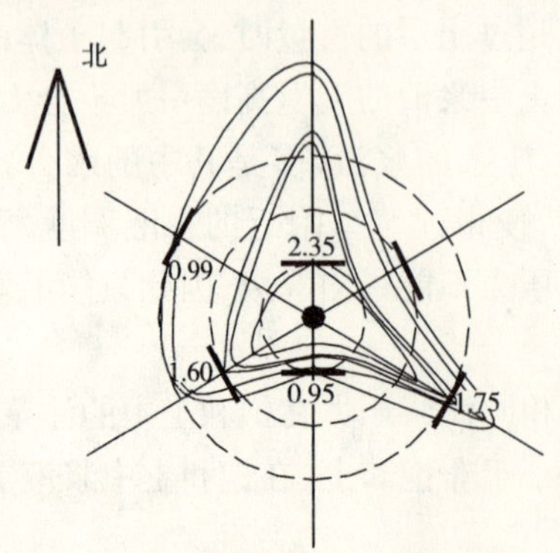

图 2.5-16 桩侧第一层土压力计(距桩底 5cm)平面应力等值线(单位：kPa)

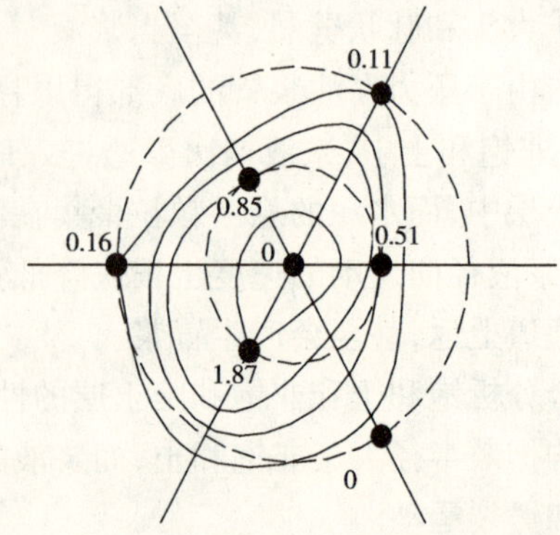

图 2.5-17 桩底第二层土压力计(距桩底 10cm)平面应力等值线(单位：kPa)

饱和土应力等值线示意见图 2.5-18 ~ 图 2.5-19。

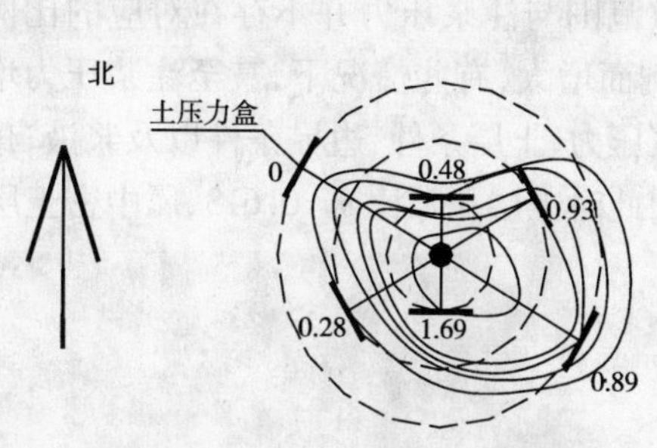

图 2.5-18 桩侧第一层土压力计(距桩底 5cm)平面应力等值线(单位:kPa)

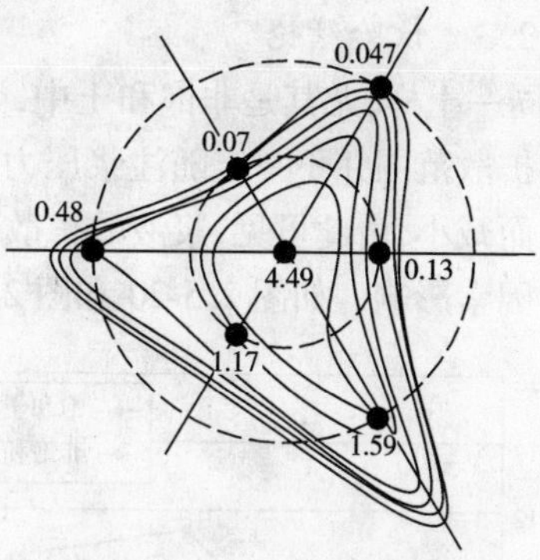

图 2.5-19 桩底第二层土压力计(距桩底 10cm)平面应力等值线(单位:kPa)

2.5.2 不同注浆压力的注浆效果研究

2.5.2.1 试验概况

研究不同注浆压力下的浆液扩散范围、流动规律。

1)试验装置与材料

(1)试验装置主要有:试验箱、注浆设备(同 2.5.1 试验)。

(2)试验材料主要有:浆体材料(采用普通硅酸盐水泥)、粗砂等(同 2.5.1 试验)。

(3)辅助设备:电子秤、塑料桶、搅拌棒、气泵、钢尺、精密压力表等。

2)试验安排

试验的工作内容及数量见表 2.5-3。

试验的工作内容及数量 表 2.5-3

土 体	工 作 内 容	数 量
饱和土中	在土样中按顺序插入注浆管(排列示意见图 2.5-6)分别以 0.05MPa、0.1MPa、0.15MPa、0.2MPa、0.3MPa 作为注浆压力注浆,每个压力值注浆 4 次,即一纵列 4 根注浆管,记录相对应的注浆量,注浆 7d 后挖取固化物,观察浆液的扩散范围、上返高度,固化物的形状	20 根 ×2 次
非饱和土中	同饱和土	同饱和土

2.5.2.2 试验过程

1)准备阶段

(1)非饱和土、不埋设土压力计:

同 2.5.1.2 中(1)。

(2)饱和土、不埋设土压力计:

同 2.5.1.2 中(2)。

2)注浆阶段

同 2.5.1.2 中 2)。

3)观察与记录阶段

同 2.5.1.2 中 3)。

2.5.2.3　试验结论

(1)同一土样,尤其是非饱和土中,浆液的扩散范围与注浆压力并不存在对应的比例关系,即浆液的扩散范围并不一定随注浆压力增大的比例而增大,有些情况下,甚至注浆压力增大,扩散范围反而减小,由此可见,浆液的扩散范围受注浆压力、土层条件、边界条件以及浆液自身的性质等多重因素影响。如图2.5-20和图2.5-21所示,此时土层孔隙比 $e=0.613$,属中密土层。

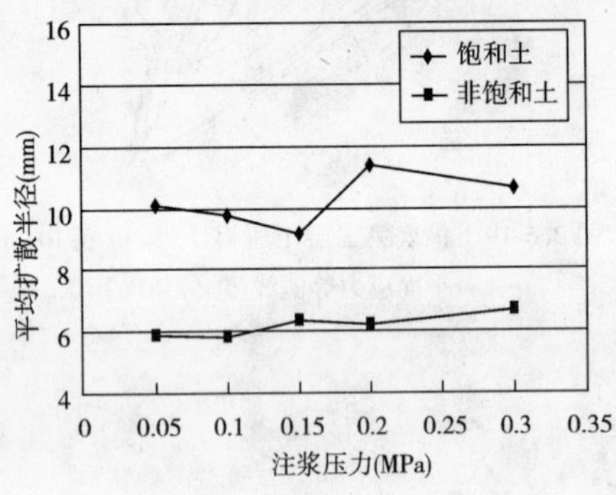

图2.5-20　饱和土与不饱和土不同注浆压力的扩散半径

图2.5-21　不同注浆压力,非饱和土中浆液的扩散半径(无明显的比例关系)

(2)在同一种土样中,边界条件的不同,会影响到同一注浆压力下浆液的扩散形状。靠近箱壁的注浆管,浆液扩散一侧受限,劈裂扩散产生的固化物形状多为条脉状;长边沿箱壁,在角边的注浆管,固化物形状还会是人字状。若劈裂引起注浆量很大,浆液对土体的上抬力超过土层的重量时,会引起条脉状浆体扩散通道上方土体的上隆、开裂。

(3)浆液的流动规律:当注浆管四周砂土致密程度大致相同、边界约束条件相同时,则浆液较为均匀地以渗透的方式向四周扩散;当注浆管四周的砂土密实度不同时,则浆液从砂土致密的部位,向疏松的部位扩散;当浆液扩散受到边界条件限制,在不能通过的位置,则浆液沿受限的垂直方向突破阻碍流动。

2.5.3　注浆固化物强度随时间发展规律的研究

2.5.3.1　试验概况

1)试验装置与材料

(1)试验装置主要有:试验箱、注浆设备(同2.5.1试验)。

(2)试验材料主要有:浆体材料(采用普通硅酸盐水泥)、粗砂等(同2.5.1试验)。

(3)辅助设备:电子秤、塑料桶、搅拌棒、气泵、钢尺、精密压力表、切割机等。

2)试验安排

试验的工作内容及数量见表2.5-4。

试验的工作内容及数量　　表2.5-4

土　体	工作内容	数　量
饱和土中	采用0.1MPa注浆压力,1.0水灰比注浆,记录相对应的注浆量,挖取固化物,将固化物置于水中养护,分别在30d、60d、90d、180d龄期,制取40mm×40mm×40mm的试块进行强度试验。	30

2.5.3.2　试验过程

(1)砂土填箱、注浆过程同 2.5.1 饱和土中注浆。

(2)分别在龄期来临前,将大块固化物切割、打磨成 40mm × 40mm × 40mm 的受压试块。

(3)强度试验,数据整理分析。试验结果如图 2.5-22 ~ 图 2.5-26 所示。

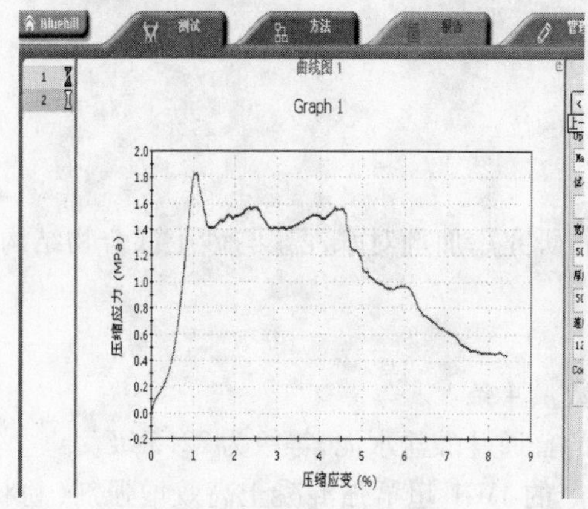

图 2.5-22　30d 固化物强度测试

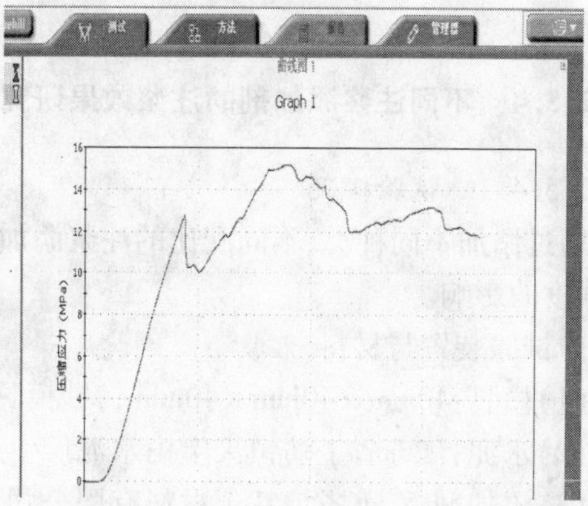

图 2.5-23　60d 固化物强度测试

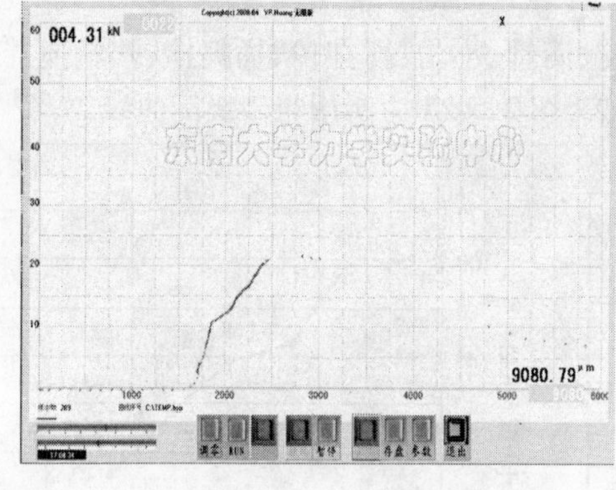

图 2.5-24　90d 固化物强度测试

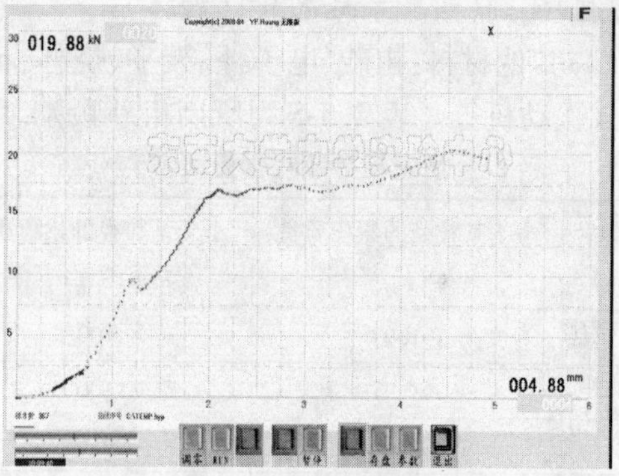

图 2.5-25　180d 固化物强度测试

2.5.3.3　试验结论

总体来说,固化物强度是由单位体积中水泥含量所决定的,当浆液扩散至桩端或桩侧的薄弱环节,渗入或者劈裂进入土体孔隙的水泥浆量多,此时固化物的强度就高。冒浆处由于固化物中水泥浆的比例大,因此强度并不一定低。

图 2.5-26　注浆固化物压碎状态

对于单桩来说,固化物的强度从桩端自下而上逐渐降低,从桩身由内而外,强度逐渐降低,最外层水泥浆含量极低,砂土颗粒间的胶结力很小,用手即可将砂土颗粒剥落。

就试块而言,由于受各种因素的影响,如试块本身平整度、试块内部含有粗颗粒的比例不同、粗颗粒的位置不同等,强度值的离散性比较大,从强度试验得出确切的数值规律比较困难。

固化物强度规律大概可以总结为：注浆固化物受压破坏时，强度表现出一定混凝土结构的性质，当强度达到峰值后，强度并不马上显著下降，而是由粗骨料承压，强度继续维持一段时间，直到粗骨料被完全压碎；从长期来看，随时间的发展，固化物的强度、硬度均是增长的。

2.5.4 不同注浆添加剂的注浆效果研究

2.5.4.1 试验概况

通过添加不同种类、不同配比的注浆添加剂，研究添加剂对水泥浆与砂土混合物结构、成分、强度的影响。

1）试验装置与材料

（1）模具：40mm×40mm×40mm 铸铁模具，数量 4 条。

（2）水泥：江苏省上坊镇天宝山水泥厂生产的普通硅酸盐水泥，等级为 32.5 级。

（3）添加剂：江苏省博特新材料有限公司生产的 JM-1 超早强混凝土高效增强剂（粉状）、JM-A 萘系高效减水剂（粉状）、JM-HF（低泌水、微膨胀）高性能灌浆外加剂（粉状）、JM-PCA 混凝土超塑化剂（羧酸系减水剂）（液体）。

（4）其他材料：粗砂、电子秤、天平、烧杯、量筒、滴管、小勺、搅拌棒、插捣棒、塑料搅拌桶、平板式振动机等。表 2.5-5 为所用粗砂颗粒含量表，图 2.5-27 为所用粗砂级配曲线。

所用粗砂颗粒含量表　　表 2.5-5

界限粒径（mm）	小于某粒径的累积质量（g）	小于某粒径的累积质量占总重的比例（%）
>5	391.97	100
5	391.97	100
2	302.66	64.68
1	255.11	57.83
0.5	142.91	36.23
0.25	42.91	10.88

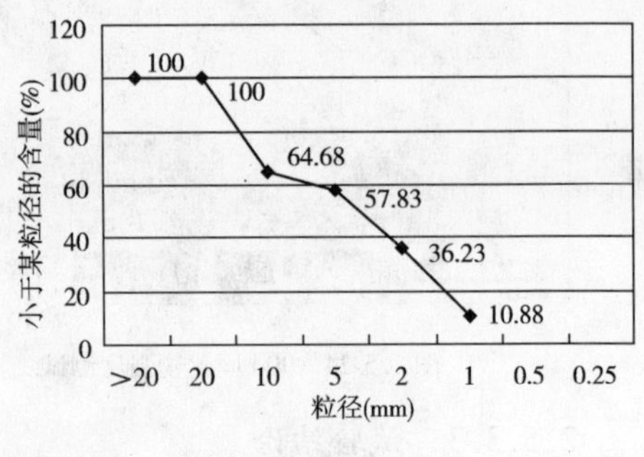

图 2.5-27　所用粗砂级配曲线

2）试验基本原理

水泥砂土混合物这个体系是由不同组分，即砂、水泥和水组成的。在这种情况下，理论上，加入的水应均匀地以一层薄膜把水泥颗粒和骨料整个表面积都湿润。但是，一方面，水泥颗粒非常微小，比表面积非常大；另一方面，水具有相当大的表面张力，即在水相的界面，表层中水分子之间有相当大的阻碍水流散的内聚力在发生作用，使得自由状态下的液体不流散成薄层，而是形成球状的珠滴。因此，加入拌和物的水很难在固体颗粒上均匀分布，也就不能很好地使拌和物中的水和水泥发生完全和迅速的反应，影响拌和物的质量。

水泥外加剂作为表面活性剂的一类，能够对水泥和砂土的拌和物起到多方面的作用，如改善水泥和骨料的润湿性；对水泥有反凝絮作用，提高水泥的利用率；减少水泥用量，节约资源、降低成本；减少单位用水量，提高拌和物的强度和耐久性等。

3)试验安排

为充分体现添加剂的效果,寻找添加剂的最优添加量,并比较不同外界条件对混合物强度的影响,设计如下几组对比试验。

第一组试块:水泥中不掺入添加剂,配合比如表 2.5-6 所示。制备 3d、7d、28d、60d,4 个龄期,每个龄期每种配合比 3 个平行试样,试块数量共 72 个。

不掺添加剂,水泥、砂土配比　　表 2.5-6

水泥含量(%,占砂土)	20	25	30	20	25	30
水灰比	0.6	0.6	0.6	0.8	0.8	0.8

注:砂土为自然状态,未烘干,以下试验所用砂土情况相同。

第二组:水泥中掺入添加剂,配合比如表 2.5-7。制备 3d、7d、28d、60d,4 个龄期,每个龄期每种配合比 3 个平行试样,试块数量共 192 个。

添加剂、水泥、砂土配比　　表 2.5-7

水灰比	0.6							
水泥含量(%,占砂土)	20							
添加剂种类	JM1				HF			
添加剂含量(%,占水泥)	0.5	0.8	1.0	1.2	8	12	16	20
水灰比	0.6							
水泥含量(%,占砂土)	20							
添加剂种类	JMA				PCA			
添加剂含量(%,占水泥)	0.3	0.5	0.8	1.0	0.5	0.8	1.0	1.2

2.5.4.2　试验过程

(1)称取材料:按照设计配合比,分别称取适量的水泥、砂土、水、添加剂。

(2)搅拌:对于粉末状的添加剂,将添加剂先与称取好的水泥搅拌均匀后再加入砂子进行拌和,避免添加剂与含水的砂土直接接触;对于液体添加剂,先用少量水稀释(约 2 ~ 3mL),再加入水泥搅拌,最后加入砂子搅拌至均匀。

(3)试件成型:先将试模内外、上下表面刷油,在其下垫铁板(铁板表面刷油)置于平整、坚固的试验台上,用小勺将搅拌均匀的混合物分两层填入到试模中。每层填入 1/2 高度,用插捣棒插捣 60 次,再填入另 1/2,插捣 60 次。初步抹平,用平板式振动机振 20s。用抹刀将试模上多余的混合物刮去,并将试件表面抹平。

(4)试件养护:对制作的试模做标记,初凝后,用浸湿的布覆盖试模表面,带模养护 12h 以上后脱模,做好标记后浸于水中养护。

(5)强度试验:在试件养护至规定龄期时,取出试件,进行抗压强度试验。

2.5.4.3　试验结论

1)注浆添加剂对试块强度的影响分析

表 2.5-8 为不同配比试验块各龄期强度,图 2.5-28 ~ 图 2.5-31 为不同添加剂对试件强度的影响曲线。

(1)从整体来看,4 种添加剂均可提高试块的强度,其中 HF 灌浆剂的增强效果最为明显,羧酸类减水剂的增强效果相对较弱。

不同配比试块各龄期强度　　表 2.5-8

不同配比的试块	3d 极限强度（MPa）	7d 极限强度（MPa）	28d 极限强度（MPa）	60d 极限强度（MPa）
水灰比 0.6，水泥含量 20%（占砂土质量）	4.28	5.47	7.84	12.44
水灰比 0.6，水泥含量 20%，灌浆剂 HF 8%	6.75	7.95	13.18	23.11
水灰比 0.6，水泥含量 20%，灌浆剂 HF 12%	7.84	8.76	15.22	17.02
水灰比 0.6，水泥含量 20%，灌浆剂 HF 16%	7.51	8.71	17.58	21.89
水灰比 0.6，水泥含量 20%，灌浆剂 HF 20%	7.01	7.36	14.54	14.41
水灰比 0.6，水泥含量 20%，早强剂 JM1 0.5%	4.33	5.22	11.79	15.77
水灰比 0.6，水泥含量 20%，早强剂 JM1 0.8%	5.36	6.71	10.15	21.45
水灰比 0.6，水泥含量 20%，早强剂 JM1 1%	5.21	6.64	11.84	18.35
水灰比 0.6，水泥含量 20%，早强剂 JM1 1.2%	4.58	6.33	8.62	22.08
水灰比 0.6，水泥含量 20%，萘系减水剂 JMA 0.3%	5.29	6.32	11.03	11.56
水灰比 0.6，水泥含量 20%，萘系减水剂 JMA 0.5%	7.59	7.61	13.74	20.52
水灰比 0.6，水泥含量 20%，萘系减水剂 JMA 0.8%	6.62	8.63	14.25	16.23
水灰比 0.6，水泥含量 20%，萘系减水剂 JMA 1%	6.77	7.78	11.32	14.74
水灰比 0.6，水泥含量 20%，羧酸类减水剂 PCA 0.5%	6.48	6.95	10.94	13.75
水灰比 0.6，水泥含量 20%，羧酸类减水剂 PCA 0.8%	6.98	6.93	10.39	14.94
水灰比 0.6，水泥含量 20%，羧酸类减水剂 PCA 1%	5.33	8.01	10.81	14.67
水灰比 0.6，水泥含量 20%，羧酸类减水剂 PCA 1.2%	5.28	7.85	8.65	17.45

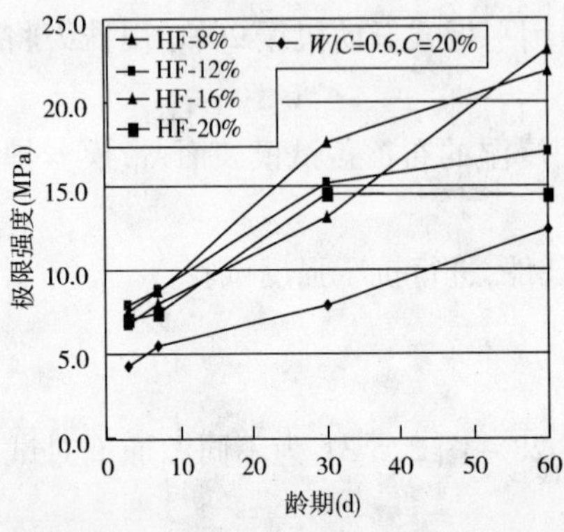

图 2.5-28　HF 灌浆剂不同配比试块龄期强度

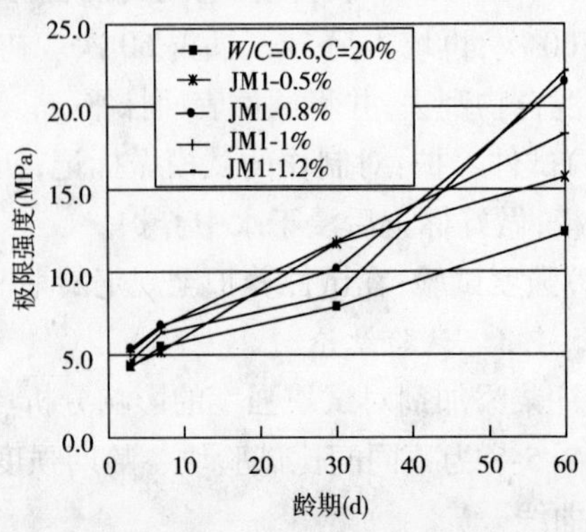

图 2.5-29　JM1 早强剂不同配比试块龄期强度

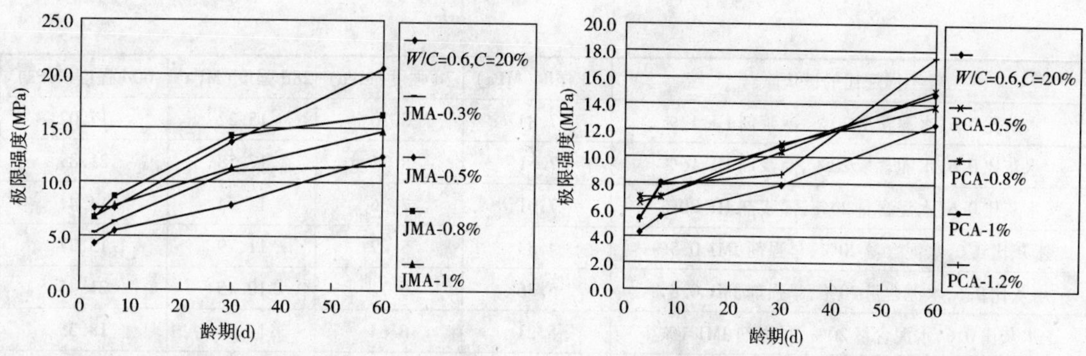

图 2.5-30　JMA 减水剂不同配比试块龄期强度　　图 2.5-31　PCA 减水剂不同配比试块龄期强度

(2)未添加添加剂试块强度：对于水灰比相同的试块，增加水泥的比例(与砂土质量的比例)并不一定提高试块的强度(表 2.5-9、图 2.5-32)。当加入水的量在一个合适的范围内，增加水泥的比例会提高试块的强度；如果加水量超过一定限度，虽然增大水泥的比例，但是由于绝对用水量增多，与水泥不起化学反应的那部分水量就增多，使得试块内部残留的孔隙增多，减弱了试块的结构性，造成强度下降，因此工程中不能盲目地增加水泥用量来提高强度。

不同水泥含量配比试块各龄期强度　　表 2.5-9

不同配比的试块	3d 强度(MPa)	7d 强度(MPa)	28d 强度(MPa)	60d 强度(MPa)
水灰比 0.6，水泥含量 20%	4.28	5.47	7.84	12.44
水灰比 0.6，水泥含量 25%	6.74	9.09	15.39	21.34
水灰比 0.6，水泥含量 30%	5.47	11.08	25.53	30.69
水灰比 0.8，水泥含量 20%	4.74	6.57	12.82	13.85
水灰比 0.8，水泥含量 25%	6.86	9.44	20.68	21.47
水灰比 0.8，水泥含量 30%	4.45	6.38	17.89	19.04

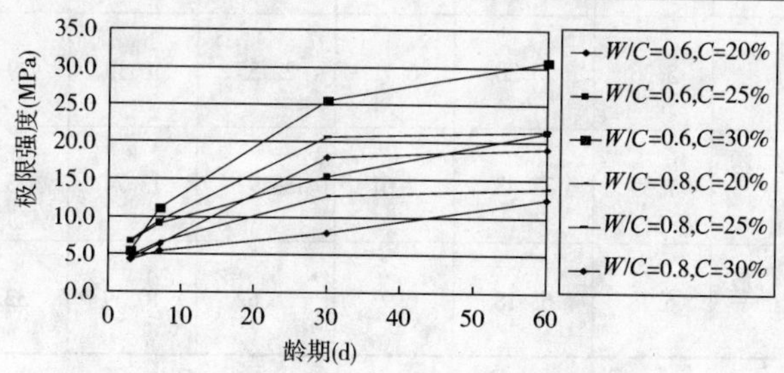

图 2.5-32　不同水泥含量配比试块龄期强度

(3)4 种添加剂均存在一个最佳添加量的范围，盲目增加添加剂的比例并不能提高试块的强度(表 2.5-10)。几种添加剂最佳效果的比较见表 2.5-11。

不同配比试块各龄期强度　　表 2.5-10

不同配比的试块	3d 强度(MPa)	7d 强度(MPa)	28d 强度(MPa)	60d 强度(MPa)
水灰比 0.6，水泥含量 20%	4.28	5.47	7.84	12.44
水灰比 0.6，水泥含量 20%，灌浆剂 HF 8%	6.75	7.95	13.18	23.11

续上表

不同配比的试块	3d 强度(MPa)	7d 强度(MPa)	28d 强度(MPa)	60d 强度(MPa)
水灰比 0.6,水泥含量 20%,灌浆剂 HF 12%	7.84	8.76	15.22	17.02
水灰比 0.6,水泥含量 20%,灌浆剂 HF 16%	7.51	8.71	17.58	21.89
水灰比 0.6,水泥含量 20%,灌浆剂 HF 20%	7.01	7.36	14.54	14.41
水灰比 0.6,水泥含量 20%,早强剂 JM1 0.5%	4.33	5.22	11.79	15.77
水灰比 0.6,水泥含量 20%,早强剂 JM1 0.8%	5.36	6.71	10.15	21.45
水灰比 0.6,水泥含量 20%,早强剂 JM1 1%	5.21	6.64	11.84	18.35
水灰比 0.6,水泥含量 20%,早强剂 JM1 1.2%	4.58	6.33	8.62	22.08
水灰比 0.6,水泥含量 20%,萘系减水剂 JMA 0.3%	5.29	6.32	11.03	11.56
水灰比 0.6,水泥含量 20%,萘系减水剂 JMA 0.5%	7.59	7.61	13.74	20.52
水灰比 0.6,水泥含量 20%,萘系减水剂 JMA 0.8%	6.62	8.63	14.25	16.23
水灰比 0.6,水泥含量 20%,萘系减水剂 JMA 1%	6.77	7.78	11.32	14.74
水灰比 0.6,水泥含量 20%,羧酸类减水剂 PCA 0.5%	6.48	6.95	10.94	13.75
水灰比 0.6,水泥含量 20%,羧酸类减水剂 PCA 0.8%	6.98	6.93	10.39	14.94
水灰比 0.6,水泥含量 20%,羧酸类减水剂 PCA 1%	5.33	8.01	10.81	14.67
水灰比 0.6,水泥含量 20%,羧酸类减水剂 PCA 1.2%	5.28	7.85	8.65	17.45

4 种添加剂增强效果对比

表 2.5-11

不同配比的试块	3d 强度(MPa)	提高幅度(%)	7d 强度(MPa)	提高幅度(%)	28d 强度(MPa)	提高幅度(%)	60d 强度(MPa)	提高幅度(%)
水灰比 0.6,水泥含量 20%	4.28		5.47		7.84		12.44	
水灰比 0.6,水泥含量 20%,灌浆剂 HF 16%	7.51	75.58	8.71	59.04	17.58	124.3	21.89	75.91
水灰比 0.6,水泥含量 20%,早强剂 JM1 0.8%	5.36	25.20	6.71	22.55	10.15	29.48	21.45	72.43
水灰比 0.6,水泥含量 20%,萘系减水剂 JMA 0.5%	7.59	77.43	7.61	38.92	13.74	75.33	20.52	64.90
水灰比 0.6,水泥含量 20%,羧酸类减水剂 PCA 0.8%	6.98	63.18	6.93	26.62	10.39	32.59	14.94	20.12

2)注浆添加剂对试块结构的影响分析

扫描电镜结果显示,7d 龄期时,不添加添加剂的纯水泥砂土试块,结构发育得缓慢,只有少量的针状结晶体;添加 HF 灌浆剂的试块,结构发育最快,砂子颗粒的周围由水泥胶凝体包裹,生成了大量针状结晶体,试块的整体结构比较致密,孔隙被针状晶体填充,黏结紧密;添加 JMA 萘系减水剂的试块,内部多为由水泥包裹砂子形成的颗粒状固体,其表面有较小的针状结晶体,结构相对致密;添加 JM1 早强剂的试块,内部有板状结构,表面有绒毛状结晶体,结构孔洞较多,黏结不紧密;添加 PCA 减水剂的试块,内部多为纵横错杂的板片状结构,有少量针状结晶体,结构孔隙多,黏结不紧密。60d 龄期与 7d 比较,各种配比试块的内部结构均有不同程度的发育，结构更为致密，颗粒胶结成团状、块状，多看不到明显的针状结晶体（图 2.5-33 ~ 图 2.5-42）。

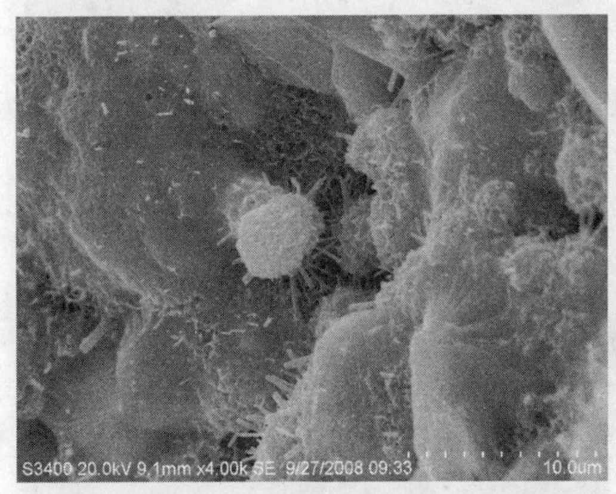

图 2.5-33　7d 龄期，25% 水泥含量无添加剂试块结构（4 000 倍）

图 2.5-34　7d 龄期，HF 12% 添加量试块结构（5 000 倍）

图 2.5-35　7d 龄期，JMA 0.5% 添加量试块结构（5 000 倍）

图 2.5-36　7d 龄期，JM1 0.8% 添加量试块结构（5 000 倍）

图 2.5-37　7d 龄期，PCA 0.8% 添加量试块结构（5 000 倍）

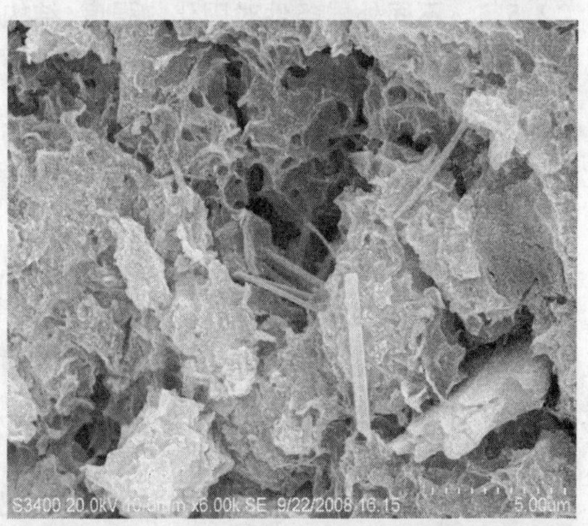

图 2.5-38　60d 龄期，25% 水泥含量无添加剂试块结构（6 000 倍）

图 2.5-39　60d 龄期,HF 12% 添加量试块结构(5 500 倍)

图 2.5-40　60d 龄期,JMA 0.5% 添加量试块结构(4 000 倍)

图 2.5-41　60d 龄期,JM1 1% 添加量试块结构(2 500 倍)

图 2.5-42　60d 龄期,PCA 0.8% 添加量试块结构(3 000 倍)

2.5.5　不同外界条件对固化物强度、结构的影响分析

2.5.5.1　试验概况

研究水泥浆与砂土的混合物在有光与无光条件、密闭与大气条件等不同外界条件下的强度发展规律。

1)试验装置与材料

(1)模具:40mm×40mm×40mm 铸铁模具,数量 4 条。

(2)水泥:江苏省上坊镇天宝山水泥厂生产的普通硅酸盐水泥,等级为 32.5 级。

(3)其他材料:粗砂、电子秤、天平、烧杯、量筒、滴管、小勺、搅拌棒、插捣棒、塑料搅拌桶、平板式振动机、黑色塑料袋等。

2)试验安排

水泥不掺入添加剂,外界养护条件不同,配合比如表 2.5-12。制备 3d、7d、28d,3 个龄期,每个龄期每种配合比 3 个平行试样,试块数量共 27 个。

配　合　比　　　　表 2.5-12

水泥含量(%,占砂土)	水灰比	不同外界条件			
25	0.6	有光、不密闭	无光、不密闭	有光、密闭	无光、密闭

2.5.5.2　试验过程

基本同 2.5.4.2 试验步骤,在养护方式上有所不同。用多层塑料袋包裹试块,模拟密闭条件;用黑色塑料袋包裹并置于光线不能直接照射的地方养护,模拟无光条件。

2.5.5.3　试验结论

从强度试验的结果来看,是否密闭和有无可见光这两个条件中,是否密闭对试块强度的影响更大,是否有可见光对试块的强度几乎无影响,见表 2.5-13、图 2.5-43、表 2.5-14。密闭条件下,试块强度降幅为 30% 左右;无可见光条件下,试块强度降幅仅为 2% 左右。由此可见,对超长桩、深层土层后注浆时,由于浆体在地下处于一种密闭无空气的环境中,因此,浆液凝结时间延长,固化物的强度增长缓慢,相同龄期强度值不能达到普通养护条件下所测得的强度值。

不同养护条件,试块各龄期强度　　　　表 2.5-13

不同配比的试块	3d 强度(MPa)	7d 强度(MPa)	28d 强度(MPa)	60d 强度(MPa)
水灰比 0.6,水泥含量 25%,普通养护条件	6.74	9.09	15.39	21.34
水灰比 0.6,水泥含量 25%,密闭无光条件	4.76	6.53	10.87	15.07
水灰比 0.6,水泥含量 25%,密闭有光条件	5.97	6.89	11.63	15.91
水灰比 0.6,水泥含量 25%,不密闭无光条件	6.61	8.93	15.10	20.93

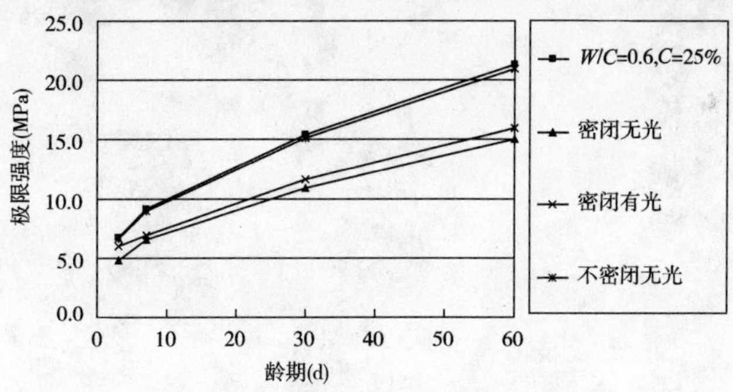

图 2.5-43　不同养护条件,试块龄期强度

不同养护条件,对试块强度的影响幅度　　　　表 2.5-14

不同配比的试块	3d 强度(MPa)	降低幅度(%)	7d 强度(MPa)	降低幅度(%)	28d 强度(MPa)	降低幅度(%)	60d 强度(MPa)	降低幅度(%)
水灰比 0.6,水泥含量 25%,普通养护条件	6.74		9.09		15.39		21.34	
水灰比 0.6,水泥含量 25%,密闭无光条件	4.76	29.34	6.53	28.19	10.87	29.34	15.07	28.79
水灰比 0.6,水泥含量 25%,密闭有光条件	5.97	11.36	6.89	24.24	11.63	24.42	15.91	28.26
水灰比 0.6,水泥含量 25%,不密闭无光条件	6.61	1.9	8.93	1.79	15.10	1.9	20.93	1.89

2.5.6　注浆机理小结

(1)砂土级配对注浆效果的影响显著。当级配良好,砂土容易获得较大的密实度时,土体

的孔隙直径小,浆液比较难注入,注浆量较少,桩端浆液的扩散基本上属于渗透扩散;当级配不良,甚至某部分粒径的颗粒缺失时,土体形成的孔隙直径大,浆液的扩散相对容易,注浆量较大,在桩端更容易产生劈裂式扩散。

(2)在其他条件均相同时,与非饱和土相比较,饱和土中浆液的平均扩散半径较大,注浆量较大,而上返高度较小。

(3)浆液在土层中(尤其是非均质土层中)的扩散趋势,是在相对较为薄弱的部位的扩散范围较大。

(4)本次试验所选用的4种添加剂均可起到较好的提高注浆固化物强度的效果,其中HF灌浆剂的增强效果最为显著。每种添加剂均存在一个最佳掺入比,在工程应用前应通过试验确定其最佳掺入比。

(5)从强度试验的结果来看,在其他条件均一致时,养护条件密闭与否对试块强度的影响很大。密闭条件下,试块强度降幅为30%左右。由此可见,对超长桩、深层土层后注浆时,由于浆体在地下处于一种密闭无空气的环境中,因此,浆液凝结时间延长,固化物的强度增长缓慢,相同龄期强度值不能达到普通养护条件下所测得的强度值。

第 3 章　桩端后压浆的数值模拟分析

3.1　后压浆有限元分析

有限元法是利用电子计算机的一种有效的数值分析方法。20 世纪 50 年代，源于航空工程中飞机结构的矩阵分析，在 60 年代，有限元法被推广到求解弹性力学的平面应力问题中。

使用有限元法求解有几个突出的优点：

(1) 可以用来求解非线性问题。

(2) 易于处理非均质材料、各向异性材料。

(3) 能适用于各种复杂的边界条件。

很多岩土工程问题要找到弹性力学解是非常困难的，可以利用有限元方法求解各种具有复杂地质条件、应力历史、边界条件的问题。1966 年，Clough 和 Woodward 首先将有限元法引入到土力学。60 年代后期，开始将有限元法用于桩土分析，用来模拟桩的受力分析。随着电子计算机技术的飞速发展，有限元法在岩土工程领域中的应用日趋广泛，为工程实践作出了巨大贡献。

本章进行数值分析所采用的软件是 ABAQUS 非线性分析有限元软件，ABAQUS 被广泛认为是功能非常强大的非线性有限元软件，可以分析复杂的结构力学系统，尤其能够驾驭非常庞大复杂的问题和模拟高度非线性问题。ABAQUS 不但可以做单一零件的力学和多物理场的分析，同时还可以做系统级的分析以及研究。ABAQUS 优秀的分析能力和模拟复杂系统的可靠性使其被各国的工业领域和研究领域广泛采用，在大量的高科技产品研究中发挥着巨大的作用。ABAQUS 包括一个十分丰富的、可模拟任意实际形状的单元库，并拥有与之对应的各种类型的材料模型库，可以模拟大多数典型工程材料的性能，包括金属、橡胶、高分子材料、复合材料、钢筋混凝土、可压缩高弹性的泡沫材料以及各种土体和岩石等地质材料。

3.1.1　土的本构模型

1) 基本方程

根据弹塑性理论，总应变可分成弹性应变和塑性应变，其增量形式为：

$$d\varepsilon = d\varepsilon^{e} + d\varepsilon^{p} \tag{3.1-1}$$

弹性应变可应用广义虎克定律计算，其表达式为：

$$\{d\sigma\} = [D]\{d\varepsilon^{e}\} \tag{3.1-2}$$

塑性应变可根据增量理论计算，需要确定材料的屈服函数、流动法则和硬化规律。

土可看做加工硬化材料，屈服面是应力和硬化参数的函数，其关系表示为：

$$f(\sigma_{ij}) = F(H) \quad 或 \quad f(\sigma_{ij}, H) = 0 \tag{3.1-3}$$

塑性流动是由塑性势所引起的。塑性势面可用塑性函数 g 表示，它是应力状态的函数。塑性应变增量与应力$\{\sigma\}$之间的关系服从流动法则，其表达式为：

$$d\varepsilon_{ij}^{p} = d\lambda \frac{\partial g}{\partial \sigma_{ij}} \tag{3.1-4}$$

式中：$d\lambda$——比例常数。

若假定塑性势函数与屈服函数一致，即$f(\sigma_{ij}) = g(\sigma_{ij})$，则为关联塑性流动法则。根据塑性应变增量理论，可得到弹塑性应力—应变的普遍关系式。

$$\{d\sigma\} = [D_{ep}]\{d\varepsilon\} \tag{3.1-5}$$

式中：$[D_{ep}]$——弹塑性矩阵，可由下式表示：

$$[D_{ep}] = [D] - \frac{[D]\left\{\frac{\partial g}{\partial \sigma}\right\}\left\{\frac{\partial f}{\partial \sigma}\right\}^{T}[D]}{A + \left\{\frac{\partial f}{\partial \sigma}\right\}^{T}[D]\left\{\frac{\partial g}{\partial \sigma}\right\}} \tag{3.1-6}$$

式中，$A = F'\left\{\frac{\partial H}{\partial \varepsilon^{p}}\right\}^{T}\left\{\frac{\partial g}{\partial \sigma}\right\}$

2）Mohr-Coulomb 模型

（1）Mohr-Coulomb 屈服准则。对于一般受力情况的岩土，其抗剪强度可用 Coulomb 公式表示为：

$$\tau_n = c - \sigma_n \tan\varphi \tag{3.1-7}$$

式中：τ_n——极限抗剪强度；

σ_n——受剪面上的法向应力，以拉为正。

Mohr-Coulomb 抗剪强度曲线见图 3.1-1。

Mohr-Coulomb 模型屈服面是一个不规则的六角形截面的角锥体表面，见图 3.1-2，其在 π 平面上的投影如图 3.1-3 所示。

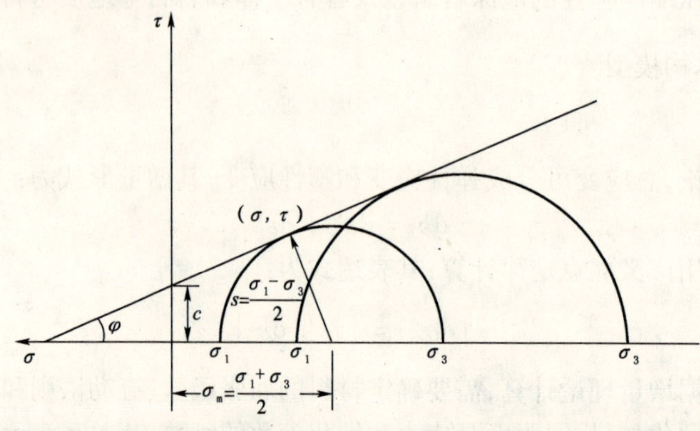

图 3.1-1 Mohr-Coulomb 抗剪强度曲线

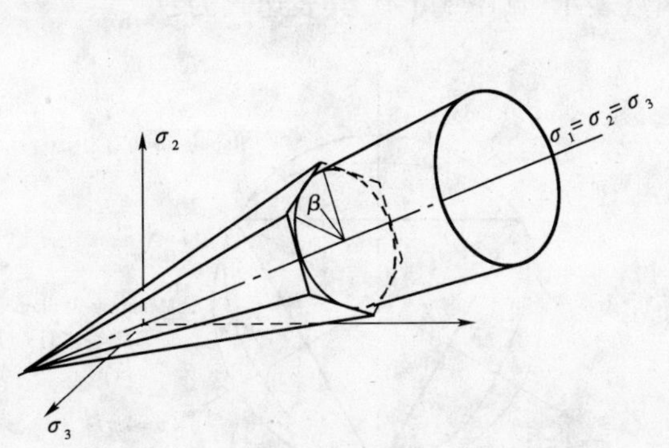

图 3.1-2 Mohr-Coulomb 模型屈服面

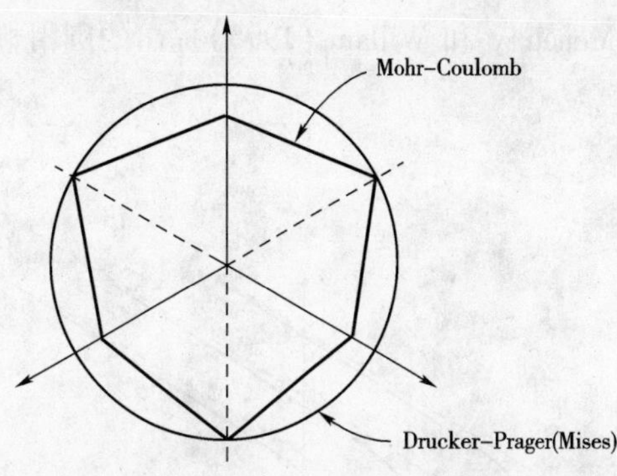

图 3.1-3 π 平面上的投影

式(3.1-7)还可采用应力不变量表示为以下形式：

$$F = p\sin\varphi + \frac{1}{\sqrt{3}}\left(\cos\theta_\sigma - \frac{1}{\sqrt{3}}\sin\theta_\sigma\sin\varphi\right)q - c\cdot\cos\varphi = 0$$

$$q = \frac{1}{\sqrt{2}}\left[(\sigma_1-\sigma_2)^2 + (\sigma_2-\sigma_3)^2 + (\sigma_3-\sigma_1)^2\right]^{\frac{1}{2}}$$

$$p = \frac{1}{3}(\sigma_1+\sigma_2+\sigma_3) \tag{3.1-8}$$

式中：θ_σ——罗德角，$\theta_\sigma = \frac{1}{3}\text{arc}\ \sin\left(\frac{-3\sqrt{3}J_3}{2\quad q^3}\right)$；

J_3——第三偏应力不变量，$J_3 = S_1S_2S_3$。

式(3.1-8)还可简化为：

$$R_{mc}\cdot q + p\cdot\tan\varphi - c = 0 \tag{3.1-9}$$

$$R_{mc} = \frac{1}{\sqrt{3}}\left(\cos\theta_\sigma - \frac{1}{\sqrt{3}}\sin\theta_\sigma\sin\varphi\right)$$

Mohr-Coulomb 模型屈服面在子午面内的投影可用 $R_{mc}\cdot q$—p 应力平面表示，见图 3.1-4。

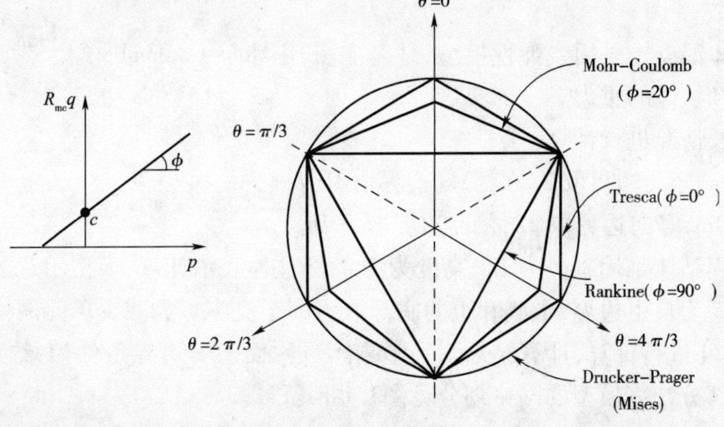

图 3.1-4 $R_{mc}\cdot q$—p 应力平面

(2)流动法则。在子午面内,流动势函数采用双曲线函数表示,见图3.1-5,在π平面内采用 Menétrey 和 Willam (1995)提出的圆滑椭圆函数表示,见图3.1-6,其表达式为:

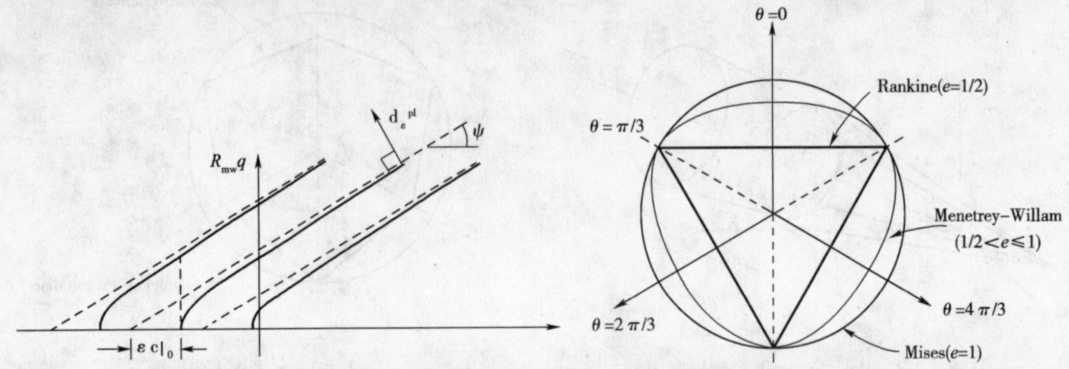

图3.1-5 子午面内双曲线流动势函数

图3.1-6 π平面内 Menétrey 和 Willam 流动势函数

$$g = \sqrt{(\varepsilon c|_0 \tan\psi)^2 + (R_{mw}q)^2} - p\tan\psi \tag{3.1-10}$$

$$R_{mw}(\theta_\sigma, e) = \frac{4(1-e^2)\cos^2\theta_\sigma + (2e-1)^2}{2(1-e^2)\cos\theta_\sigma + (2e-1)\sqrt{4(1-e^2)\cos^2\theta_\sigma + 5e^2 - 4e}} R_{mc}\left(\frac{\pi}{6}, \varphi\right)$$

$$R_{mc}\left(\frac{\pi}{6}, \varphi\right) = \frac{3 - \sin\varphi}{6\cos\varphi}$$

式中:ψ——在 $R_{mc} \cdot q$—p 应力平面内的膨胀角;

$c|_0$——初始屈服应力;

ε——系数,表示子午面内双曲线接近渐进线的程度;

e——偏应力参数,一般取 $e = \frac{3 - \sin\varphi}{3 + \sin\varphi}$。

3.1.2 计算模型

1)模型参数

计算时桩体混凝土采用线弹性模型,地基土采用 Mohr-Coulomb 模型,考虑桩土之间的相对滑动及土体和桩体的重力。

取两种桩长情况进行计算:

(1)L=50m,竖向边界取2.5L,侧向边界取10D。

(2)L=100m,竖向边界取2L,侧向边界取10D。

桩端压浆固结体采用直径为 D_b,高度为 D 的圆柱体表示计算,模型示意图见图3.1-7。

模型土表面为自由边界,土侧和土的底部取为固定支座。为减少单元网格,考虑到模型的轴对称性,取1/4进行计算,计算结果不受影响。对称面上的边界条件为:约束垂直于对称面方向的位移。部分计算模型的网格划分见图3.1-8 。

网格中,对三角形单元采用6节点等参数单元,对四边形单元采用8节点等参数单元。

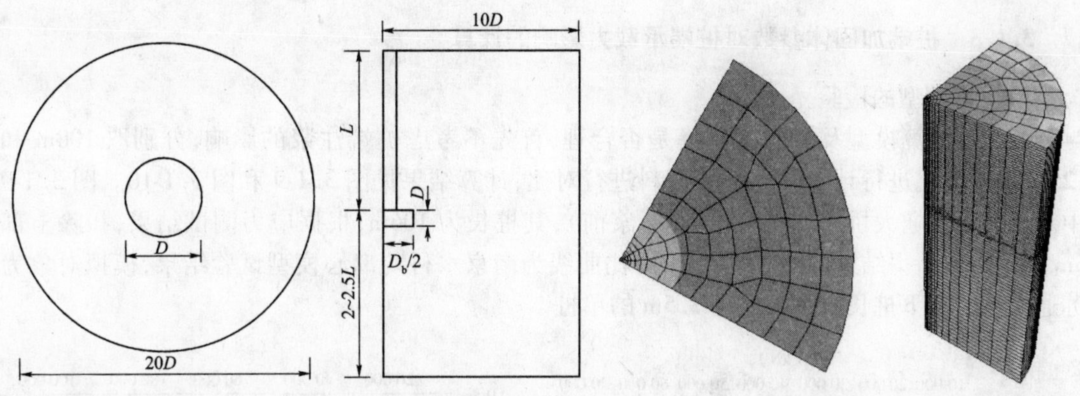

图 3.1-7　计算模型示意图

图 3.1-8　部分计算模型的网格划分

2)材料参数

为便于计算,假定土体和桩体为均质的,桩顶为均布荷载。混凝土的泊松比为 $\nu=0.2$,弹性模量 $E=2.8\times10^4$MPa,桩径 $D=2.5$m。土体参数见表 3.1-1,桩端加固区参数见表 3.1-2,桩端加固区参数的第一种情况与土体参数相同,为苏通大桥试桩地层参数的加权平均值。

土 体 参 数　　表 3.1-1

c(kPa)	φ(°)	E(MPa)	K_0	ν
20	30	60	0.6	0.35

桩端加固区参数　　表 3.1-2

桩长(m)	桩径(m)	加固区参数				
		直径(m)	c(kPa)	φ(°)	E(MPa)	v
①100 ②50	2.5	5	5	38	60	0.3
			5	40	100	0.3
			350	30	200	0.22
			1 000	30	600	0.22
					2 000	0.2
		7.5	5	38	60	0.3
			5	40	100	0.3
			350	30	200	0.22
			1 000	30	600	0.22
					2 000	0.2
		10	5	38	60	0.3
			5	40	100	0.3
			350	30	200	0.22
			1 000	30	600	0.22
					2 000	0.2

3.1.3 桩端加固体参数对桩端承载力影响的计算

1)计算模型的检验

为检验计算模型及参数的选择是否合理,首先不考虑桩端注浆的影响,分别取100m和125m两种情况进行计算并与试验资料进行对比,计算结果见图3.1-9和图3.1-10。图3.1-9中对比桩为苏通大桥二期试桩SZ4(压浆前),其桩长为106m,根据应力测试结果,扣除上部6m摩阻力后所得结果。图3.1-10中对比曲线为南京水科院离心模型试验结果,模拟对象为苏通大桥主塔下桩长125m,桩径2.5m的单桩。

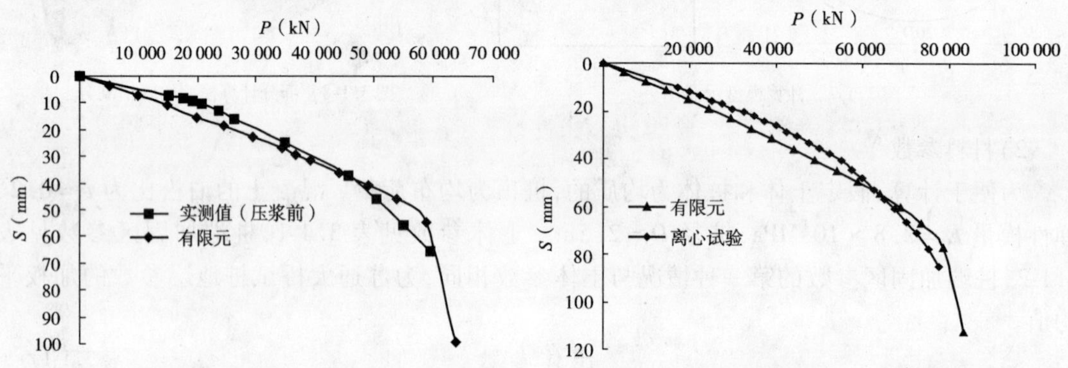

图3.1-9 有限元结果与静载试验结果对比

图3.1-10 有限元结果与离心试验结果对比

由上述对比曲线,$S=40$mm时,有限元结果比静载试验结果小4%,比离心试验结果小12.5%;$S=60$mm时,有限元结果比静载试验结果大5%,与离心试验结果相同。有限元计算结果与试验结果有一定的误差,但从总体看,有限元计算结果还是比较理想的,说明计算模型和参数的选择基本是合理的。

2)有限元计算结果

为简化计算,不考虑桩端压浆对桩周土和桩土界面的影响,这并不能反映桩的实际承载力,但当施工参数、土层参数确定时,并不影响桩端加固体参数与承载力提高幅度之间的规律。取桩长分别为100m和50m两种情况进行计算,得以下计算结果。

(1)桩长50m。当桩端加固体强度相同,直径不同时,计算结果见图3.1-11。当桩端加固体直径相同,强度不同时,计算结果见图3.1-12。计算模型的竖向位移分布、应变分布及桩端应力分布见图3.1-13和图3.1-14。

(2)桩长100m。当桩端加固体强度相同,直径不同时,计算结果见图3.1-15。当桩端加固体直径相同,强度不同时,计算结果见图3.1-16。计算模型的竖向位移分布、应变分布及桩端应力分布见图3.1-17。

3)计算结果分析

(1)加固体直径与承载力关系。图3.1-18a)为桩长50m时压浆后承载力比值与D_b/D的关系,图3.1-18b)为桩长100m时压浆后承载力比值与D_b/D的关系。

当$D_b/D \geqslant 2$时,承载力比值随D_b/D变化幅度明显减小,桩越长,表现越明显。对50m桩,当$E \leqslant 600$MPa时,基本不随D_b/D变化;对100m桩,无论变形模量大小,承载力比值基本不随D_b/D变化。

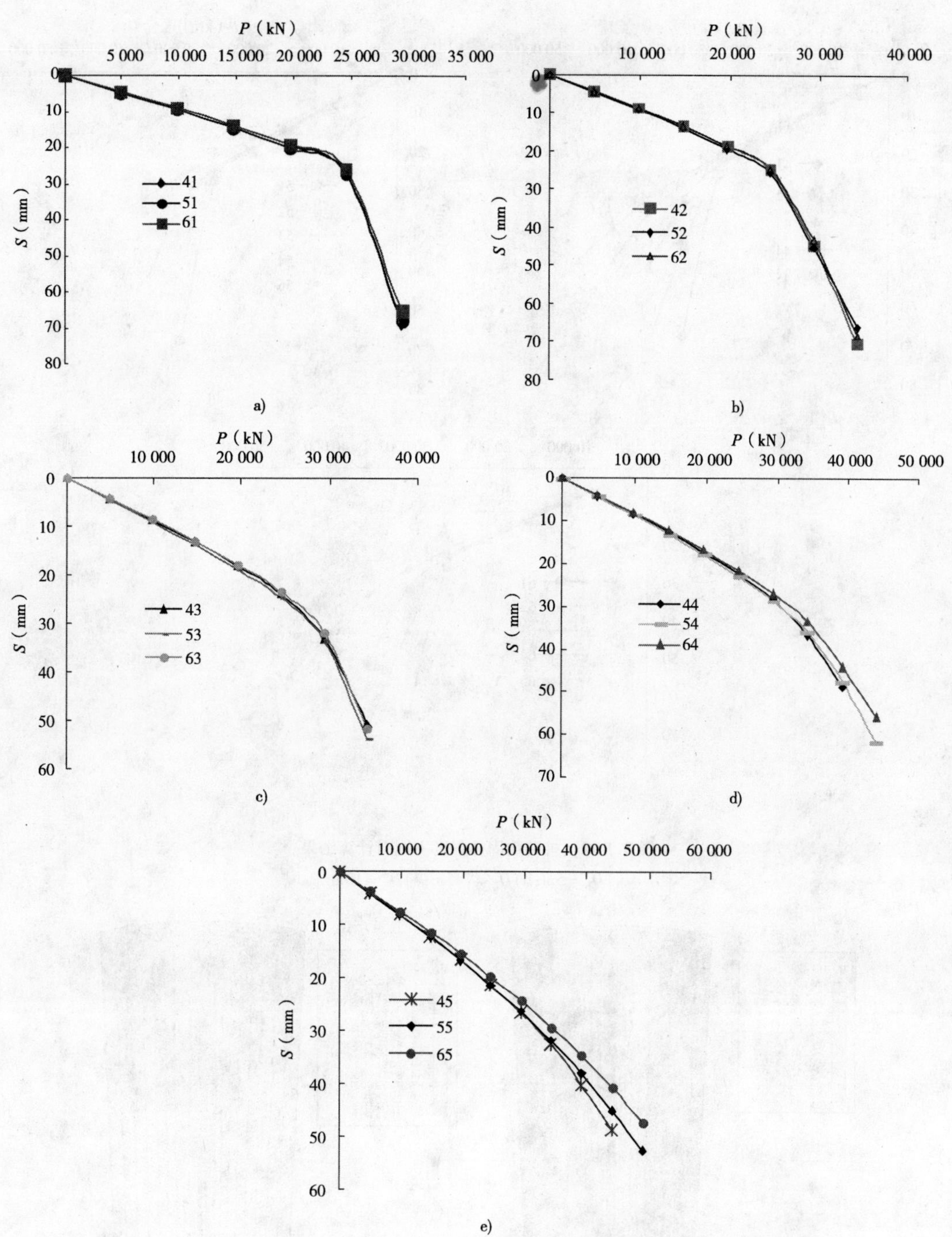

图 3.1-11　桩端加固体直径不同时计算结果

a) $E = 60\text{MPa}$; b) $E = 100\text{MPa}$; c) $E = 200\text{MPa}$; d) $E = 600\text{MPa}$; e) $E = 2\,000\text{MPa}$

（2）变形模量与承载力关系。图 3.1-19a）为桩长 50m 时压浆后承载力比值与变形模量的关系，图 3.1-19b）为桩长 100m 时压浆后承载力比值与变形模量的关系。对 50m 桩，压浆后承载力比值随变形模量的增大而增大；对 100m 桩，当 $E \leqslant 600\text{MPa}$ 时，承载力比值随变形模量的

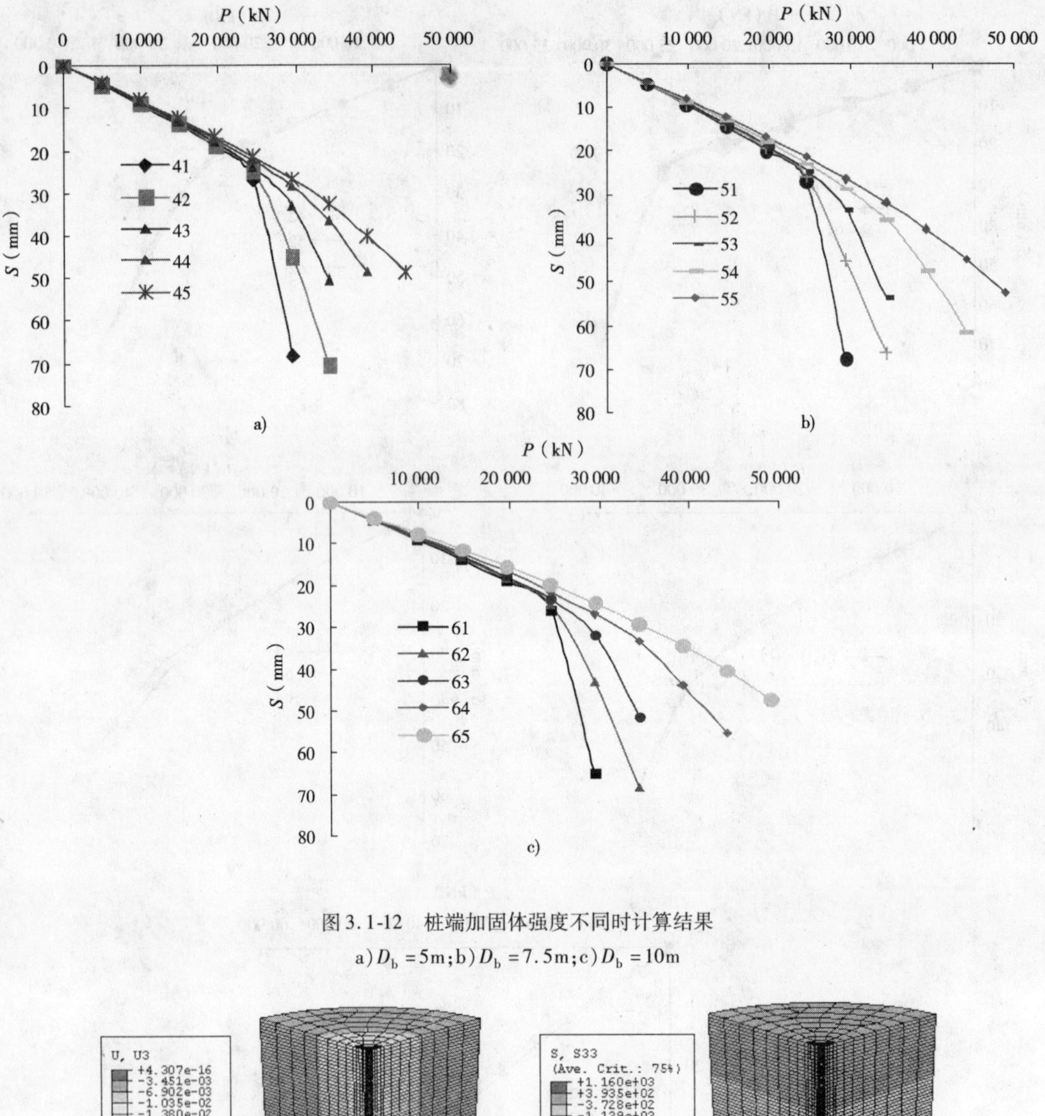

图 3.1-12　桩端加固体强度不同时计算结果

a) $D_b = 5m$；b) $D_b = 7.5m$；c) $D_b = 10m$

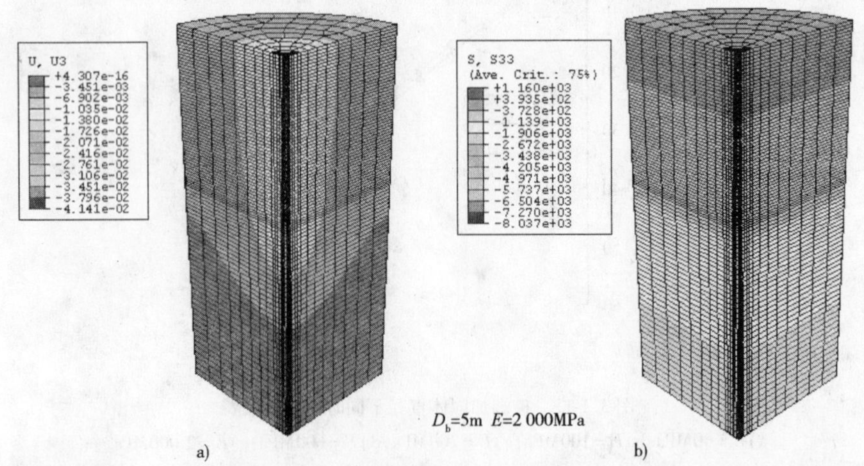

图 3.1-13　部分计算模型竖向位移及应力分布

a) 竖向位移分布；b) 应力分布

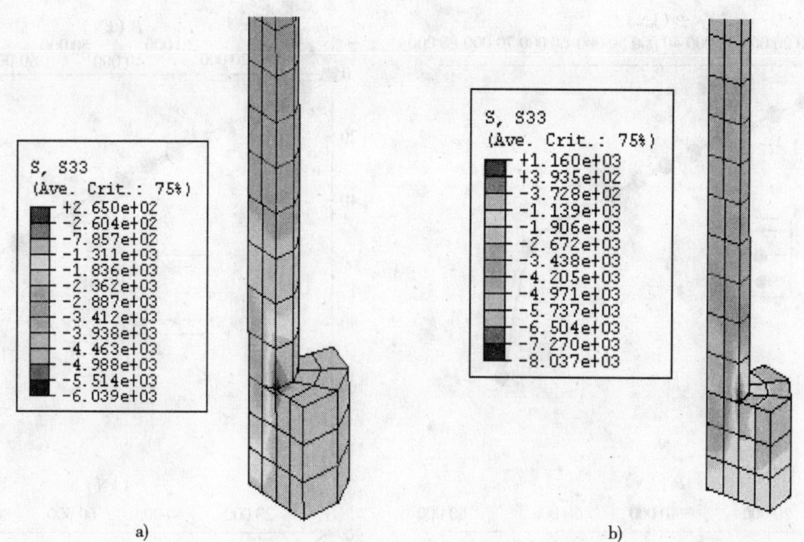

图 3.1-14　部分计算模型桩端应力分布

a) $D_b = 5$m, $E = 200$MPa; b) $D_b = 5$m, $E = 2\ 000$MPa

增大而增大，当变形模量大于 600MPa 时，承载力比值基本不随变形模量而变化。若以 100m 桩在 $S = 40$mm 时的承载力进行比较，当变形模量大于 200MPa 时，承载力比值就基本不随变形模量而变化。

3.1.4　苏通大桥二期试桩有关参数的反分析

以上计算结果未考虑桩端压浆对桩周土和桩土界面的影响，实际上，无论桩端或桩侧压浆均会引起桩侧摩阻力的增大，故压浆后计算结果与实测结果相比偏小。根据检测结果，苏通大桥二期桩端加固体范围基本在径向 5m，轴向 2.5m 范围内，取 $D_b = 5$m，高度为 2.5m 的圆柱体模拟 SZ4 压浆后的桩端加固体，计算结果与实测结果的对比见图 3.1-20。

压浆会引起桩端土、桩侧土及桩土接触面的变化，为考虑有关参数变化对承载力的影响，取摩阻力分别提高 20%、30%、40% 和 50%，桩端加固体变形模量分别为 100MPa、200MPa、400MPa、600MPa，桩周土的变形模量分别取 60 MPa、80 MPa、100 MPa 进行计算。

为比较最接近实测曲线的计算参数，取目标函数为：

$$F = \sum [S_C(i) - S_T(i)]^2 \qquad (3.1\text{-}11)$$

式中：$S_C(i)$——某一种参数组合的 i 点沉降计算值；

$S_T(i)$——i 点实测沉降值。

对上述计算参数进行组合，寻找使目标函数最小及 F_{min} 的参数。

在所有计算方案中，$F_{min} = 351.18\text{mm}^2$，计算结果见图 3.1-21，计算值与实测值的对比见图 3.1-22。对应的计算参数为侧压系数提高 30%，桩端加固体变形模量 $E = 600$MPa，桩周土的变形模量 80MPa。摩阻力提高值与实测桩侧摩阻力平均提高值 33.98% 基本接近。桩端阻力占总荷载比例为 26%。

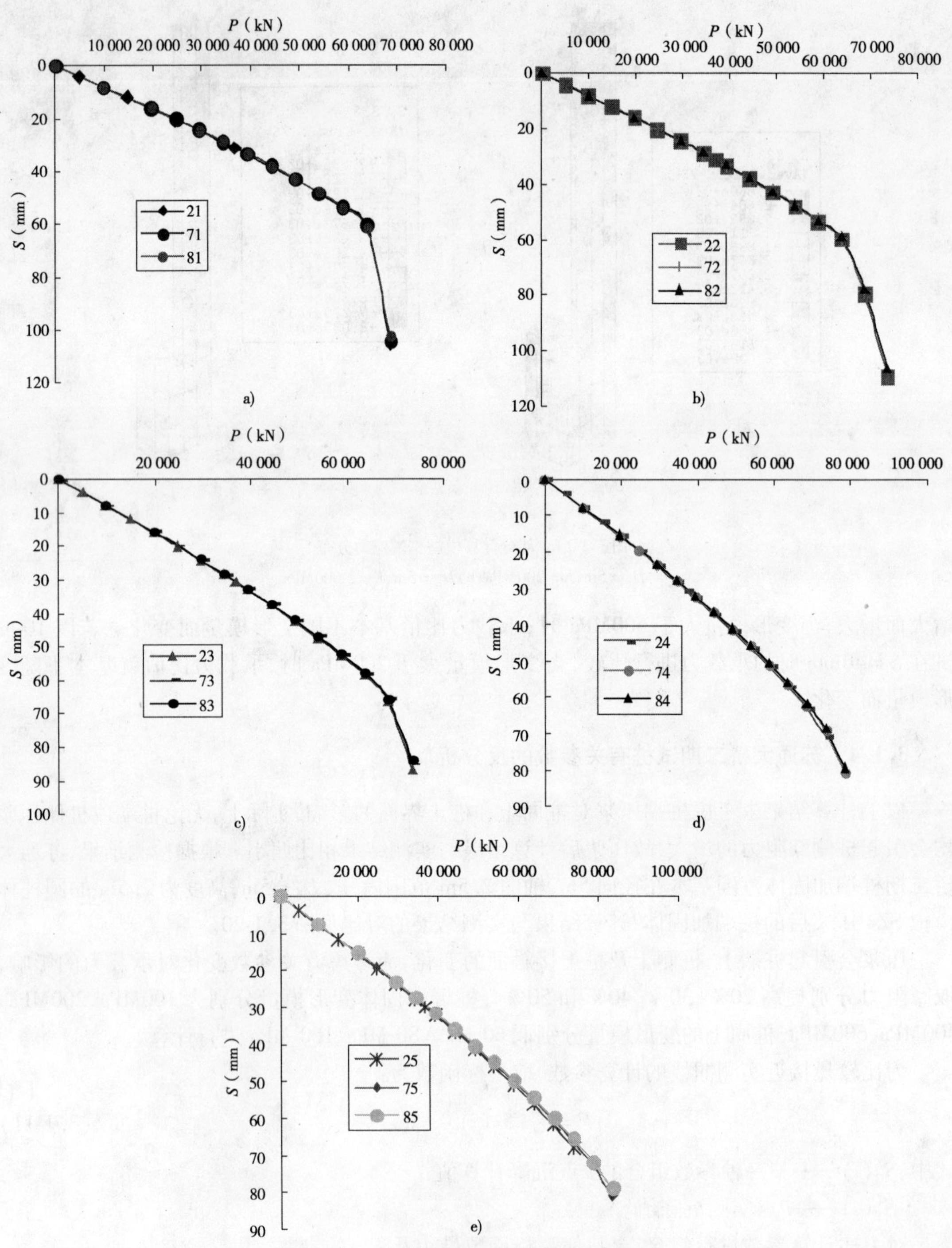

图 3.1-15　桩端加固体直径不同时计算结果

a）$E=60\text{MPa}$；b）$E=100\text{MPa}$；c）$E=200\text{MPa}$；d）$E=600\text{MPa}$；e）$E=2\ 000\text{MPa}$

SZ2 的反分析计算结果见图 3.1-23，摩阻力提高 30%，桩端加固体变形模量 $E=200\text{MPa}$，桩周土的变形模量 80MPa。桩端阻力所占比例为 11%。

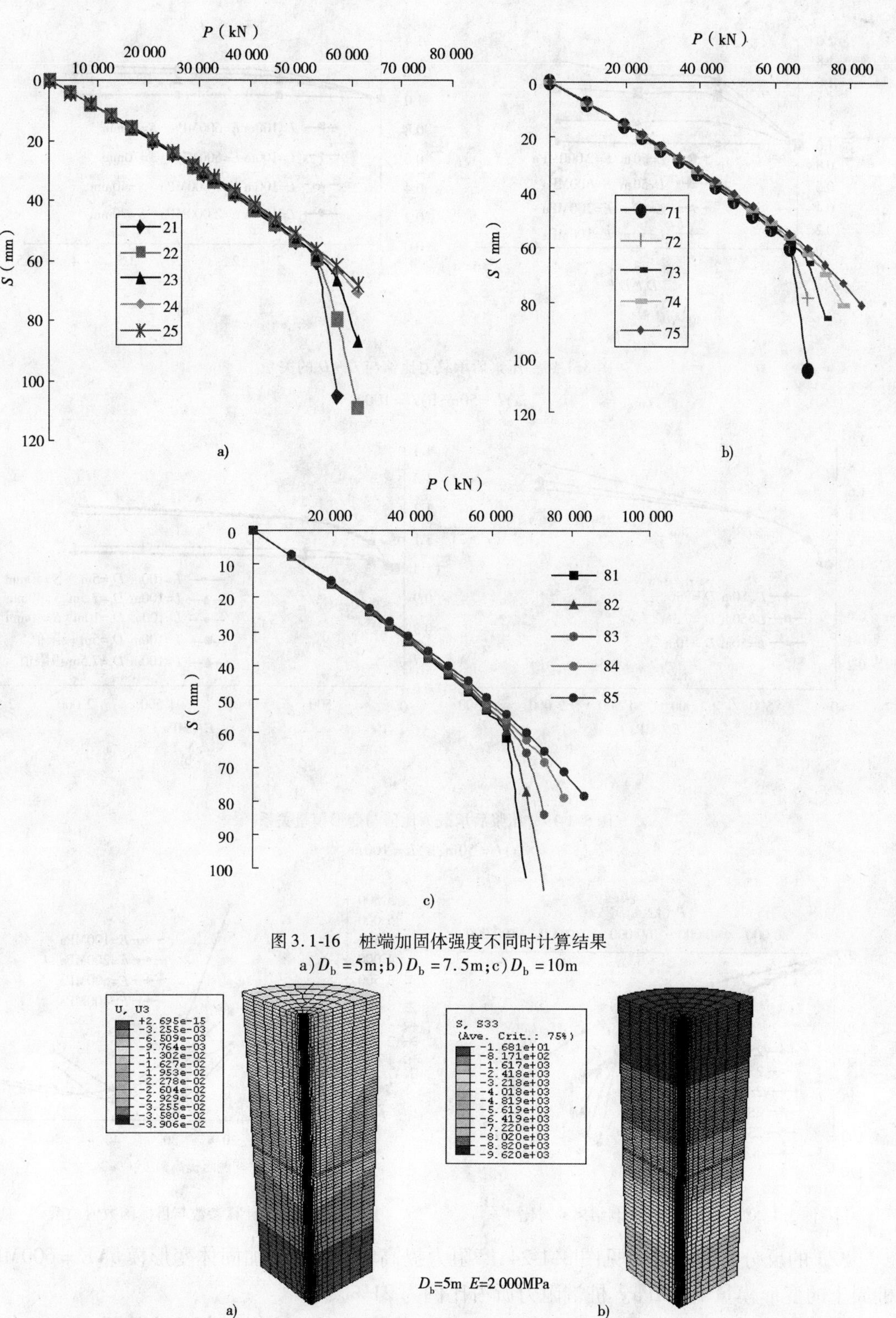

图 3.1-16　桩端加固体强度不同时计算结果

a) $D_b = 5m$; b) $D_b = 7.5m$; c) $D_b = 10m$

图 3.1-17　部分计算模型竖向位移及应变分布

a) 竖向位移分布; b) 应力分布

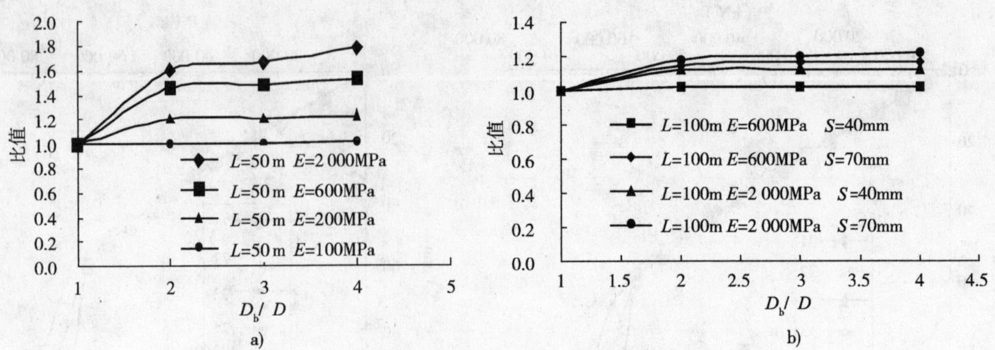

图 3.1-18　压浆后承载力比值与 D_b/D 的关系

a) $L=50\text{m}$; b) $L=100\text{m}$

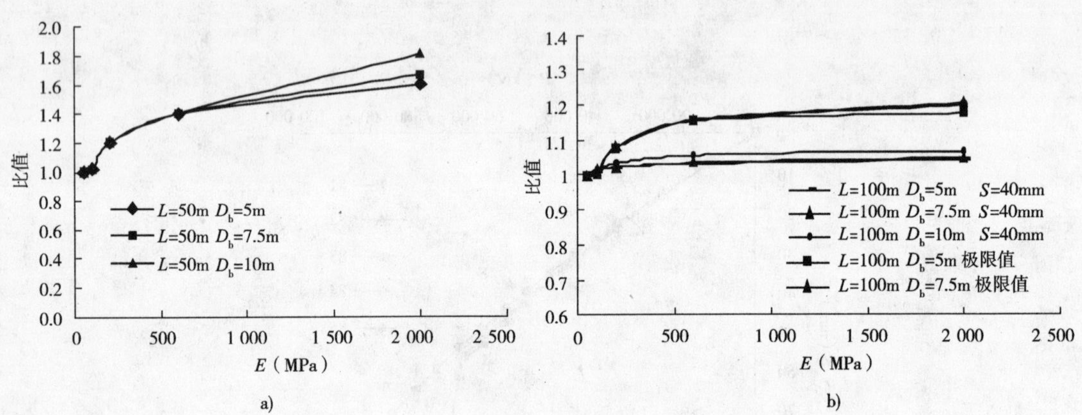

图 3.1-19　压浆后承载力比值与变形模量关系

a) $L=50\text{m}$; b) $L=100\text{m}$

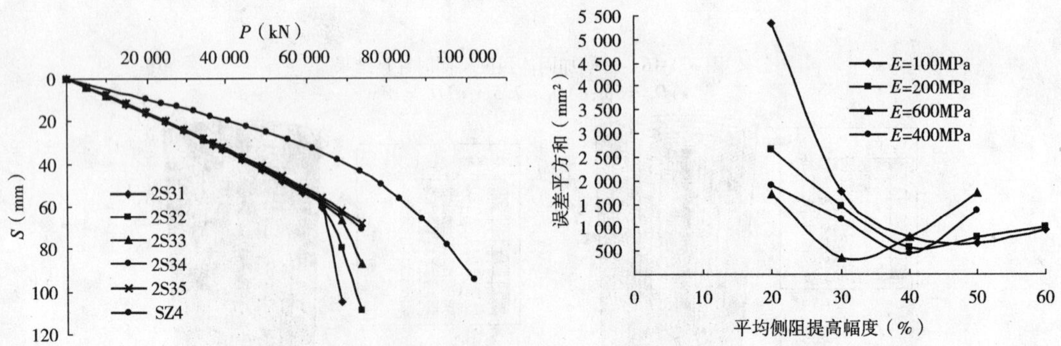

图 3.1-20　计算结果与实测结果的对比　　　　图 3.1-21　计算参数与目标函数值关系

SZ3 的反分析计算结果见图 3.1-24，摩阻力提高 40%，桩端加固体变形模量 $E=600\text{MPa}$，桩周土的变形模量 100MPa。桩端阻力所占比例为 21%。

SZ2、SZ3 和 SZ4 的桩端阻力所占比例比实测值偏小，主要与将土层作为均质土考虑有关，桩端以下土层的变形模量应比桩侧土高。

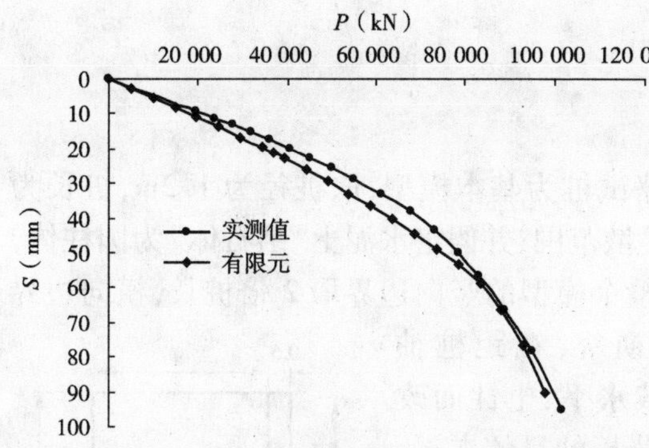

图 3.1-22　SZ4 有限元计算值与实测值的对比

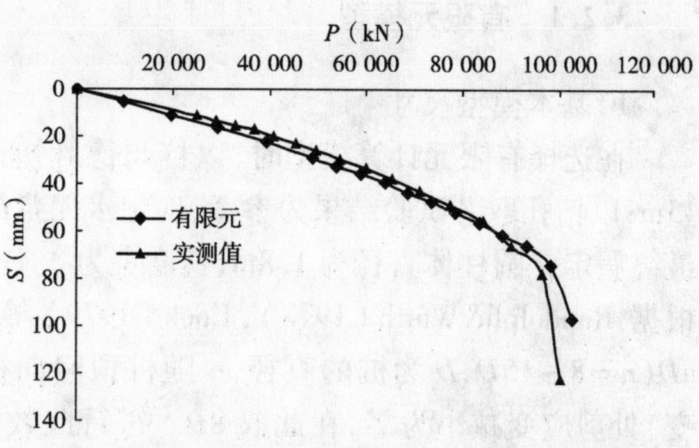

图 3.1-23　SZ2 有限元计算值与实测值的对比

通过有限元计算得出以下结论：

(1)当 $D_b/D \geqslant 2$ 时，承载力比值随 D_b/D 变化幅度明显减小，桩越长，表现越明显。对 50m 桩，当 $E \leqslant 600$MPa 时，基本不随 D_b/D 变化；对 100m 桩，无论变形模量大小，承载力比值基本不随 D_b/D 变化。

(2)对 50m 桩，压浆后承载力比值随变形模量的增大而增大。对 100m 桩，当 $E \leqslant 600$MPa 时，承载力比值随变形模量的增大而增大，当变形模量大于 600MPa 时，承载力比值基本不随变形模量而变化。若以 100m 桩在 $S = 40$mm 时的承载力进行比较，当变形模量大于 200MPa 时，承载力比值就基本不随变形模量而变化。

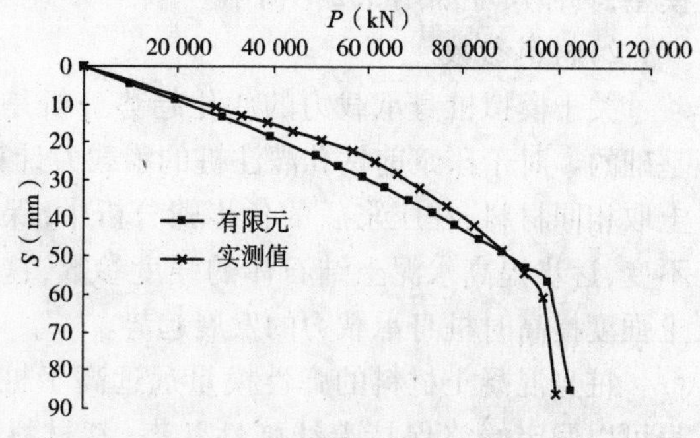

图 3.1-24　SZ3 有限元计算值与实测值的对比

(3)对苏通二期试桩进行了反分析。根据计算结果，桩周摩阻力、桩端加固体变形模量及桩周土的变形模量均有不同程度的提高，桩周土在整个桩长范围内变形模量提高幅度为 33% ~67%，平均侧阻力提高 30% ~40%。

(4)根据苏通大桥的测试结果，在桩径相同和压浆量达到一定量的情况下，桩端阻力相近，且与桩端砂土的类型无关联关系。

3.2　考虑时间效应的有限元分析

多个工程实例已经验证，在桩端后压浆大直径钻孔灌注桩中，压浆后 20d 左右进行测试时，水泥浆与桩端土还未形成强度很高的“结石体”，而是胶结程度一般的水泥土。随着水泥土进一步固结，桩身承载力会如何发展，本节根据杭州德胜快速路后压浆科研课题试验观测结果，确定水泥浆的扩散范围，选取有关参数，利用有限元软件进行数值模拟分析，推断随水泥土强度提高，桩身承载力的发展趋势。

考虑到需忽略诸多因素的影响，建立以下基本假定：

(1)桩端水泥土的强度会逐渐提高，且按既定趋势发展变化。

(2)桩侧极限摩阻力不受桩端水泥土强度变化的影响。

3.2.1　有限元模型

1）基本模型尺寸

在选择有限元计算模型时，以杭州德胜快速路试桩为基本模型，取桩径为1.2m，桩长为45m；以钻孔取芯试验结果为参考，确定水泥浆的扩散范围，并假定水泥土“结石体”为圆柱体，最终假定此圆柱体直径为1.8m，长度定为2.1m；整个模型的竖向边界取2倍桩长，横向边界根据 Randolph&Worth（1978），Cook（1979）等的研究，在距桩轴 nD（$n=8\sim15D$，D为桩的直径，n随桩顶竖向荷载水平、土性而改变）处剪应变减小为零，在此取8D。进行此数值分析的目的在于，推测随水泥土强度的提高桩身承载力的变化趋势，选择二维轴对称模型，具体尺寸如图3.2-1所示。

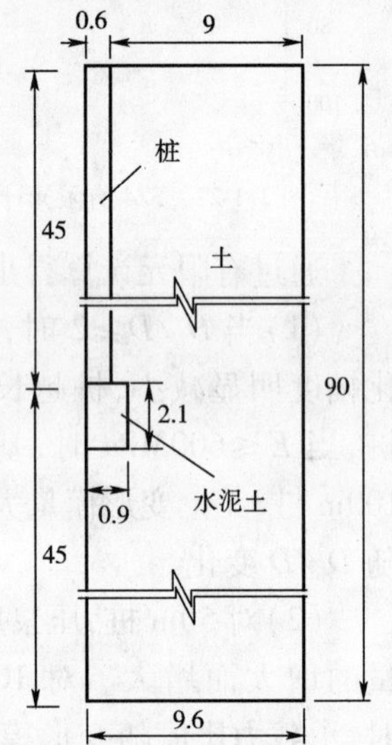

图3.2-1　有限元模型尺寸（尺寸单位：m）

2）材料参数

关于模拟桩身承载力的变化趋势分析是以材料参数的变化为基础的。对于压浆前钻孔灌注桩的承载力计算，将水泥土结石体与土取相同材料，在压浆后的各步骤分析中，保持桩与土的材料参数不变，逐步提高水泥土结石体的强度参数，这样就可以反映当水泥土强度提高时桩身承载力的发展趋势。

桩身混凝土材料的弹性模量远远高于桩周土体，在承载时，桩身可以假定始终保持着线弹性状态，其材料也假定为理想线弹性材料。

ABAQUS 有限元软件提供了多种土体材料模型，每种材料模型均有自己的优缺点，本节土体材料选用了理想线弹性的 Mohr-Coulomb 材料模型，两材料的参数见表3.2-1。

各材料参数及摩擦系数　　表3.2-1

材　料	工　况	弹性模量（MPa）	泊松比 ν	凝聚力 c（kPa）	摩擦角 φ	密度（kg/m^3）
桩	—	3e4	0.2	—	—	2 500
土	—	80	0.3	30	20	2 000
水泥土结石体	压浆前	80	0.3	30	20	2 000
	压浆后	500	0.3	35	25	2 000
		750	0.3	40	30	2 000
		1 000	0.3	45	35	2 000
		1 250	0.3	50	40	2 000
		1 500	0.3	55	45	2 000

鉴于对通过钻孔取芯试验所得的水泥土进行强度试验比较困难，致使压浆后所形成的桩端水泥土材料性状的研究很少，此水泥土与传统意义上的水泥土在组成材料和形成状态上有

很大区别,水泥浆与桩底沉渣及桩周土的作用复杂、没有规律性,关于其本构模型现在更无定论。为得到有关参数,借鉴了室内制备的水泥土材料模型。相对于土体材料来讲,水泥土的应力—应变曲线具有明显的线弹性阶段,而相对于混凝土来讲,水泥土又会产生很大的塑性变形,本文为简化计算,将水泥土选用与土体材料一样的 Mohr-Coulomb 模型。水泥土的强度变化在模型计算中主要表现在弹性模量的变化上,文献[43]针对其自制的水泥土试块弹性模量做过几组试验,试验结果中弹性模量最小值为1 770Mpa,考虑到压浆后形成的水泥土强度要比室内模型的强度低,取水泥土的弹性模量一般在 80 ~ 1 500MPa 之间变化。根据实际情况,水泥土材料的凝聚力 c 和摩擦角 φ 也会发生一定的变化,由于无实际参考,假定其在小范围内变化,各材料的具体参数选择如下表 3.2-1 所示。

3)接触模型

ABAQUS 的接触模拟中,要在模型中的各个构件上建立表面,定出会相互接触的一对表面(称为接触对),采用单纯的主控—从属(Master-Slave)接触算法。为获得模拟的最好结果,须认真选择从属与主控表面,所遵循的原则是:从属表面应是网格划分得更精细的表面;若网格密度相近似,从属表面应由更为柔软的材料组成。基于这样的原则,在计算分析中,为使结果便于收敛,在各表面单元密度相似的情况下,取刚度较大的材料表面为主控面,即桩—土接触、桩—水泥土接触中,主控表面为桩的接触表面,在水泥土—土接触中,主控表面为水泥土接触面。

处理水泥土与土接触时,将各接触面耦合。在桩土接触中,考虑桩侧摩阻力的变化应与压浆效果吻合,故在压浆后计算时的摩擦系数比压浆前有所提高,且此摩擦系数不随水泥土强度的变化而变化,压浆前桩侧接触面摩擦系数取 0.2,压浆后取 0.35。

4)单元及网格划分

所采用的单元为平面四节点单元,单元边长 0.3m,此模型共划分了 9 600个单元。

5)边界条件及荷载

在此有限元模型分析中,模型右侧面、底面为三个自由度全部约束,左侧面为对称约束,即只限制水平方向位移。荷载以均布荷载的方式作用于桩顶,荷载的大小以 800kPa 为一级,逐级加载。

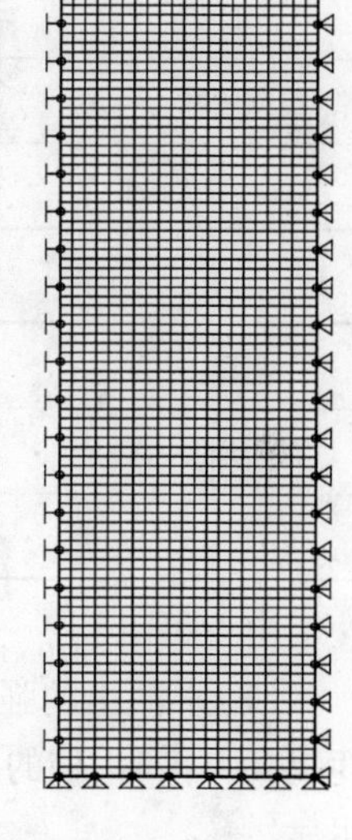

图 3.2-2 有限元模型

有限元模型如图 3.2-2 所示。

3.2.2 计算结果分析

经计算,桩在不同水泥土强度下的桩顶荷载—位移曲线和桩端阻力—位移曲线如图 3.2-3 和图 3.2-4 所示。

由图 3.2-3 和图 3.2-4 可知,随着水泥土结石体强度的提高,相同位移下对应的桩顶荷载和桩端阻力也逐渐提高,桩顶荷载—桩顶位移曲线、桩端阻力—桩端位移曲线逐渐平缓,桩身荷载传递性状得到改善。取 0.05D(D 为桩的直径)桩顶位移对应的承载力为桩身极限承载力,则各状态下的桩极限承载力、桩端极限阻力及相对于压浆前极限承载力的提高幅度,如表 3.2-2、表 3.2-3 所示。

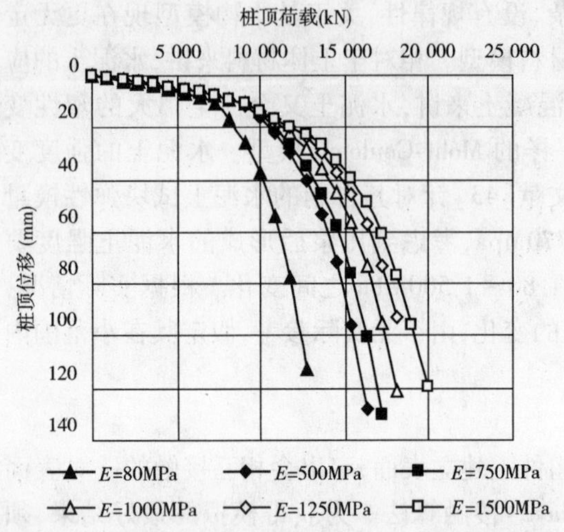

图 3.2-3　不同水泥土结石体强度下桩顶荷载—位移曲线

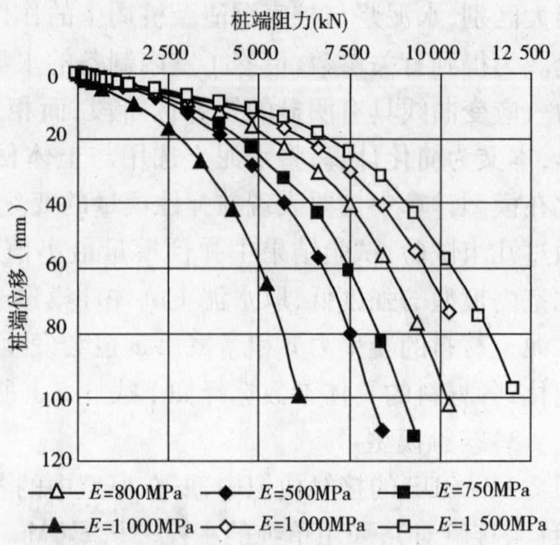

图 3.2-4　不同水泥土结石体强度下桩端阻力—位移曲线

不同水泥土强度下后压浆桩极限承载力及提高幅度　　表 3.2-2

工　况	压浆前	E = 500MPa	E = 750MPa	E = 1 000MPa	E = 1 250MPa	E = 1 500MPa
极限承载力(kN)	11 097	13 917	14 571	15 582	16 437	17 113
后压浆提高幅度	—	25%	31%	40%	48%	54%

不同水泥土强度下后压浆极限桩端阻力及提高幅度　　表 3.2-3

工　况	压浆前	E = 500MPa	E = 750MPa	E = 1 000MPa	E = 1 250MPa	E = 1 500MPa
极限端阻力(kN)	4 531	6 057	6 707	7 712	8 562	9 235
后压浆提高幅度	—	33.68%	48.03%	70.21%	88.97%	103.83%

由上可见：

(1)水泥土的强度对桩的极限承载力及相应的桩端阻力影响显著。压浆后，水泥土的强度提高 1 倍时，桩的承载力相对于压浆前会有 15% 左右的提高，桩端阻力的提高表现得更加明显。

(2)随着水泥土强度的提高，桩顶荷载—位移曲线逐渐平缓，桩身荷载传递性状得到改善。

文献[43]总结过水泥土试件强度随龄期变化的规律：当水泥掺入比为 15% 时，90d 强度为 28d 强度的 1.70 倍；当水泥掺入比为 18% 时，90d 强度为 28d 强度的 1.75 倍；当水泥掺入比为 21% 时，90d 强度为 28d 强度的 1.60 倍；当水泥掺入比为 24% 时，90d 强度为 28d 强度的 1.56 倍。后压浆钻孔灌注桩的测试往往是在压浆后 20d 左右进行，结合本次钻孔取芯试验来看，水泥浆与桩底沉渣及桩周土的胶结状态不太理想，如果参照室内制作的水泥土强度标准，20d 龄期的水泥土强度还有很大的提高余地，从这个角度讲，桩的承载力还会有较大的提高空间，后压浆技术的作用效果将越加显著。

此外，如果将压浆后的测试日期推迟，会在一定程度上减小众多不定因素(如桩端水泥土状态的变化、钻孔灌注桩自身的时间效应等)带来的关于桩身承载力取值上的误差,这点是毋庸置疑的,但理想的测试日期仅仅依靠数值计算是无法获得的,需要结合进一步的实际试验探索。

3.2.3　桩端后压浆作用长期效应的原位试验

通过桩端后压浆桩在不同时间下的原位压浆效果检测,验证压浆作用的机理和时间效应。

试验桩采用自平衡法进行压浆后测试,桩底注浆压浆后进行多次承载力试验,测试压浆后不同时间桩的极限承载力变化。

试桩为南通滨江大桥工程,桩长 81m,桩径 1.5m,桩顶高程为 -8.30m,桩底高程为 -89.30m,桩端持力层为含砾粉细砂,荷载箱距桩端 12m,对应地质钻孔资料如表 3.2-4 所示。

地质参考孔(K8 点)　　表 3.2-4

层号	层　名	层底高程(m)	层厚 l_i(m)	τ_i(kN/m^2)	[σ_0]
3	粉细砂夹亚砂土	-8.30 ~ -17.00	8.7	36	
4	淤泥质亚黏土	-22.00	5.0	22	
5	亚砂土夹亚黏土	-33.60	11.6	33	
6	亚黏土夹亚砂土	-39.60	6.0	31	
7	亚砂土夹亚黏土	-49.10	9.5	35	
8	粉细砂	-62.30	13.2	45	
9	中粗砂	-62.30	0	61	
10	中细砂	-66.10	3.8	56	
11	含砾中粗砂	-76.90	10.8	71	
12	含砾粉细砂	-79.10	2.2	53	
13	含砾中粗砂	-82.90	3.8	75	
14	含砾粉细砂	-89.30	6.4	59	350
	合计		81.0		

成桩时间为 2006 年 10 月 4 日,于 2006 年 11 月 28 日对桩底完成了桩端压浆,压浆情况见表 3.2-5。第一次测试时间为 2006 年 12 月 21 日,第二次测试时间为 2008 年 3 月 30 日。

试 桩 压 浆 情 况　　表 3.2-5

孔道编号	起始时间	压力(MPa)	水泥等级	水 灰 比	冒浆情况	水泥浆用量(t)
1 号	7:30 ~ 8:50	3.2	P.O.32.5	0.5:1	冒浓浆	水泥 + 水(1.1 + 0.55)
2 号	8:52 ~ 10:02	3.1	P.O.32.5	0.5:1	冒浓浆	水泥 + 水(1.03 + 0.515)
3 号	10:04 ~ 11:01	3.1	P.O.32.5	0.5:1	冒浓浆	水泥 + 水(1.04 + 0.52)
4 号	11:03 ~ 12:10	3.2	P.O.32.5	0.5:1	冒浓浆	水泥 + 水(1.0 + 0.50)

试验试验曲线如图 3.2-5 所示。

根据试验结果,桩端后压浆后第二次测试承载力比第一次有了明显提高,同时桩身刚度也得到很大提高。表明桩端后压浆在桩端和桩侧形成的水泥 + 水混合物随着时间的延长强度提高,整桩的承载性能有了改善。

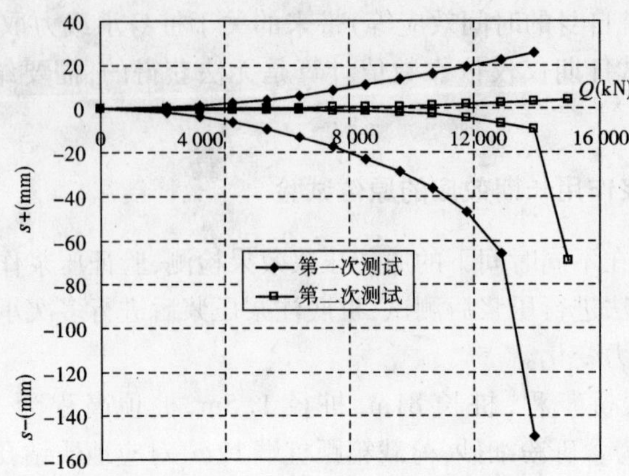

图 3.2-5　桩端后压浆后第一次测试和第二次测试荷载—位移曲线

第4章　桩端后压浆桩设计

4.1　引言

桩端后压浆技术是一项理论落后于实践的工艺，其作用机理、作用效果、工艺优化、耐久性问题等都需要深入地研究。但立足于具体工程的设计与施工，建立一个准确可靠的后压浆大直径钻孔灌注桩承载力估算公式是很有意义的，因为：

(1)桩端后压浆技术的作用机理复杂，但研究方向明确，即压浆后桩周土体强度的提高和桩土接触界面性状的改善，提高了桩承载力。

(2)桩端后压浆技术已被广泛用于钻孔灌注桩，特别是大直径钻孔灌注桩，其作用效果已得到大量工程的验证。

(3)桩端后压浆工艺的发展已比较成熟，现有的桩端压浆装置有十余种，施工控制原则科学合理，施工成功率很高。

(4)诸如桩端后压浆工艺的耐久性等问题，现在只能作定性的预测，且分析复杂，需要时间验证。

(5)桩端后压浆工艺已被大量地用于工业民用建筑、大型桥梁的桩基工程中，施工设计人员及桩基测试人员均需要有压浆后的桩基承载力作为指导，其现实意义不言而喻。

桩端后压浆设计包括合理压浆量、压浆压力、后压浆桩承载力的设计计算。

4.2　已有估算公式的评价

4.2.1　合理压浆量

后压浆桩承载力和压浆量有很大关系。在一定范围内，承载力提高幅度和压浆量成正比，但当压浆量超过一定量时，增加压浆量，承载力不提高或提高幅度极小，因此存在一个合理的压浆量或界限压浆量。合理压浆量的确定对后压浆桩的设计施工相当重要。地下土层的复杂性，加上施工过程的影响，准确地计算合理压浆量比较困难。实际中，常用下列几种经验公式来估算合理压浆量。

1)合理压浆量 Q(水泥量)[44]

$$Q = KLF \tag{4.2-1}$$

式中：Q——压浆量，t；

K——综合影响系数，1.0~1.5，松散地层取大值，反之取小值；

L——理想压浆高度，2~5m，大桩时取大值，反之取小值；

F——桩横断面面积。

此公式为经验估算公式,无明确几何意义,且系数取值人为因素大。一般仅用作压浆前大概估算用。

2)合理压浆量 V(浆液体积)[45]

$$V = \alpha\beta\pi d^3/6 \tag{4.2-2}$$

式中:V——压浆量,m^3;

α——考虑浆液析水性质的系数,通常取1.15~1.25,浆液析水率小于10%时取大值,大于10%时取小值;

β——考虑不同桩底土层的系数,中细砂、卵石、强风化岩可取1.4~1.6,亚黏土、残积土层、粉土可取1.6~1.8;

d——桩径,m。

此公式几何意义不明确,不易理解,最大的问题是公式确定的是压浆浆液体积量(m^3),而对浆液的配合比没作限制,给设计施工带来很大的随意性,压浆效果也很难保证。

3)建科院合理压浆量 G_{cp}(水泥量)[46]

$$G_{cp} = \pi(htd + \xi n_0 d^3) \tag{4.2-3}$$

式中:G_{cp}——压浆水泥量,t;

h——桩底压浆时浆液沿桩侧上返高度,m,桩底单独压浆时可取10~20m,桩侧土层为细粒土时取高值,粗粒土时取低值;

t——包裹于桩身表面的水泥结石厚度,m,可取0.01~0.03m,桩侧土层为细粒土及正循环成孔时取高值,粗粒土及反循环成孔时取低值;

d——桩径,m;

ξ——水泥充填率,对于黏性土、粉土、粉细砂取0.2~0.3,对于卵石、砾石、中粗砂取0.5~0.7;

n_0——桩底土的天然孔隙率,$n_0 = e_0/1 + e_0$,e_0 为天然孔隙比。

此公式几何意义为:压浆量由桩端与桩侧两部分相加组成,但端部的水泥量计算可能把几何系数合到 ξ 中,使整个公式和 ξ 参数意义不明确。

由公式右侧推出量纲应是体积(m^3),但公式左侧中给出的质量(t),主要是密度接近于1g/cm³,或把转换系数合在系数 ξ 中考虑,给理解带来不便。

此公式在实际中应用得较多。

4.2.2 压浆压力

1)压浆工作压力

压浆工作压力一般以不使地层结构破坏或发生局部和少量破坏为前提,压力与桩长、桩端土层的性质有关。一般用下列几种公式来估算压浆工作压力。

(1)压浆工作压力估算式一:

$$p_g = (0.2 \sim 0.3)H/10 \tag{4.2-4}$$

式中:p_g——泵压,MPa;

H——压浆深度,m。

此公式一般仅用作压浆前大概估算用。

(2)压浆工作压力估算式二：

$$p_g = p_w + \xi_r \sum r_i L_i \tag{4.2-5}$$

式中：p_g——泵压，Pa；

p_w——桩底压浆处静水压力，Pa；

r_i、L_i——压浆点以上第 i 层土有效重度（地下水位以下取浮重度）和土层厚度；

ξ_r——压浆阻力经验系数，与桩端桩侧土层类别、饱和度、密实度、浆液稠度、成桩时间、输浆管长度等有关；软土取 1.0～1.5，饱和黏性土、粉土、粉细砂取 1.5～2.0，非饱和黏性土、粉土、粉细砂取 2.0～4.0，中粗砂、砾卵石取 1.2～3.0（非饱和状态取高值），风化岩取 1.0～4.0，当土的密实度高、浆液水灰比小、输浆管长度大、成桩间歇时间长时取高值。

2)压浆控制压力

在一般情况下，可按压浆试验结果确定压浆控制压力，可从开始逐步增大注浆压力，绘制压浆量和注浆压力之间关系曲线。当注浆压力升至某一数值而注量突然增加时，表明地层结构发生破坏；或桩顶有明显上抬。为不致使桩破坏，此时的压力值可作为注浆控制压力，也可按下式确定压浆控制压力 P_c：

$$P_c = 4G/\pi D^2 + \pi D \sum \tau_{pi} L_i \tag{4.2-6}$$

式中：P_c——泵压，Pa；

G——桩身自重（取浮重度），N；

D——桩径，m；

τ_{pi}——每层土的上抬单位极限摩阻力；

L_i——桩侧第 i 层土厚度。

4.2.3　后压浆桩承载力

由于桩端后压浆技术是经验性和复杂性技术，在我国起步较晚，目前尚没有成熟的承载力计算理论和计算方法，没有全国统一的后压浆设计施工规范。

不少单位和学者提出了自己的后压浆承载力计算公式。目前，承载力计算公式有两类：一类是在传统的钻孔灌注桩承载力计算公式基础上乘以调整系数，系数有的是量化的，有的是根据工程实例总结出的经验系数；另一类是认为压浆后在桩端形成扩大头模型，按扩底桩或变径桩计算承载力。

1)中国建科院公式（Q_{uk}）

$$\begin{aligned} Q_{uk} &= Q_{sk1} + Q_{sk2} + Q_{pk} \\ &= U\sum q_{ski} L_i + \left(U\sum \xi_{si} q_{ski} L_i + \xi_p q_{pk} A_p\right)\lambda_g \end{aligned} \tag{4.2-7}$$

式中：Q_{uk}——单桩极限承载力；

Q_{sk1}、Q_{sk2}——上部未压浆段侧阻力和桩端压浆上返段侧阻力；

Q_{pk}——压浆后桩端阻力；

q_{ski}、q_{pk}——极限侧阻力和端阻力，按《建筑桩基技术规范》(JGJ 94—94)取值；

L_i——桩侧的第 i 层土厚度；

U、A_p——桩身周长和桩端面积；

ξ_{si}——侧阻力增强系数，对于桩底单一压浆情况，侧阻力的增强范围取桩端以上10～20m，黏性土、粉土取高值，砂土取低值，其他位置ξ_{si}取1.0，ξ_{si}按表4.2-1取值；

ξ_p——桩端增强系数，按表4.2-1取值；

λ_g——压浆量修正系数，λ_g=实际压浆量/合理压浆量，取$\lambda_g \leqslant 1.0$。

侧阻力增强系数ξ_{si}，端阻力增强系数ξ_p 表4.2-1

土层名称	黏性土粉土	粉砂细砂	中砂	粗砂砾砂
ξ_{si}	1.6	1.6	1.8	2.0
ξ_p	1.6	2.0	2.8	3.2

在《建筑桩基技术规范》(JGJ 94—94)中，计算钻孔灌注桩单桩极限承载力的公式为：

$$Q_{uk} = Q_{sk} + Q_{pk} = U\sum q_{ski}L_i + q_{pk}A_p \tag{4.2-8}$$

式中参数意义同式(4.2-7)。

可见，压浆后桩承载力是在原灌注桩单桩极限承载力基础上乘系数修正的。式(4.2-7)中压浆量对承载力的影响是通过λ_g来反映的，当压浆量超过合理压浆量时，取$\lambda_g=1$，认为超过合理压浆量的部分对承载力没有贡献，这和实际情况不符。

另外，参数的取值须在积累大量实测数据的基础上总结获得。式(4.2-7)提供数值的可靠性还须在实际中检验。武汉某单位综合考虑土层性能、桩径、桩长后，建议ξ_{si}取1.3～2.0，ξ取3.6～4.3。

2)山西省公路局公式

为了计算方便，把桩底压浆形成的苹果形混凝土体积，近似取其形状为三维增长r值后的圆柱体，即：

$$V = \frac{\pi}{4}(d + 2r)^2(h + r) \tag{4.2-9}$$

式中：V——压注水泥浆的数量；

d——钻孔灌注桩设计桩径；

h——灌浆桩底至钻孔底的高度；

r——三维增长值。

通过式(4.2-9)计算，可得出增长值r，则压浆后的桩底受压扩大面积为：

$$A' = \frac{\pi}{4}(d + 2r)^2 \tag{4.2-10}$$

设σ'_R为压浆时的压力(MPa)，σ_R为桩端处土的极限承载力(MPa)。

当$\sigma'_R < \sigma_R$时，压浆量没有充满桩底空隙。当$\sigma'_R = \sigma_R$时，压浆量刚好充满桩底空隙，压力注浆没有产生作用。

当$\sigma'_R > \sigma_R$时，压浆量充满桩底空隙，压力注浆产生作用向周围土质增压。

也就是说，只有当$\sigma'_R > \sigma_R$时，V、r值才有实际意义，才能达到压力注浆提高桩基承载力的目的。通过以上公式可解得r、A'。

由《公路桥涵地基与基础设计规范》(JTJ 024—85)，钻孔灌注桩的单桩轴向受压容许承载力[P]为：

$$[P] = 0.5(Ul\tau_p + A\sigma_R) \quad (kN)$$

则通过压力灌浆后的单桩轴向受压容许承载力[P′]为：

$$[P'] = 0.5(Ul'\tau_p + A'\sigma'_R) \quad (kN) \tag{4.2-11}$$

上两式中：U——桩的周长；

l'——采用后压浆减短后的实际桩长，m；

τ_p——桩壁土的平均极限摩阻力，kPa；

A'——采用压浆后扩大的桩底横断面面积，m^2；

σ'_R——压浆时的最大压力，kPa。

即$[P'] \geq [P]$时，高压注浆完成；$[P'] < [P]$时，需继续加压注浆。

该公式几何概念明确，便于理解和应用。

但该公式存在下列问题：

(1)公式没有考虑压浆后，桩侧摩阻力的提高。桩底后压浆开挖实例表明，浆液沿桩侧上返一定高度，此段高度内侧摩阻力肯定有一定程度的提高，但上述承载力公式中并没有反映。

(2)该公式认为压浆后，在桩端形成水泥石结实体。式中算出的扩大头是由纯水泥浆结石体组成，和实际情况不符。桩底压浆，当桩端土层为粗颗粒土时，形成扩大头；且桩端扩大头是水泥浆液与土混合后形成的水泥土结石体，非纯水泥浆结石体；当桩端土层为细颗粒土时，浆液在土层中起劈裂加筋作用，无扩大头形成。

(3)承载力中桩端部分是桩端扩大头面积与压浆时的最大压力的乘积。而压浆时的最大压力与压浆管的粗细、压浆时的流量、浆液的性质等因素有关，不是一个定值。按式(4.2-11)计算出的单桩极限承载力有很大的随机性。

3)Bruce 公式

D. A. Bruce 给出的桩底压浆单桩竖向极限承载力为：

$$\frac{P_{cr}}{P_0} = k\sqrt{\frac{V + V_p}{V_0 + V_p}} \tag{4.2-12}$$

式中：P_{cr}——桩的轴向极限承载力；

P_0——同场地相同长桩径的常规桩的轴向极限承载力，kN；

V——压浆量，m^3；

V_p——桩的体积，m^3；

V_0——自重压浆量，m^3，即压浆开始时的填充量；

k——比例系数，砂土和黏性土均取 2～3。

式(4.2-12)是 D. A. Bruce 根据不同场地、不同桩底持力层的现场试验结果所归纳出的估算桩底压浆钻孔灌注桩竖向极限承载力与常规钻孔灌注桩竖向极限承载力之比的经验公式，反映了桩底压浆提高桩的竖向承载力的效果。D. A. Bruce 同时指出桩底压浆桩的极限承载力与其屈服荷载的比值介于 1.3～1.6 之间，而且桩底压浆在循环作用下不产生残余变形，具有非常好的弹性变形性质。

4)文献[47]中的桩极限承载力计算公式

$$Q_{uk} = U\sum\beta_{si}q_{ski}L_i + \beta_p q_{pk}A_p \tag{4.2-13}$$

式中：β_{si}——侧阻力增强系数；

β_p——端阻力增强系数。

增长系数经验取值如表4.2-2所示。

后压浆侧阻力增强系数β_{si}、端阻力增强系数β_p　　表4.2-2

土层名称	淤泥 淤泥质土	黏性土粉土	粉砂细砂	中砂	粗砂砾砂	砾石卵石	强风化岩
β_{si}	1.2~1.3	1.3~1.5	1.3~1.6	1.4~1.8	1.8~2.1	2.0~2.4	1.4~1.6
β_p		1.5~1.7	1.7~2.0	1.8~2.1	2.1~2.5	2.4~3.0	1.8~2.2

该公式几何意义明确，考虑后压浆后的极限承载力仍为桩端和桩侧提供的承载力之和，并考虑了桩的尺寸和土性等影响因素，认为压浆后桩的极限承载力为未压浆承载力的增长，用侧阻力增强系数β_{si}和端阻力增强系数β_p体现，具有一定的理论依据。

但是，该公式没有考虑注浆量对承载力的影响，且仅适用于普通的钻孔灌注桩，而目前的大型桥梁工程的基础设计时，钻孔灌注桩往往是主要桩型，并常常采用超长大直径钻孔灌注桩，所以该公式具有一定的局限性，如果对超长大直径钻孔灌注桩采用同样的经验系数，那最终取值有一定的偏差，且该公式没有考虑二次加载的影响。

5）文献[48]给出的计算公式

试桩下球形固结体为桩下刚性基础，桩受竖向荷载作用时，荷载从桩底按一定的扩散角沿固结体向下传递至持力层，如图4.2-1所示。

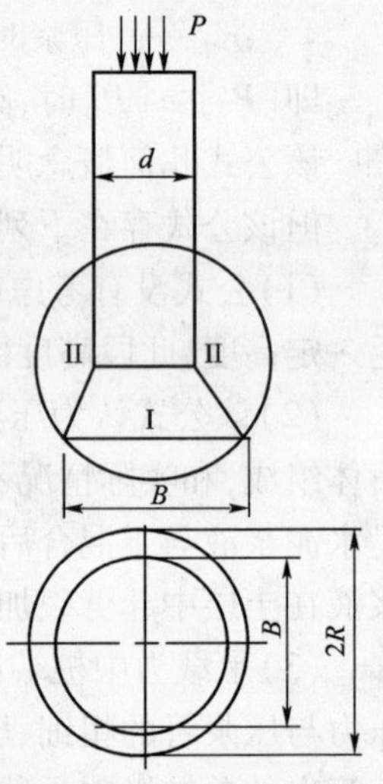

图4.2-1　后压浆桩承载示意图

Ⅰ区为受压区，可以增加端阻面积，Ⅱ区为受拉区，可视为桩周土体，只是强度较高，它可以增加桩侧摩阻力。受压Ⅰ区在水平面上的投影为有效受压面积A_E，假定Ⅰ区固结体有足够的强度，受压时不被破坏，计算公式如下：

$$Q_{uk} = u\eta \sum q_{ski} l_i + \psi q_{pk} A_E \tag{4.2-14}$$

式中：Q_{uk}——单桩极限承载力，kPa；

u——桩体周长，m；

η——注浆对桩侧摩阻力综合影响系数，通常情况桩底压浆时取$\eta = 1.1$，桩侧压浆时$\eta = 1.6 \sim 1.7$；

q_{ski}——桩周第i层土的极限摩阻力标准值，kPa；

ψ——桩端阻力尺寸效应系数，$\psi = \sqrt[3]{0.8/B}$；

q_{pk}——桩端阻力极限标准值，kPa。

$$A_E = \frac{\pi}{4} B^2 \tag{4.2-15}$$

$$B = d + 2R\tan\theta\cos\left(\theta + \arcsin\frac{d\cos\theta}{2R}\right) \tag{4.2-16}$$

式中：B——有效受压体的水平投影的直径，m；

d——桩体直径，m；

θ——轴向荷载的扩散角，一般取3；

R——球体半径，$R=\sqrt[3]{\frac{3\alpha Q}{4\pi n}}$；

α——浆液利用率，通常取 0.6；

Q——实际注浆量，m^3；

n——孔隙率。

该公式主要针对持力层为卵石层的钻孔灌注桩，不具备代表性。此外，计算模型较理想化，考虑了桩端面积的增大，而没有考虑桩端极限端阻力 q_{pk} 的变化。

6）文献[49]给出的计算公式

是在总结分析上述公式的基础上，结合苏通大桥的压浆前后试桩结果对比，提出的公式。考虑桩底压浆时：当桩端土层为细颗粒土时，浆液在土层中起劈裂加筋作用，浆液与土形成复合土体，无扩大头形成；当桩端土层为粗颗粒土时，浆液在桩端土层中填充、渗透、挤密，形成强度较高的结石，可看做桩端扩大头。因此，在承载力计算时，根据桩端土层的不同，应分别计算。

（1）桩端土层为细粒土（黏性土、粉土、粉细砂）。在细粒土中进行桩端压浆时，浆液沿裂隙或孔隙进入土层中，使单一介质土体被网状结石分割成复合土体，提高了桩端土体密实度，并能有效传递和分担荷载，从而提高桩端阻力。

此时，压浆在桩端没有形成理想的扩大头，无法用几何实体模型桩的受力状态。

（2）粗粒土（孔隙较大的细砂、中砂、粗砂、卵石、砾石）。在粗粒土中进行桩端压浆时，除了对桩底沉渣进行固化外，浆液渗入率高，浆液主要通过渗透、部分挤密、填充及固结作用，将桩端土体和桩端一起形成带扩大头的整体，相当于增加了桩端进入持力层的深度，并增大桩端受力面积，从而提高桩端阻力。

由浆液扩散理论可知，压浆时，浆液以每个压浆孔为中心大致呈球形扩散，形成扩大头，以此为依据建立桩承载力计算模型，如图 4.2-2 所示。

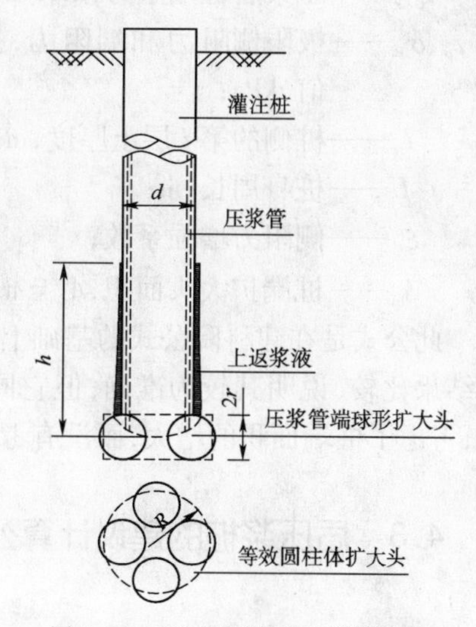

图 4.2-2　后压浆桩扩大头计算模型

①扩大头折算半径（R）。首先计算出合理压浆量 G_{cp}（有实测值时，用实测值），由下式计算水泥可拌制的水泥浆体积 V_{cj}（m^3）：

$$V_{cj}=G_{cp}/G_c+G_{cp}\times\alpha \tag{4.2-17}$$

式中：V_{cj}——水泥浆体积，m^3；

G_{cp}——水泥用量，t；

G_c——水泥密度，取 3.1t/m^3；

α——水灰比。

加固土体体积 V（m^3）：

$$V=V_{cj}/\xi \tag{4.2-18}$$

式中：ξ——土体容浆率。

由下式计算出每个球体计算半径 r（m）：

$$4\pi r^3/3 = V/n \quad (4.2\text{-}19)$$

式中：V——加固土体体积，m^3；

n——压浆管路数量。

将 n 个球体折算成一个圆柱体，圆柱体折算半径 R(m)（假定圆柱体高 h = 球体直径 $2r$）：

$$\pi R^2 \times 2r = V \quad (4.2\text{-}20)$$

式中：V——加固土体体积，m^3；

r——每个球体计算半径，m。

②后压浆单桩极限承载力（Q_{uk}）：

$$Q_{uk} = Q_{sk1} + Q_{sk2} + Q_{pk} = \sum U\tau_p L_i + \sum \xi_{si} U\tau_p L_i + \sigma_R A_P \quad (4.2\text{-}21)$$

式中：Q_{uk}——单桩极限承载力，kN；

Q_{sk1}——上部未压浆侧阻力，kN；

Q_{sk2}——桩端压浆上返段侧阻力，上返高度取 10～15m，细颗粒土取高值，粗颗粒土取低值，kN；

Q_{pk}——压浆后桩端阻力，kN；

τ_p、σ_R——极限侧阻力和端阻力，按《公路桥涵地基与基础设计规范》（JTJ 024—85）取值，kPa；

L_i——桩侧的第 i 层土厚度，m；

U——桩身周长，m；

ξ_{si}——侧阻力增强系数；

A_p——桩端扩大头面积，$A_p = \pi R^2$，m^2。

此公式是在建科院公式的基础上，考虑粗粒土中形成扩大头而改进的，通过苏通大桥的试桩结果比较，说明其较为准确，但它同时也延续了建科院公式的不足，此外，计算模型较理想化，考虑了桩端面积的增大，而没有考虑桩端极限端阻力 q_{pk} 的变化。

4.3 后压浆桩的建议计算公式

4.3.1 后压浆桩注浆量的建议公式

由于桩承载力与上述因素有关系，所以在进行桩承载力计算时，必须要考虑上述因素。而对一特定的桩而言，其桩长、桩径和桩端持力层的土性都是定值，所以必须要先确定注浆量的多少。因为地下土层的复杂性，加之施工过程中诸多不确定因素的影响，准确地计算合理压浆量比较困难。

根据相关文献资料，采用式（4.3-1）注浆量计算公式，但对系数 α_p 依据不同土层选择不同的经验值。

$$G_c = \alpha_p d \quad (4.3\text{-}1)$$

式中：G_c——单桩压浆量，t；

α_p——压浆系数；

d——桩径。

经验系数 α_p 的取值范围是根据一些实际工程共 63 根试桩的实测数据，以桩径为变量，按土层性质分类，对注浆量数据进行对比统计分析。对于这类数据的处理具体如下。

平均值：
$$\overline{X} = \frac{\sum X_i}{N} \tag{4.3-2}$$

中误差：
$$m = \sqrt{\frac{1}{N-1}\left(\sum X_i^2 - N\overline{X}^2\right)} \tag{4.3-3}$$

平均值中误差：
$$M = \frac{m}{\sqrt{N}} \tag{4.3-4}$$

变异系数：
$$\delta = \frac{m}{\overline{X}} \tag{4.3-5}$$

经过统计分析，得到图 4.3-1 所示的经验系数回归值和表 4.3-1、表 4.3-2 所示的增长系数及经验系数。

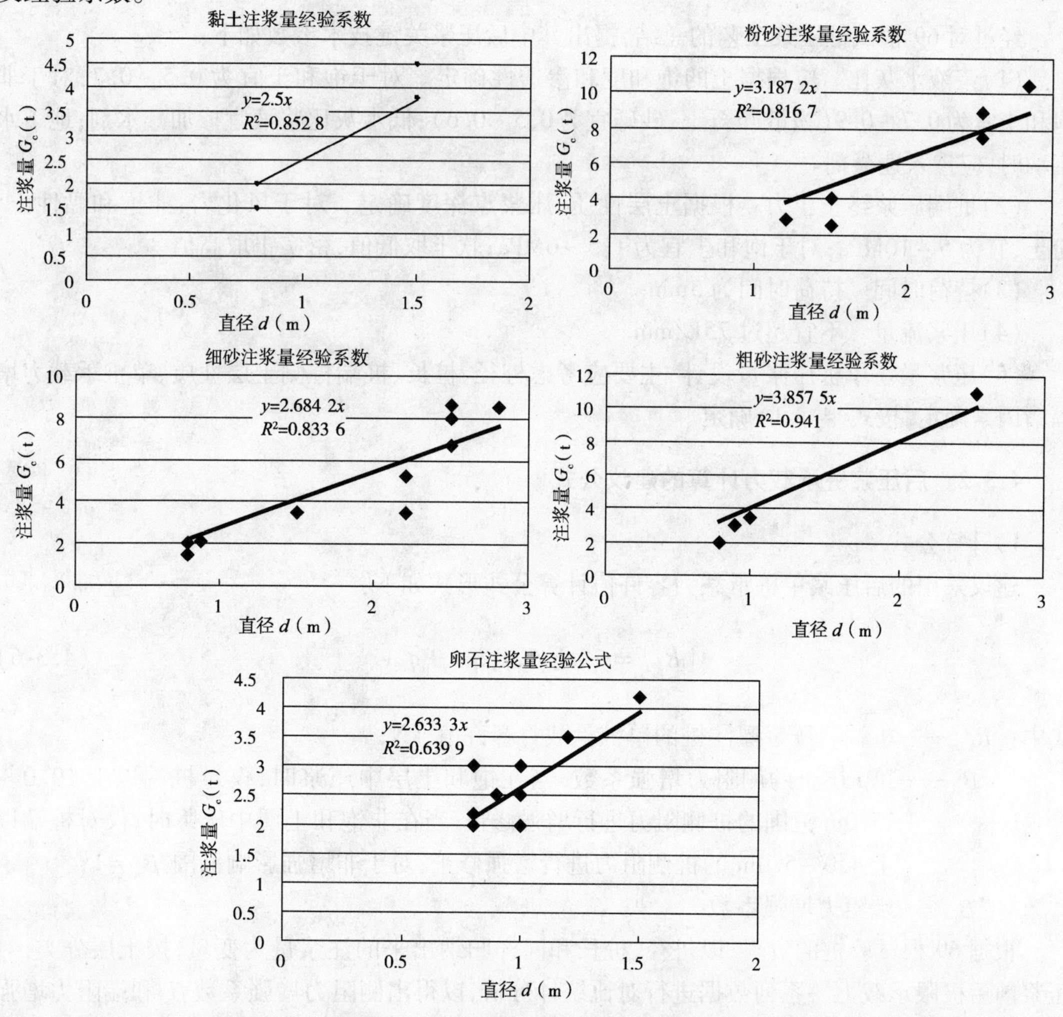

图 4.3-1　不同土层注浆量经验系数回归值

各不同土层注浆量的增长系数　　表 4.3-1

持力层	黏土	粉砂	细砂	中砂	粗砂/砾砂	卵石
平均值	2.28	2.84	2.54	2.36	3.43	2.63
中误差 m	0.47	0.79	0.54	0.65	0.78	0.42
算术平均值中误差 M	0.19	0.30	0.17	0.28	0.35	0.11
取值范围	2.08 ~ 2.47	2.44 ~ 3.18	2.38 ~ 2.69	2.30 ~ 2.68	3.08 ~ 3.78	2.52 ~ 2.77
变异系数	0.21	0.28	0.21	0.28	0.23	0.16

注浆量经验系数 α_p　　表 4.3-2

持力层	黏性土粉土	粉砂	细砂	中砂	粗砂	砾砂	碎石土
取值范围	2.1 ~ 2.5	2.5 ~ 3.2	2.4 ~ 2.7	2.3 ~ 2.7	3.1 ~ 3.8	3.1 ~ 3.8	2.3 ~ 2.8

经过对 69 根试桩压浆工艺的总结，提出其中后压浆关键技术参数如下：

(1)浆液水灰比。应根据土的饱和度和渗透性确定。对于饱和土宜为 0.5 ~ 0.7，对于非饱和土宜为 0.7 ~ 0.9（松散碎石土、砂砾宜为 0.5 ~ 0.6）；低水灰比浆液宜掺加减水剂；地下水流动时，应掺入速凝剂。

(2)桩端压浆终止压力。根据土层性质、压浆点深度确定。对于风化岩，非饱和黏性土、粉土，宜为 5 ~ 10MPa；对于饱和土宜为 1.5 ~ 6MPa；软土取低值，密实土取高值。

(3)持荷时间。持荷时间为 5min。

(4)压浆流量。不宜超过 75L/min。

(5)压浆量。单桩压浆量设计，主要应考虑桩径、桩长、桩端桩侧土层性质、单桩承载力增幅诸因素确定，按式(4.3-1)确定。

4.3.2　后压浆桩承载力计算的建议公式

1)计算公式

建议采用的后压浆单桩承载力容许值计算公式形式如下：

$$[R_a] = \frac{1}{2}u\sum_{i=1}^{n}\beta_{si}q_{ik}l_i + \beta_p q_r A_p \quad (4.3\text{-}6)$$

式中：$[R_a]$——桩端后压浆灌注桩的单桩承载力容许值，kN；

β_{si}——第 i 层土的侧阻力增强系数，当在饱和土层中压浆时，仅对桩端以上 10.0 ~ 15.0m 范围的桩侧阻力进行增强修正；当在非饱和土层中压浆时，仅对桩端以上 4.0 ~ 5.0m 的桩侧阻力进行增强修正；对于非增强影响范围，$\beta_{si}=1$；

β_p——端阻力增强系数。

根据 69 根试验桩的资料，以桩径、桩长和同样归纳出来的注浆量为变量，按土层分类，对压浆前后极限承载力一系列数据进行对比统计分析，以得出侧阻力增强系数 β_{si} 和端阻力增强系数 β_p，如表 4.3-3 和表 4.3-4 所示。

不同土层桩侧阻增长系数　　表 4.3-3

持力层	黏土 (β_{s1})	粉砂 (β_{s2})	细砂 (β_{s3})	中砂 (β_{s4})	粗砂 (β_{s5})	砾砂 (β_{s6})	卵石 (β_{s7})
平均值	1.46	1.56	1.61	1.74	1.64	1.76	1.56
中误差 m	0.19	0.11	0.39	0.46	0.43	0.47	0.26
算术平均中误差 M	0.03	0.02	0.11	0.15	0.25	0.16	0.13
取值范围	1.43 ~ 1.50	1.54 ~ 1.58	1.50 ~ 1.73	1.59 ~ 1.88	1.39 ~ 1.89	1.61 ~ 1.99	1.43 ~ 1.69
变异系数	0.13	0.07	0.24	0.27	0.26	0.26	0.17

不同土层桩端阻增长系数　　表 4.3-4

持力层	黏土 (β_{p1})	粉砂 (β_{p2})	细砂 (β_{p3})	中砂 (β_{p4})	粗砂/砾砂 (β_{p5})	卵石 (β_{p7})
平均值	2.77	2.49	2.34	3.85	3.18	2.72
中误差 m	0.41	0.35	0.55	0.00	0.69	0.40
算术平均中误差 M	0.24	0.16	0.21	0.00	0.49	0.18
取值范围	2.53 ~ 3.01	2.33 ~ 2.64	2.13 ~ 2.55	3.85	2.69 ~ 3.67	2.54 ~ 2.90
变异系数	0.15	0.14	0.23	0.00	0.22	0.15

最终推荐的侧阻和端阻增强系数如表 4.3-5 所示。

桩端后压浆侧阻力增强系数 β_s、端阻力增强系数 β_p　　表 4.3-5

土层名称	黏性土粉土	粉砂	细砂	中砂	粗砂	砾砂	碎石土
β_s	1.3 ~ 1.4	1.5 ~ 1.6	1.5 ~ 1.7	1.6 ~ 1.8	1.5 ~ 1.8	1.6 ~ 2.0	1.5 ~ 1.6
β_p	1.5 ~ 1.8	1.8 ~ 2.0	1.8 ~ 2.1	2.0 ~ 2.3	2.2 ~ 2.4	2.2 ~ 2.4	2.2 ~ 2.5

2）算例

上海市崇明某桥梁工程 62 号后压浆灌注桩试桩，桩径为 1.2m，桩长 46.5m，桩身混凝土强度等级 C40，地质情况为：

（1）淤泥质土，埋深 0 ~ −12.2m，实测摩阻标准值为 30kPa。

（2）粉质黏土，埋深 −12.2 ~ −36.5m，摩阻标准值为 45kPa。

（3）粉砂，埋深 −36.5 ~ −64.5m，摩阻标准值为 60kPa。

桩端持力层选择为粉砂层，根据规范，取 q_r = 1 000kPa。地下水高程 −12.000m。

采用式(4.3-6)计算，参数取值如下：

β_{si} 为 i 层土的侧阻力增强系数，可按表 4.3-5 取值，由于在饱和粉砂土层中压浆，对桩端以上 10m 范围（即整个粉砂土层）的桩侧阻力进行增强修正，取 1.55；对于非增强影响范围，$\beta_{si}=1$。

β_p 为端阻力增强系数，可按表 4.3-5 取值，取 1.9。

结合上述参数可以求解后压浆钻孔桩单桩承载力如下：

$$[R_a] = 0.5 \times \pi \times 1.2 \times (30 \times 12.2 + 45 \times 24.3 + 1.55 \times 60 \times 10) + 1.9 \times \pi \times 1.2^2/4 \times 1\,000 = 6\,654\text{kN}$$

4.4 后压浆桩的沉降计算方法

压浆桩的桩端以下(约 1 ~ 1.5d)范围和桩侧土的变形性改善,对于压浆群桩而言,表现为桩土整体工作性能增强,桩的刺入变形减小,桩基的沉降量减小,对其沉降计算建议采用如下方法之一进行。

(1)《建筑桩基技术规范》(JGJ 94—2008)方法,该法适用于对桩基平均沉降进行计算。

考虑到压浆群桩承载变形性状的上述变化,对其按 JGJ 94—2008 规定等效作用分层总和法沉降计算值乘以下列折减系数 ψ_s。

①细粒土持力层 $\psi_s = 0.85$。

②粗粒土持力层 $\psi_s = 0.7$。

(2)"高层建筑地基—基础—上部结构共同工作计算方法"SFS 程序计算沉降。

该法考虑基础与上部结构及基础刚度对地基(桩、土)变形的影响,并可分块进行计算,由此可求得沉降等值线,其中桩—桩、桩—土、土—土的相互影响考虑到了实际相互影响随土模量减小而减小的性状对弹性理论(Mind lin 解)值进行修正,即采用弹性理论法—有限压缩层混合修正模型。计算中所用土变形参数压缩模量 E_s(或变形模量 E_0)、泊松比 μ_s 根据压浆与非压浆桩静载试验 Q—S 关系按下述方法反演确定。

PouLos 单桩沉降计算式(波兰、前苏联规范公式):

$$S = \frac{Q}{E_0 L} I_p \tag{4.4-1}$$

式中:Q、S——桩顶荷载及其对应沉降;

L——桩长,m;

E_0——土的变形模量(快速加载,为弹性模量),MPa;

I_p——桩沉降影响系数,半空间均质土为 $I_p = I_0$,有限厚度土层为 $I_p = I_0 \cdot R_h$,端部支承于低压缩性土层为,$I_p = I_0 \cdot R_b$;

I_0——半空间均质 $V_s = 0.5$(V_s 对单桩沉降影响小可忽略)条件下单桩沉降影响系数,I_0 取决于 L/d 和 k(为桩土模量比 E_p/E_s),由查曲线确定;

R_h——考虑均质土厚度的修正系数,R_h 取决于 L/d 和均质土厚度 h 与桩长 L 的比值 h/L,查曲线确定;

R_b——考虑持力层刚度影响修正系数,R_b 随 L/d、E_b/E_s、E_p/E_s 而变化,查曲线确定。

考虑到 I_p 随 V_s 和 E_p/E_s 的变化不敏感,因此压浆后在桩的几何尺寸地层条件不变的条件下,压浆后的 I_p 变化予以忽略,由上式得压浆桩与非压浆桩模量 E_0 关系式为:

$$E_{0g} = \left(\frac{Q_g}{Q} \cdot \frac{L}{L_g} \cdot \frac{S}{S_g}\right) E_0 \tag{4.4-2}$$

式中:E_{0g}、E_0——压浆桩与非压浆桩侧(底)土变形模量,MPa;

L_g、L——压浆桩与非压桩桩长,m;

Q_g、Q——压浆桩与非压浆桩荷载($\approx Q_u/2$),kN;

S_g、S——与 Q_g、Q 相应的桩顶沉降,mm。

表 4.4-1 为压浆桩与非压浆桩土的变形模量之比。

压浆桩与非压浆桩土的变形模量之比　　表 4.4-1

模量比	位置	细粒土	粗粒土
E_{0g}/E_0	桩侧	1.15	1.25
	桩端	1.20	1.30

注:①细粒土包括黏性土、粉土、粉细砂,粗粒土包括卵石、砾石、砾砂、中粗砂;
②E_{0g}/E_0 为压浆桩与非压浆桩土的变形模量之比,压缩模量比可取相同值;
③桩端土 E_0 变化限于桩底以下 $1 \sim 1.5d$ 范围,细粒土取 $1d$,粗粒土取 $1.5d$。

第5章 桩端后压浆施工与检测

5.1 后压浆施工工艺

5.1.1 工艺流程

桩端后压浆施工工艺流程见图5.1-1。

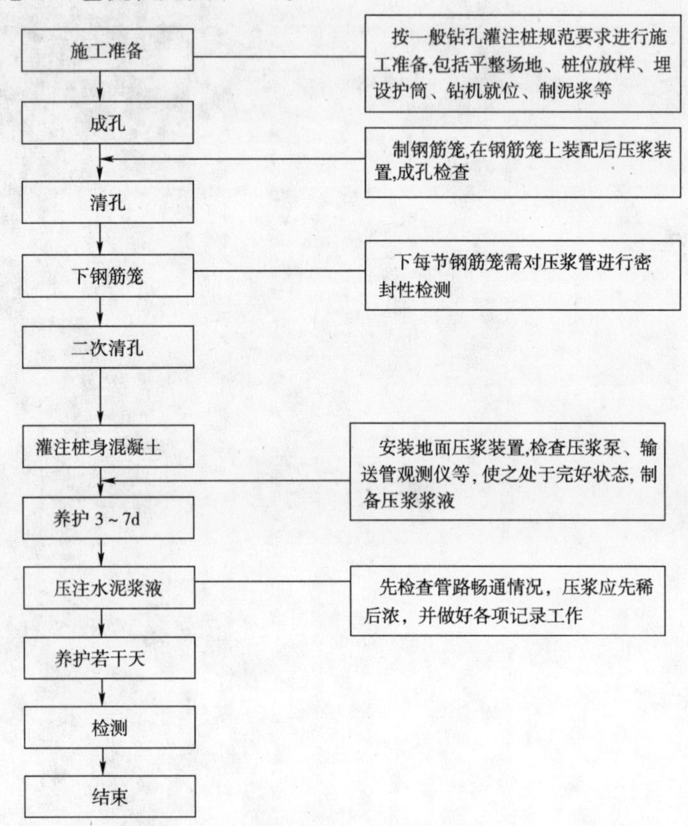

图5.1-1 后压浆施工工艺流程

桩端后压浆施工工艺流程分为三个体系。

(1)桩土体系:设置通达桩端土的注浆管道,即采用桩身混凝土浇注前预设注浆管直达桩端土层面,且端部设置相应的注浆器。这是压浆前的准备工作,也是压浆能否成功的关键步骤。

(2)泵压体系:在压浆管形成且桩身混凝土达到一定强度后,连接压浆管和注浆泵,用清水液把U形管和直管上的密封套冲破,观察压水参数以及系统反应,再拌制可凝固浆液,通过注浆泵把配置浆液压入桩端土层内。

(3)浆液体系:浆液是发挥注浆作用的主体,一般由可凝固材料制成,所用材料根据注浆的客体决定,一般压浆以水泥为主剂,辅以各种外加剂,以达到改性的目的。

5.1.2　压浆管的布置及压浆管的制作要求

1)压浆管的布置

成孔后清孔、下钢筋笼。在钢筋笼吊装安放过程中,要注意对压浆管的保护,钢筋笼不得扭曲,以免造成压浆管在丝扣连接处松动。

压浆管布置原则:

(1)保证压浆的均匀性。

(2)便于安装和保护。

根据上述原则,直管和 U 形管均沿钢筋笼均匀布置,并绑扎在钢筋笼内侧。

2)压浆管的制作

(1)直管端部压浆器的制作。由 $\phi25 \sim \phi57$mm 钢管制成,一端封闭,一端与桩身压浆管相连。沿环向均匀钻 4 个 $\phi6 \sim \phi8$mm 的孔,共 4 排,间距 100mm。其构成由三层组成:第一层为能盖住孔眼的图钉;第二层为比钢管外径小 3 ~ 5mm 的橡胶带;第三层为密封胶带。

(2)U 形管端部压浆器的制作。U 形管端部压浆器由 $\phi25$mm 钢管弯制而成。U 形管两个直段部分在下侧均匀钻 4 个 $\phi6 \sim \phi8$mm 的孔,每个钻孔单独制作形成一个单向阀。其构成由三层组成:第一层为能盖住孔眼的图钉;第二层为比钢管外径小 3 ~ 5mm 的橡胶带;第三层为密封胶带。制作完的 U 形管及细部见图 5.1-2 和图 5.1-3。

图 5.1-2　六回路 U 形管图

图 5.1-3　U 形管局部大样

5.1.3　浆液性能要求

后压浆浆液以稠浆、可灌性好为宜,一般采用普通硅酸盐水泥掺入适量外加剂,水泥标号不低于 42.5 级,当有防腐蚀要求时采用抗腐蚀水泥,外加剂可为膨润土。浆液水灰比为 0.5 ~ 0.60,对于粗粒土水灰比取较小值,对于细粒土取较大值,密实度较大取较大值,非饱和土可提高至 0.70 ~ 0.90。

水泥浆性能要求:

初凝时间　　　3 ~ 4h,稠度 17 ~ 18s

7d 强度　　　≥10MPa

外加剂　　　　U 形微膨胀剂(≤5%),膨润土(≤5%)

浆液配合比可由中心试验室通过试验确定,各施工单位统一采用。也可由各单位根据指标自己配制,满足上述要求即可。

5.1.4　压浆工艺系数及控制

压浆量与压浆压力是压浆终止的控制标准,也是两个主要设计指标。

压浆量在一定范围内与承载力的提高幅度成正比,但当压浆量超过一定量后,增加压浆量,承载力将很难提高,即使继续提高压浆量其增量也极小。因此确定合理的压浆量,对于后压浆施工是相当重要的。压浆施工过程中的压浆量受诸多因素的影响,准确估算是比较困难的,应根据压浆者的经验和现场试压浆确定。

桩底压浆适合用高压,其最大压力可由桩的抗拔能力及土性条件来决定。风化岩地层所需的压浆压力最高,软土地层所需的压浆压力最低。压浆压力应根据桩底和桩周土层情况、桩的直径和长度等具体条件经过估算和试压浆确定。每次试压浆和压浆过程中,连续监控压浆压力、压浆量、桩顶反力等数值,通过分析判断,确定适当的压浆压力。

当满足下列条件之一终止压浆:

(1)压浆量达到设计要求。

(2)压浆总量已达到设计值的 80%,且压浆压力达到设计压浆压力的 150% 并维持 5min 以上。

(3)压浆总量已达到设计值的 80%,且桩顶或地面出现明显的上抬。

5.1.5　压浆顺序和时间

在大面积桩基施工时,压浆顺序往往决定于桩基施工顺序。考虑到其他因素,如压浆时浆液串入其他区域,硬化后将对该区域内末施工桩的钻孔造成影响,因而往往将全部桩基根据集中程度划分为若干区块,每个区块内桩距相对集中,区块之间最小桩距大于区块内最小桩距 2 倍以上。从而将压浆影响区域限定于单个区块之内,各区块之间的施工顺序不受影响。在单个区块内,以最后一根桩成桩 5 ~7d 后开始该区块内所有桩的压浆。压浆顺序是针对同一区块内各桩而言的。

对于区块内的各桩,宜采用先周边后中心的顺序压浆。对周边桩应以对称、有间隔的原则依次压浆,直到中心。这样可以先在周边形成一个压浆隔离带并使压浆的挤密、充填、固结逐步施加于区块内其他桩。施工证明:在并无明显串浆的情况下,区块内非边桩压浆量只达到边桩压浆量的 65% ~83% 时,其压浆压力已高于周边桩压浆压力。

1)直管

一次压完全部设计水泥量。

2)U 形管

(1)压浆次序与压浆量分配。

①压浆分三次循环。

②每一循环的压浆管采用均匀间隔跳压。

③压浆量分配：第一循环 50%；第二循环 30%；第三循环 20%。

④若发生管路堵塞，按每一循环应压比例重新分配压浆量。

(2)压浆时间及压力控制。

①第一循环：每根压浆管压完后，用清水冲洗管路，间隔时间不小于 2.5h，不超过 3h 或水泥浆初凝时间进行第二循环。

②第二循环：每根压浆管压完后，用清水冲洗管路，间隔不小于 3.5h，不超过 6h 行进第三循环。

③第一循环与第二循环主要考虑压浆量。

④第三循环以压力控制为主。若注浆压力达到控制压力，并持荷 5min，注浆量达到 80% 也满足要求。

5.1.6　施工技术要求

正式压浆作业之前，应进行试压浆，对浆液水灰比、注浆压力、压浆量等工艺参数进行调整，最终确定施工参数。

压浆作业时，流量宜控制在 30 ~ 50L/min，并根据设计压浆量进行调整，压浆量较小时可取较小流量。压浆原则上先稀后稠。被压浆桩离正在成孔成桩作业的桩的距离不宜小于 10 倍桩径。当采用桩底桩侧压浆时，先桩侧后桩底；桩底压浆时，应对同一根桩的各压浆管依次实施等量压浆。

后压浆施工过程中，应经常对后压浆的各项工艺参数进行检查，发现异常应采取相应处理措施。每次压浆结束后，应及时清洗搅拌机、高压压浆管和压浆泵等。

(1)当有压浆管压浆量达不到设计要求而泵压值很高无法压浆时，其未压入的水泥量由其余管均匀分配压入。

(2)如果出现压浆压力长时间低于正常值、地面冒浆或周围桩孔串浆，改为间歇压浆，间歇时间不宜过长，过长会导致管内水泥浆凝结而堵管。当间歇时间很长时，可向管内压入清水清洗导管和桩端压浆装置。

(3)当上述措施仍不能满足设计要求，或因其他原因堵塞、碰坏压浆管无法进行压浆时，可采用在离桩侧壁 20 ~ 30cm 位置打 ϕ150mm 小孔作引孔，埋置内导管。如果有声测管，可钻通声测管作为压浆管，进行补压浆，直至压浆量满足设计要求，此时补压浆量应大于设计压浆量。

利用超声波检查混凝土质量的声测管作为压浆管是一种常用而经济的方法，一般灌注桩均有 3 ~ 4 根声测管，在声测管端部两个方向钻 1 个 ϕ6 ~ ϕ8mm 的孔，并用橡胶皮包裹两端用铁丝扎紧，以防水泥浆堵塞孔道。声测管比钢筋笼长 20 ~ 30cm，声测管两端用螺纹堵头封堵，上端高出钻孔平台或地面。

注浆管也可用钢管做成 U 形回路管或直管，钢管和钢筋笼焊接扎在一起，设计时可等量取代部分钢筋。其他工序按正常施工方法进行。成孔→清孔→放钢筋笼→二次清孔→浇水注混凝土。在混凝土浇注后 24 ~ 48h 内用高压水从注浆管压入，将橡胶皮撕裂。在超声波检测结束且混凝土强度达到设计强度 75% 以上时，即可向管内压浆。一般均进行三个循环压浆。

终止标准由设计单位决定，一般以总注浆量、注浆压力和桩身上浮量中任意一个参数达到设计标准即可停止。

5.1.7 设备要求

压浆施工机具大体上可分为地面压浆装置和地下压浆装置两大部分。地面压浆装置由高压压浆泵、浆液搅拌机、储浆桶、地面管路系统及观测仪表等组成;地下压浆装置由桩身压浆导管和桩端压浆装置等组成。开式压浆和闭式压浆的桩端压浆装置有所不同,整个系统示意如图5.1-4所示。

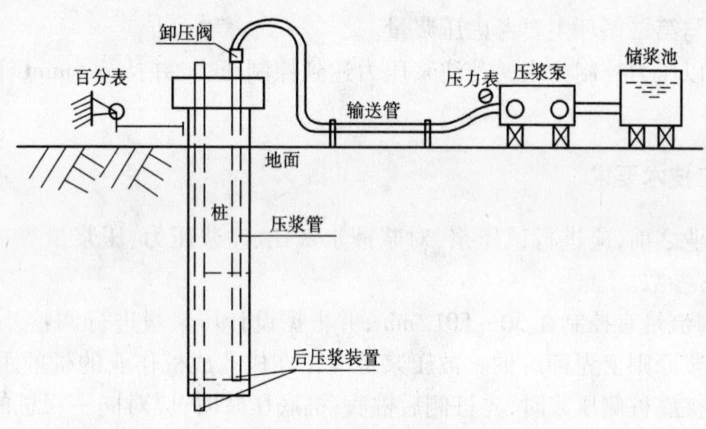

图5.1-4 后压浆施工布置图

1)高压注浆泵及观测表

桩底压力注浆对泵的要求是排浆量要小,而压力要高、要稳。泵的额定压力大于要求的最大注浆压力的1.5倍,通常选泵的额定压力为6~12MPa,泵的额定流量为30~100L/min。在注浆泵上必须配备有压力表和流量计,压力表的量程应为额定泵压的1.5~2.0倍。

2)浆液拌和机及储浆桶

浆液拌和机及储浆桶可根据施工条件选配。浆液拌和机容量应与额定压浆流量相匹配,宜为0.2~0.3m^3,拌和机浆液出口应设置滤网。

3)地管路系统

该系统主要由浆液地面输送系统组成,必须确保密封性。输送管可采用能承受2倍以上最大注浆压力的高压胶管及无缝钢管等,其长度不宜超过50m。开式压浆输送管与内导管连接处设卸压阀,以便在结束压浆时减压卸除输送管。闭式压浆输送管与内导管连接处设止浆阀,其用途是在结束压浆时达到止浆的目的,以便阻止浆液在腔体弹力作用下回流。如果输送距离过长,还应在桩顶处设一套观测仪表。

4)内导管(压浆管)

内导管是连接地面输送管与压浆装置的过渡管材,其材质可为钢管高强度柔性PVC管等。内导管应连接牢固和密封,宜采用焊接或管箍连接,上端用堵头临时封口,与钢筋笼加劲筋焊接或绑扎固定,随钢筋笼一起放入孔内。

5.1.8 压浆施工注意事项

(1)确保工程桩施工质量。满足规范对沉渣、垂直度、泥浆比重、钢筋笼制作质量等要求;

安装钢筋笼时，确保不损坏压浆管路，下放钢筋笼后，不得墩放、强行扭转和冲撞。

(2)压浆管下放过程中，每下完一节钢筋笼后，必须在压浆管内注入清水检查其密封性，若压浆管渗漏，必须返工处理，直至达到密封要求。

(3)压浆管接头可采用丝扣或接箍套焊接。必须保证管路密封，以防泥浆进入管内。

(4)压水开塞时，若水压突然下降，表明单向阀门已打开，此时应停泵封闭阀门 10 ~ 20min，以消散压力。当管内存在压力时不能打开闸阀，以防止承压水回流。

(5)注浆工作一般在混凝土浇筑完毕后 3 ~ 7d 进行。也可根据实际情况，待桩的超声波检测工作结束后进行。

(6)压浆管路清洗要点：

进浆口压浆时，打开回路的出浆口阀门，先排出注浆管内的清水，当出浆口流出的浆液浓度与进口浓度基本相同时，关闭出浆口阀门，开始注浆。

每循环压浆完成后立即用清水彻底冲洗干净，再关闭阀门。

U 形回路在压浆每一循环过程中，必须保证压浆施工的连续性，压浆停顿时间超过 30min，应对管路进行清洗。

每管 3 次循环压浆完毕后，阀门封闭不小于 40min，再卸阀门。

(7)U 形回路每一循环过程中，所有压浆管可同时压浆，但事先应检查各管路是否通畅。

(8)水泥浆制配时，严格按配合比进行配料，不得随意更改。

(9)在压浆过程中，若发生不正常现象(如注浆泵压力表越来越高或突然掉压，地面冒浆等)时，应暂停压浆，查明原因后再继续压浆。

(10)专人负责记录压浆的起止时间，注入的浆量、压力；测定桩上抬量；最后一次压浆完毕，必须经监理工程师签字认可后，压浆管路用浆液填充；每根桩后压浆施工过程中，浆液必须按规定做试块。

5.1.9　压浆施工中出现的问题和处理措施

5.1.9.1　后压浆钢管的连接

1)存在的问题

有些单位为节约成本常采用焊接方法连接压浆钢管，但由于压浆钢管壁比较薄，很容易被电焊焊穿，钢管虽然连接上了，但却存在孔洞，浇注混凝土时压浆管将会被水泥砂浆堵塞。结果由于无法压浆导致承载力达不到设计要求，最终引起质量事故。

2)处理措施

(1)采用丝扣连接方式连接压浆钢管。

(2)每节压浆管安设入孔后均应同步进行注水检验，发现管内水位下降应及时查明原因。

5.1.9.2　压水

1)存在的问题

有些施工单位只注重压浆施工本身，却往往忽视压水以疏通压浆的通道，误以为压浆管安装没有问题就能正常压浆了。事实上，后压浆的通道除了压浆管以外，还应包含包裹住压浆管出口的混凝土覆盖层，如不针对具体情况采取相应的措施，极易导致无法压浆。

2)处理措施

(1)压浆成功与否的关键程序之一是压水,一般正常情况下应在桩身混凝土浇注完24h内进行压水,以疏通压浆通道。

(2)在桩端或桩侧压浆部位如出现扩孔、塌孔或充盈系数较大时,特别注意应提前压水,压水应在混凝土浇注完5h左右进行,以确保能冲开较厚的混凝土覆盖层。

5.1.9.3　喷头打不开

1)存在的问题

压力达到10MPa以上,仍然打不开压浆喷头。

2)处理措施

说明喷头部位已经损坏,不要强行增加压力,只可在另一根管中补足压浆数量。

5.1.9.4　终止压浆的控制

1)存在的问题

(1)某些施工单位常以压力大大超过设计压力为由,在压浆量与设计要求相差较大时即终止压浆。

(2)压浆量虽然超过了设计要求,压力却很小即终止压浆。

(3)压浆量还未达到设计要求时,水泥浆从附近冒出地面就终止压浆。

2)原因分析

(1)压浆量与设计要求相差较大时压力却较高,往往是因为操作不当引起的,即压浆开始或刚压入部分水泥浆时就挂高挡压浆,压力立即升高,形成无法压浆的假相。

(2)如一开始压浆压力就较小,并且浆液从附近冒出,说明水泥浆很可能不是从指定的桩端或桩侧压浆部位压出,而是从上部压浆管接头处压出。

(3)水泥浆液是向最为薄弱、阻力最小的地方进行渗透的,如果压浆初始状态就采用高挡压浆,水泥浆液即会顺着桩身上窜,冒出地面。

3)处理措施

终止压浆总的控制原则是以压浆量为主,压力控制为辅。若水泥浆液是在其他桩或者地面上冒出,说明桩底已经饱和,可以停止压浆;若从本桩侧壁冒浆,压浆量也满足或接近了设计要求,可以停止压浆;若从本桩侧壁冒浆且压浆量较少,可将该压浆管用清水或用压力水冲洗干净,等到第2天原来压入的水泥浆液终凝固化、堵塞冒浆的毛细孔道时,再重新压浆。

5.2　压浆效果检测

桩端压浆在提高桩基承载力、减少桩基沉降量、改善桩基承载性能方面的作用是显著的。但是,实际工程中,桩端后压浆效果、浆液在土体中的分布情况以及压浆后承载力的提高幅度,这些都需要采用一些检测技术来解决。目前的检测方法有取芯检测、CT检测以及静载试验等方法。

5.2.1　取芯检测

取芯检测是通过在桩中预埋钢管或PVC管,桩端压浆后间隔一定时间,用钻机通过预埋管钻取桩端以下岩土体芯样来判定压浆后桩底岩土性状的方法。

该方法选择以钻探为主，并配合室内岩土测试和标准贯入实验，了解桩体压浆后水泥灰浆体的空间分布状况及其相关物理力学指标。

苏通大桥二期试桩钻孔布置及其位置详见图 5.2-1。

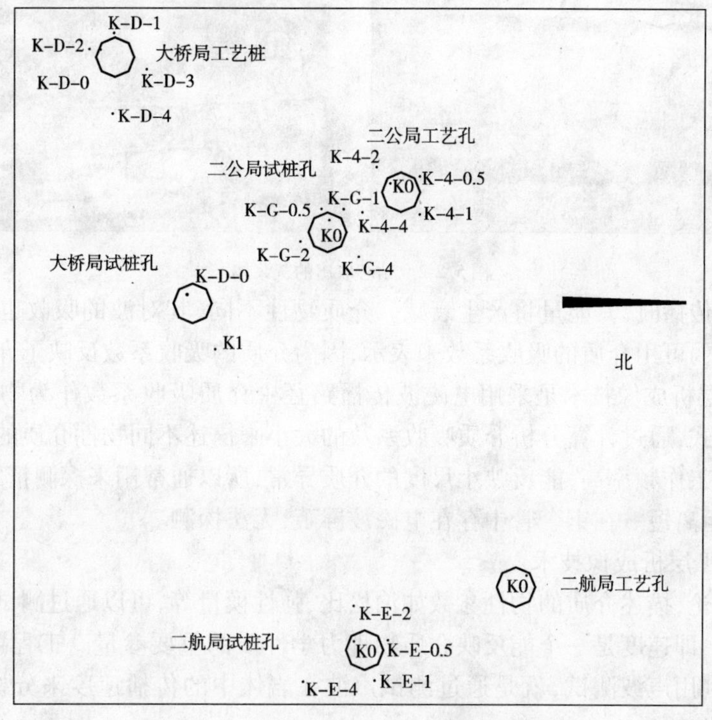

图 5.2-1　苏通大桥二期试桩取芯位置布置图

GYZ2、SZ3 桩和 GYZ1 桩的桩底高程为 -102m，而其他孔的桩底高程为 -121m，GYZ2、SZ3 桩、GYZ1 桩全取芯的范围为地表以下 100 ~ 115m，其他桩为 120 ~ 130m 范围内。

取芯段从上往下大致分为四层。

(1) 以粉细砂为主，少量含砾中粗砂。在 SZ3 桩的 100 ~ 113m 范围内则主要为砾砂、含砾中粗砂。该层主要分布在地表以下 80 ~ 125m 的范围内，其中的砾砂、含砾中粗砂以及下部的粉细砂中水泥灰浆含量明显。

(2) 以砾石、含砾中粗砂为主，少量粉细砂，其分布范围大致在地表以下 123 ~ 129m 范围内。该层为水泥灰浆入浸主要层位，在 GYZ3 桩 K-D-4、S2 桩 K-E-0 等孔中，灰浆已将岩芯胶结成半固结块状。

(3) 以粉细砂为主，少量中粗砂，局部含砾。该层分布大致在地表以下 127 ~ 130m 范围内，含有未固结的水泥灰浆及其混合物。

(4) 亚黏土，可—硬塑，该层大致分布在地表以下 130m 以下，未见灰浆入浸其内。

钻芯取出的灰浆体如图 5.2-2 所示。

5.2.2　CT 检测

1) 电磁波 CT 层析成像技术

图 5.2-2　钻芯取出的灰浆体

波在介质中传播时，其能量将产生衰减。介质物性不同，其对波的吸收也不一样，不同介质对波的吸收强弱可用介质的吸收系数来表示，因为介质的吸收系数反映了介质的物性。

电磁波 CT 层析成像技术是采用电磁波传播路径中介质吸收系数作为物探的参量，采用井间跨孔观测方式，通过计算分析介质吸收系数的大小来描述不同物性介质的空间分布情况。

因为电磁波工作频率高，能反映小尺度的介质异常，所以通常用来探测精细结构。但其能量衰减快，传播距离短。在钢套管中存在电磁波屏蔽，无法探测。

2）超声波 CT 层析成像技术

根据波动理论，描述介质的物性参数如泊松比、弹性模量等，可以通过测试其纵波速度、横波速度计算出来，即速度是一个能反映介质物理力学性质的重要参量。工程勘察中对于岩体的测试，通常是利用声波测试，就是通过测试声波在岩体中的传播速度来分析岩体的完整程度、进行岩体分类等。

超声波 CT 层析成像技术就是采用超声波（频率大于 20kHz 为超声波）在介质中传播速度作为参量，采用井间跨孔观测，通过计算分析超声波速度的空间分布结构来描述介质的空间分布特征。相对来讲，超声波 CT 层析成像能反映较大距离范围内较小尺度的异常体。

3）实例 1　苏通大桥二期试桩

苏通大桥二期试桩采用 CT 检测 4 根桩压浆效果，分别是 SZ2 桩、GYZ2 桩、SZ3 桩和 GYZ3 桩（详细位置见图 5.2-3）。检测剖面主要是由中心孔向桩侧的 0.5m 孔、1.0m 孔、2.0m 孔和 4.0m 孔的 4 个 CT 剖面，以及桩侧 4 个孔之间连线组成的 4 个 CT 剖面，即每根桩共实施 8 个剖面的 CT 探测。采用的检测方法技术为高频电磁波（32MHz）和超声波（40kHz）CT 层析成像技术（图 5.2-4、图 5.2-5）。

根据 CT 检测可得以下结论：

（1）在桩头附近形成向上弧形扩大头型水泥浆影响区，局部存在固结现象，水泥浆上串最大达 11m，水泥浆分布随下伏土层或水流影响不规则排列。水泥浆主要分布在桩底下 1m 及以上部位，在桩底下 1m 零星分布。

（2）压浆固结程度与围土的成分有关，在中粗砂或含砾中粗砂中容易压浆并固结，而在粉质细砂土及亚黏土层中相对难以压浆固结。

4）实例 2　苏通大桥主 4 号墩

为了检测主 4 号墩桩底压浆效果，为达到检测的均匀性，根据检测设计要求，对 4 根桩桩区(即四组)进行 CT 检测,测试位置如图 5.2-6 所示。

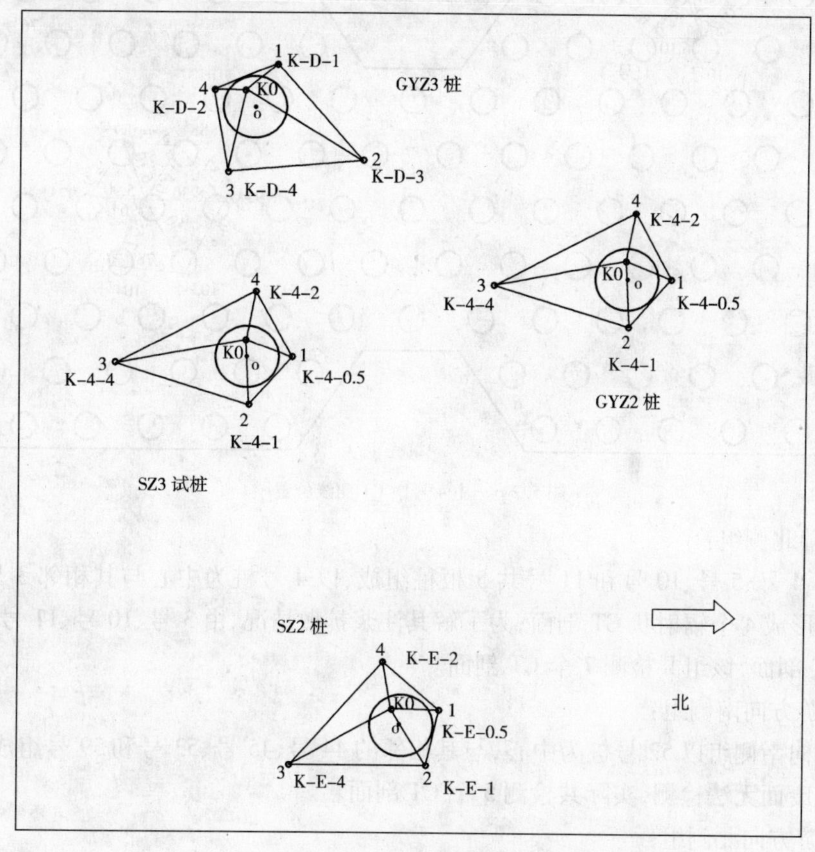

图 5.2-3　苏通大桥二期试桩钻孔 CT 剖面分布

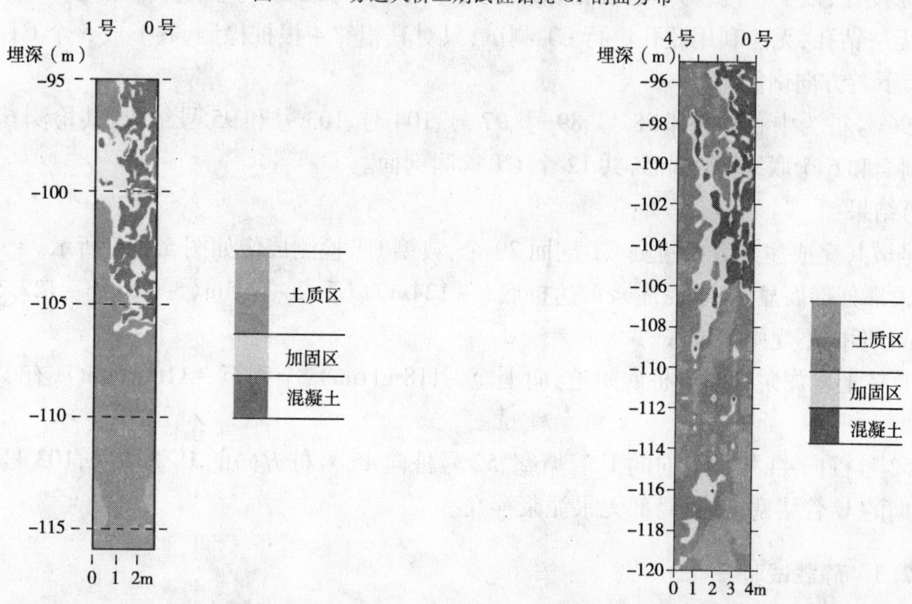

图 5.2-4　试桩 SZ3 CT 检测的 0－1 剖面图　　图 5.2-5　试桩 SZ3 CT 检测的 0－4 剖面图

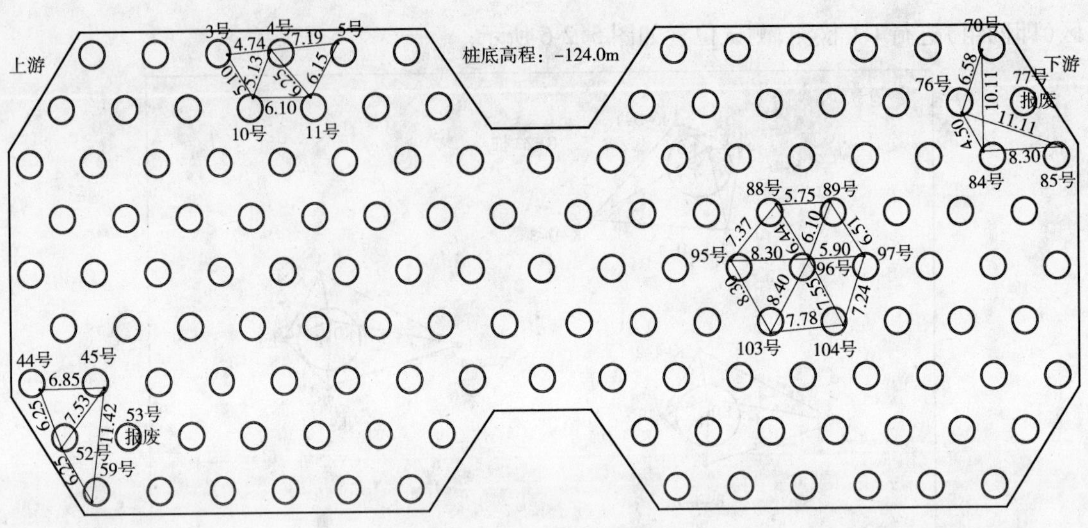

图 5.2-6　主 4 号墩 CT 测线位置图

(1)上游北侧组：

由 3 号、4 号、5 号、10 号和 11 号共 5 根桩组成，以 4 号桩为中心与其相邻 3 号、10 号、11 号和 5 号桩形成 4 个辐射状 CT 剖面；为了解其注浆扩散情况，由 3 号、10 号、11 号和 5 号形成 3 个联络 CT 剖面，该组共检测 7 个 CT 剖面。

(2)上游方向南侧组：

上游方向南侧组以 52 号桩为中心，与其相邻的 44 号、45 号、53 号和 59 号组成，检测时 53 号桩钻孔报废而无法检测，实际共检测 5 个 CT 剖面。

(3)下游方向北侧组：

按原设计，以 77 号桩为中心及相邻 70 号、76 号、84 号和 85 号桩组成。由于 77 号桩钻机故障而无法钻孔，无法利用此孔进行 CT 测试，只对其相邻 4 根桩检测，共形成 5 个 CT 剖面。

(4)下游方向南侧组：

以 96 号桩为中心及相邻 88 号、89 号、97 号、104 号、103 号和 95 号组成，共检测 6 个辐射状 CT 剖面和 6 个联络 CT 剖面，共 12 个 CT 检测剖面。

(5)结果：

4 号墩共完成注浆效果检测 CT 剖面 29 个，典型 CT 检测成像如图 5.2-7 所示。

①大部分剖面显示，水泥注浆可达桩底（-124m）以下 2～3.5m（-126～-127.5m），外扩 1～3m，形成不规则扩大头。

②总体上水泥浆分布于桩底附近，向上至-118m(6m)，个别至-116m(8m)，有少量水泥浆分布。

③52 号桩向 44 号桩方向的 U 管堵塞，52 号桩向 45 号桩方向的 U 管堵塞，103 号桩向 96 号桩方向的 U 管堵塞，造成局部无水泥浆存在。

5.2.3　静载试验

桩的静载试验是确定单桩轴向或横向承载能力最为可靠的方法，也是基桩质量检测中一

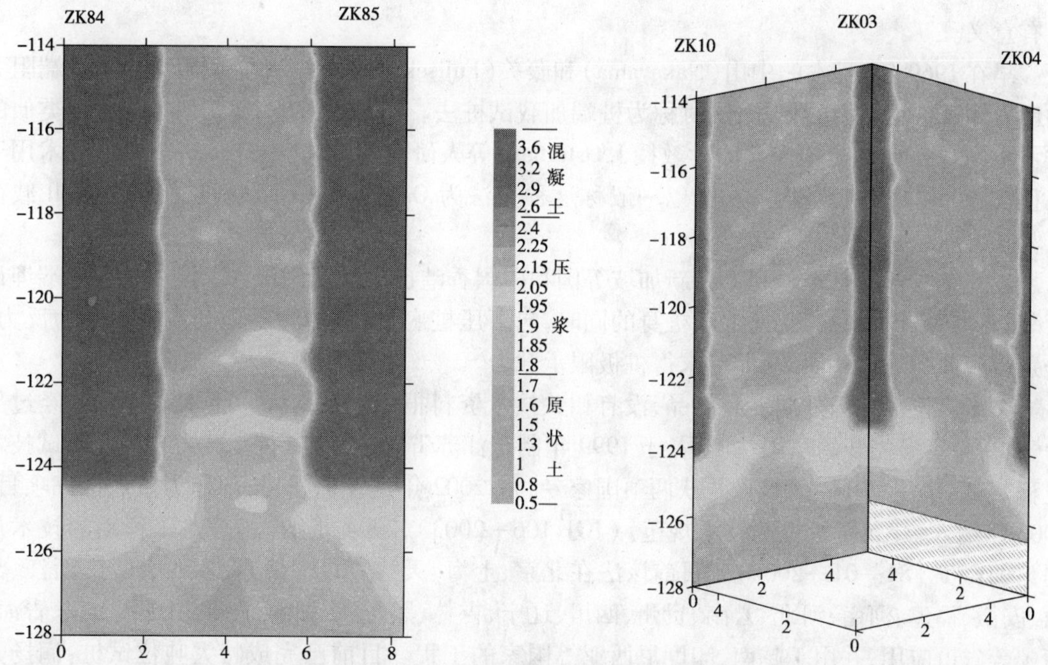

图 5.2-7　苏通大桥主 4 号墩 84-85 号桩和 10-3-4 号桩剖面 CT 检测效果图

项很重要的方法。传统的桩基轴向静载试验一般采用油压千斤顶加载，千斤顶的反力装置有压重平台反力装置、锚桩承载梁反力装置和锚桩压重联合反力装置，采用这些装置往往需要大量的人力、物力和时间，目前，主要有以下方法。

1）堆载法

传统的静载试验方法多采用堆载法，即根据设计要求的承载力，用同等质量的砂袋或混凝土预制块堆压在桩顶，测出该桩是否能达到设计要求，该方法因需要较大的荷载，受场地影响较大，采用静载试验法困难。用该法测试的单桩极限承载力国内文献记载最大达 30 000kN。

2）锚桩法

锚桩法是指由试桩和锚桩通过主梁、副梁组成一个整体的加载体系。试验时，通过千斤顶给试桩施加垂直向下的竖向荷载，同时，通过主梁和副梁给各锚桩施加垂直向上的荷载；试桩所受向下的竖向荷载等于各锚桩所受垂直向上的荷载之和。随着试验的进行，试桩所受荷载逐渐增大，试桩的沉降量不断上升；各锚桩所受上拔荷载也相应增大，上拔变形量也逐渐地增加。用该法测试的单桩极限承载力国内文献记载最大达 40 000kN。

图 5.2-8 所示就是一个锚桩法的现场布置图。

图 5.2-8　锚桩法现场布置图

3）自平衡法

自平衡测试法是通过预埋在桩底的测压盒进行钻孔桩静载试验的方法，该法对于划分桩侧摩阻力与桩端阻力以及确定抗拔桩的承载力最有意义。

早在1969年，日本的中山(Nakayama)和藤关(Fujiseki)就提出，用桩侧阻力作为桩端阻力的反力测试桩承载力的概念，当时称为桩端加载试桩法。20世纪80年代中期，在美国类似的技术也为Cernae和美国西北大学教授J. Osterberg等人研究发展，其中Osterberg将此技术用于工程实践，并推广到世界各地，所以一般称这种方法为Osterberg-Cell载荷试验或O-Cell载荷试验。

近几年，英国、日本、加拿大、新加坡等国和中国香港也广泛使用该法。该法是在桩端埋设荷载箱，沿垂直方向加载，向上顶桩身的同时，向下压桩底，使桩的摩阻力和端阻力互为反力，分别得到荷载—位移曲线，即可求得桩极限承载力。

由于该技术在国外属专利产品，没有相关技术资料报道。东南大学土木工程学院经过努力于1996年率先开始实用性应用，于1999年制定江苏省地方标准《桩承载力自平衡测试技术规程》(DB32/T 291—1999)，并获两项国家专利。2002年建设部、科技部作为重点推广项目，2003年纳入《建筑基桩检测技术规范》(JGJ 106—2003)，2004年纳入《公路工程动测技术规程》(JTG/T F81—01—2004)。目前该法在北京、上海、天津、重庆、广东、广西、江苏、浙江、江西、安徽、福建、河南、河北、云南、贵州、四川、辽宁、吉林、黑龙江、湖南、湖北、山西、山东、青海、新疆等省市应用，并用于越南、印度尼西亚等国家的工程。目前已完成特大吨位试桩：润扬大桥南汊桥南塔试桩，桩径2.8m，桩长59m，嵌岩2.5m，测得极限承载力为120MN；西堠门大桥，桩径2.8m，桩长40m，测得极限承载力为130MN，属中国第一。

自平衡测试法是在桩端附近安设荷载箱，沿垂直方向加载，可同时测得荷载箱上、下部各自承载力，然后转换成等效桩顶荷载位移曲线判断承载力。自平衡法试桩克服了传统试桩方法中存在的困难，具有技术先进、测试自动化、省时、省力、安全、不受场地限制、多根桩可同时测试等优点。其核心技术为把一种特制的加载装置——荷载箱埋入桩内，将荷载箱的高压油管和位移棒引出到地面，由高压油泵向荷载箱充油，荷载箱将力传递到桩身，其上部桩身的摩擦力与下部桩身的摩擦力及端阻力相平衡——自平衡来维持荷载。根据向上、向下Q—S曲线判断桩承载力、桩基沉降、桩弹性压缩和岩土塑性变形。

桩承载力自平衡试验示意图如图5.2-9所示。

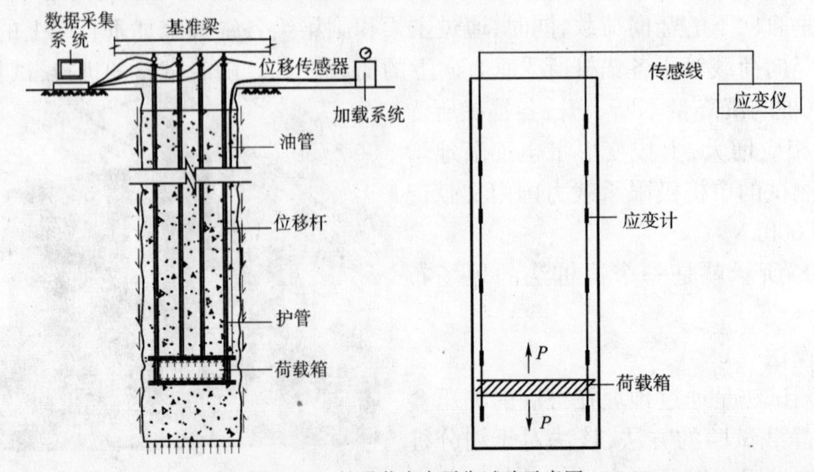

图5.2-9　桩承载力自平衡试验示意图

4）工程实例

德胜快速路是连接余杭、中心城区、下沙及江东工业区的东西向快速干道。这条路西起绕城公路西线以西，途经文一路、莫干山路、德胜路、机场路，东至杭州经济技术开发区的文汇路。全长约33km，设计车速为80km/h，双向6车道。基础采用旋挖灌注桩，但由于施工中桩底沉渣较难控制，沉渣过多可导致单桩承载力降低，桩身沉降过大，设计建议钻孔桩桩底进行注浆，从而改善、提高桩底土的强度和整体性。为检验后压浆的应用效果，选取了6根桩进行自平衡静载荷试验，其中 PDD9-1 试桩、SZ2 试桩、SZ3 试桩未经压浆处理，SZ4 试桩、PM6-2 试桩、PM9-2 试桩进行了桩端后压浆施工，且为观察压浆后桩侧摩阻力及桩端阻力的变化规律，在 PM6-2 试桩和 PM9-2 试桩桩侧布置了钢筋计，试桩处土层的主要力学参数及试桩各参数见表 5.2-1。

试桩参数一览表 表 5.2-1

试桩编号	桩径(m)	桩顶高程(m)	桩底高程(m)	最大压浆压力(MPa)	压浆量(t)
PDD9-1	1.2	+1.600	-51.000	—	—
SZ2	1.0	+1.900	-45.600	—	—
SZ3	1.2	+1.300	-45.200	—	—
SZ4	1.2	+1.300	-45.200	3.0	3.5
PM6-2	1.0	+3.200	-45.300	4.6	3.0
PM9-2	1.2	+1.300	45.700	3.8	3.5

6 根试桩中，非压浆桩在成桩后 15d 进行测试，压浆桩在成桩后 20d 进行测试。

PM6-2 和 PM9-2 孔地质资料见表 5.2-2 和表 5.2-3。

PM6-2 地质资料图 表 5.2-2

土层编号	层底高程(m)	层底深度(m)	层厚(m)	岩性描述	土层分类名称	钻孔桩桩周土极限摩阻力 τ_i(kPa)
①$_1$	3.36	2.00	2.00	顶部多为密实的路面，下部为建筑垃圾，以块石、碎石、混凝土为主	杂填土	20
②$_1$	-0.64	6.00	4.00	灰黄、黄灰色，可软塑，略具薄层理，黏粒含量较高	粉质黏土	25
③$_1$	-5.14	10.50	4.50	灰色，流塑，饱和，厚层状，鳞片状，质均，黏塑性较好	淤泥质黏土	15
③$_2$	-17.64	23.00	12.50	灰色，流塑，饱和，鳞片状，质均，黏塑性好，含少许腐殖质	淤泥质粉质黏土	20
④$_1$	-20.64	26.00	3.00	褐灰，黄灰色，软塑为主，略具层理，局部以粉质黏土为主	粉质黏土	32
④$_2$	-24.64	30.00	4.00	灰黄，黄绿色，可塑为主，厚层状，局部粉粒含量高，偶夹粉层	粉质黏土	55
⑥	-28.64	34.00	4.00	灰黄，黄绿色，中密，饱和，具层理，质较均一	粉质黏土	60

续上表

土层编号	层底高程(m)	层底深度(m)	层厚(m)	岩性描述	土层分类名称	钻孔桩桩周土极限摩阻力 τ_i(kPa)
⑦$_1$	-33.04	38.40	4.40	灰色,褐灰,黄灰色,软塑为主,厚层状构造,局部见少量粉土,粉砂团块	粉质黏土	40
⑧$_2$	39.04	44.40	6.00	灰色,中密,饱和,具层理,局部含有较多黏土,偶为粉砂	粉砂	65
⑧$_3$	-42.26	47.62	3.22	灰,灰黄,中密为主,含较多砂和少量黏粒土,胶接一般,在场地西侧以砾砂为主,东侧以圆砾为主,局部黏性土含量较高	砾石	100
⑧$_4$	-49.54	54.90	7.38	灰,灰黄,中密~密实,粒径一般2.0~6.0cm,大者在8~15cm,含量在55%~75%,局部为含黏性土卵石	卵石	130

PM9-2 地质资料图 表5.2-3

土层编号	层底高程(m)	层底深度(m)	层厚(m)	岩性描述	土层分类名称	钻孔桩桩周土极限摩阻力 τ_i(kPa)
①$_1$	2.17	2.70	2.70	顶部多为密实的路面,下部为建筑垃圾,以块石、碎石、混凝土为主	杂填土	20
②$_1$	0.54	4.30	1.60	灰黄、黄灰色,可软塑,略具薄层理,黏粒含量较高	粉质黏土	25
③$_1$	-5.83	10.70	6.40	灰色,流塑,饱和,厚层状,鳞片状,质均,黏塑性较好	淤泥质黏土	15
③$_2$	-24.63	29.50	19.20	灰色,流塑,饱和,鳞片状,质均,黏塑性好,含少许腐殖质	淤泥质粉质黏土	20
⑥	-28.93	33.80	4.30	灰黄,黄绿色,中密,饱和,具层理,质较均一	粉质黏土	60
⑧$_1$	-38.13	43.00	9.20	蓝灰、灰色、可塑、具层理,见少量粉土、粉砂团块	粉质黏土	62
⑧$_3$	-41.73	46.60	4.30	灰,灰黄,中密为主,含较多砂和少量黏粒土,胶接一般,在场地西侧以砾砂为主,东侧以圆砾为主,局部黏性土含量较高	砾砂	100
⑧$_4$	-51.30	55.90	9.30	灰,灰黄,中密~密实,粒径一般2.0~6.0cm,大者在8~15cm,含量在55%~75%,局部为含黏性土卵石	卵石	130

根据实际测量数据,取荷载上部桩侧阻力修正系数0.8,计算得出6根试桩的极限承载力和相应的桩顶位移,见表5.2-4。

各桩极限承载力及相应的桩顶位移　　表 5.2-4

桩　号	PDD9-1	SZ2	SZ3	SZ4	PM6-2	PM9-2
极限承载力(kN)	12 504	8 806	18 216	23 362	13 030	18 144
桩顶位移(mm)	35.81	46.95	25.33	33.23	38.70	31.00

无钢筋计的 4 根试桩采用简单等效转换方法,4 根试桩等效转换曲线见图 5.2-10,桩侧摩阻力和桩端阻力分离曲线见图 5.2-11 ~ 图 5.2-14。

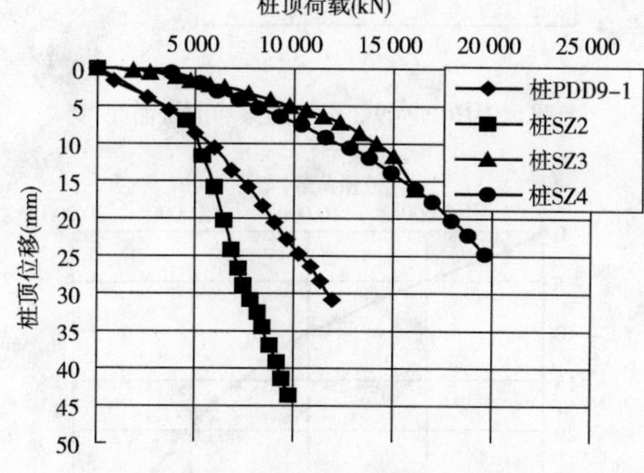

图 5.2-10　试桩的等效转换曲线

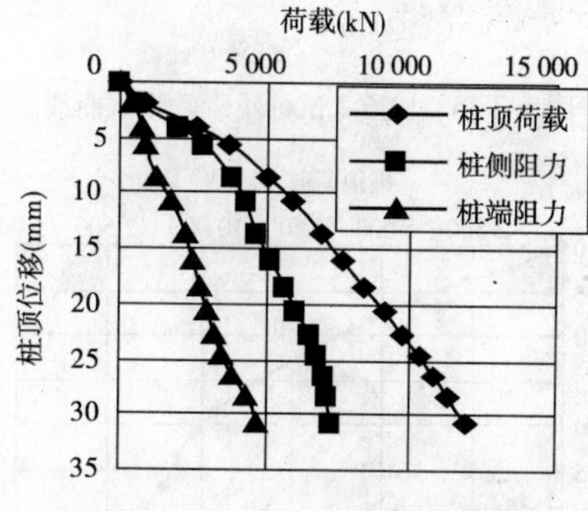

图 5.2-11　PDD9-1 桩阻力分离图

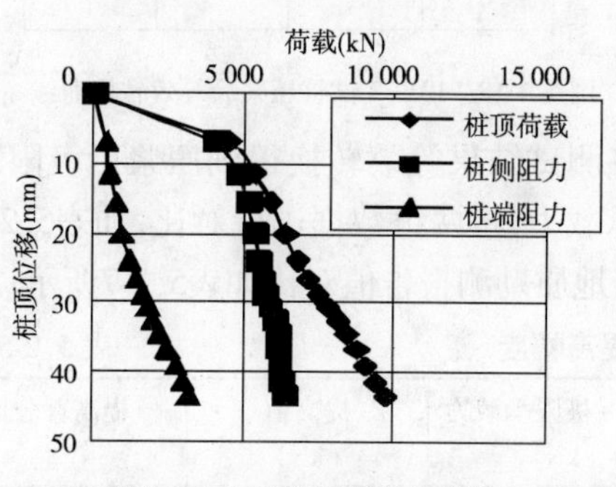

图 5.2-12　SZ2 桩阻力分离图

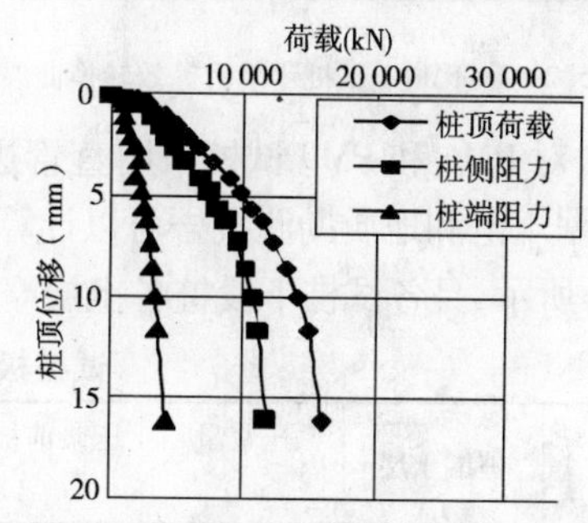

图 5.2-13　SZ3 桩阻力分离图

综上可知,选择桩端持力层为卵石的钻孔灌注桩承载力均能满足设计要求,但经过桩端后压浆技术处理的 SZ4 试桩承载力有了很大的提高;SZ3 和 SZ4 桩径和桩长均相等,地质情况也大体相同,两根桩的荷载位移曲线在 15 000kN前基本一致,而在 15 000kN 后,SZ3 的曲线开始出现明显的下降趋势,SZ4 的曲线却仍然比较平缓,SZ4 的极限承载力比 SZ3 的极限承载力提高了 22.4%。对于埋设钢筋计的 2 根试桩采用精确转换方法,即通过桩的应变和断面刚度可以计算出轴向力分布,进而求出不同深度的桩侧摩阻力,利用荷载传递解析方法,将桩侧摩阻力与变位量的关系、荷载箱荷载与向下变位量的关系,换算成桩顶荷载对应的荷载—沉降关系,等效转换曲线见图 5.2-15 和图 5.2-16,等效转换曲线见图 5.2-17 和图 5.2-18。

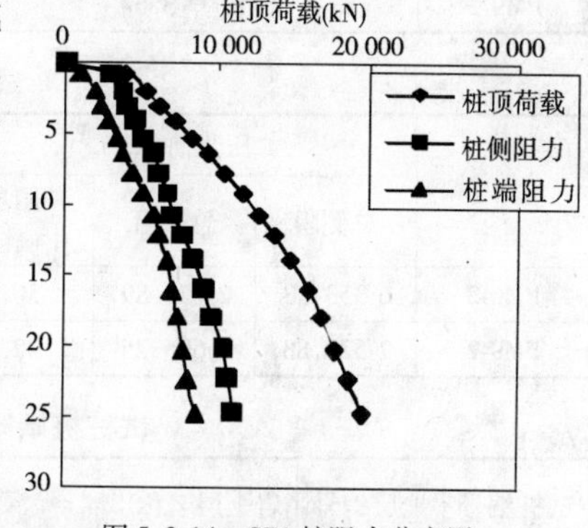

图 5.2-14　SZ4 桩阻力分离图

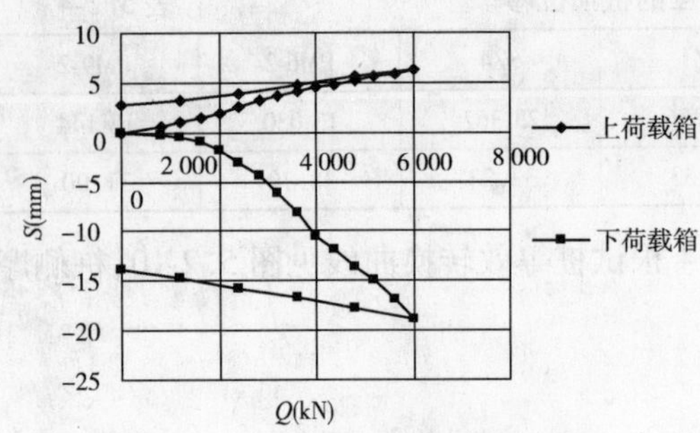

图 5.2-15　PM6-2 试桩压浆后测试曲线

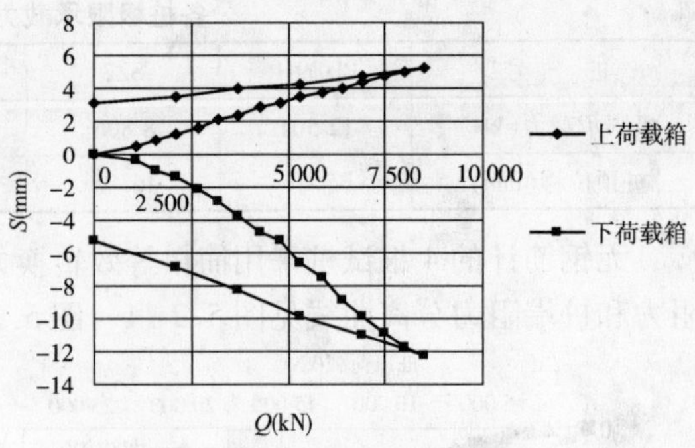

图 5.2-16　PM9-2 试桩压浆后测试曲线

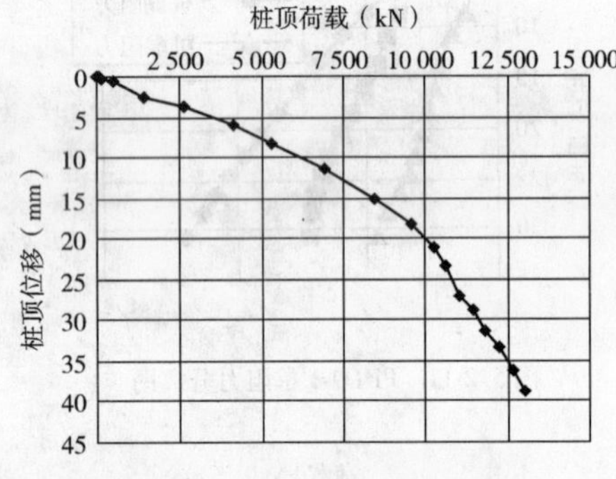

图 5.2-17　PM6-2 试桩压浆后等效转换曲线

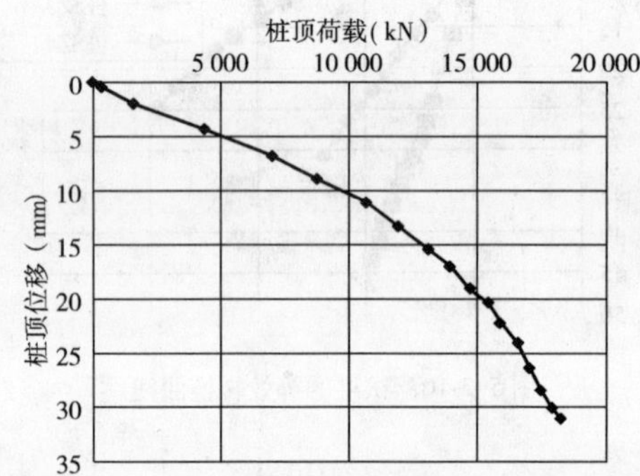

图 5.2-18　PM9-2 试桩压浆后等效转换曲线

本次对 PM6 和 PM9 试桩采用直管进行了压浆，将测试结果等效转换得到压浆后极限承载力，且依据规范和地质勘测报告可以计算出压浆前的承载力，将两组数据进行对比，如表5.2-5和表 5.2-6 所示，且各试桩下段桩各土层摩阻力实测值与地质勘测报告值对比如表5.2-7所示。

试桩极限承载力及其提高幅度　　表 5.2-5

桩　号	桩端土层	压浆量（t）	压浆前极限承载力（kN）	压浆后极限承载力（kN）	提高值（kN）	提高百分比（%）
PM6-2	卵石	3.0	9 080.4	13 029.9	3 948.9	43.5
PM9-2	卵石	3.5	11 224.1	18 144.1	6 920	61.7

试桩侧阻力、端阻力及其比例　　表 5.2-6

桩　号	压浆前（kN）			压浆后（kN）				
	总侧阻	总端阻	端阻所占比例（%）	总侧阻	侧阻提高幅度（%）	总端阻	端阻提高倍数	端阻所占比例（%）
PM6-2	6 353.53	2 726.89	30.0	8 310.39	36.8	4 719.51	73.1	36.2
PM9-2	7 528.83	3 695.25	32.9	11 297.92	56.1	6 846.18	85.3	37.7

试桩桩端附近土层极限摩阻力值及其提高幅度　　表 5.2-7

试桩编号	地层编号	岩土层名称	深度（m）	地质报告值（kPa）	压浆后实测极限值（kPa）	提高百分比（%）
PM6-2	⑧$_4$	卵石	−42.26 ~ −42.3	130	130.73	0.56%
	⑧$_4$	卵石	−42.3 ~ −44.3	130	134.43	3.41%
	⑧$_4$	卵石	−44.3 ~ −45.3	130	138.73	6.72%

续上表

试桩编号	地层编号	岩土层名称	深度(m)	地质报告值(kPa)	压浆后实测极限值(kPa)	提高百分比(%)
PM9-2	⑧$_4$	卵石	-41.73 ~ -42.70	130	137.43	5.72%
	⑧$_4$	卵石	-42.70 ~ -44.70	130	147.83	13.72%
	⑧$_4$	卵石	-44.70 ~ -45.70	130	152.32	17.17%

PM6-2 试桩和 PM9-2 试桩承载力结构分布曲线、端阻力—位移曲线及平均摩阻力—位移曲线见图 5.2-19 ~ 图 5.2-24。

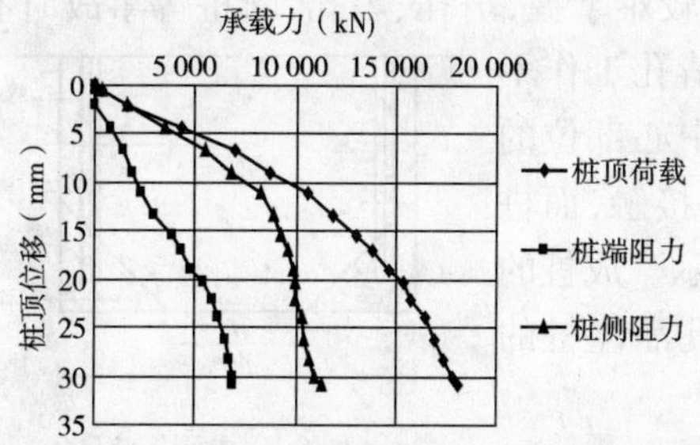

图 5.2-19　PM6-2 试桩桩身承载力结构分布曲线

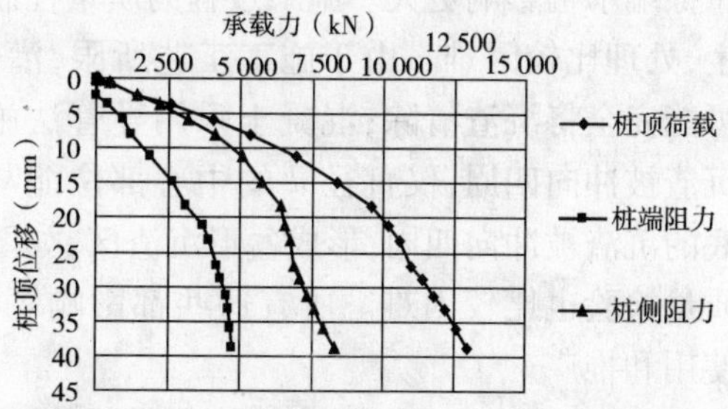

图 5.2-20　PM9-2 试桩桩身承载力结构分布曲线

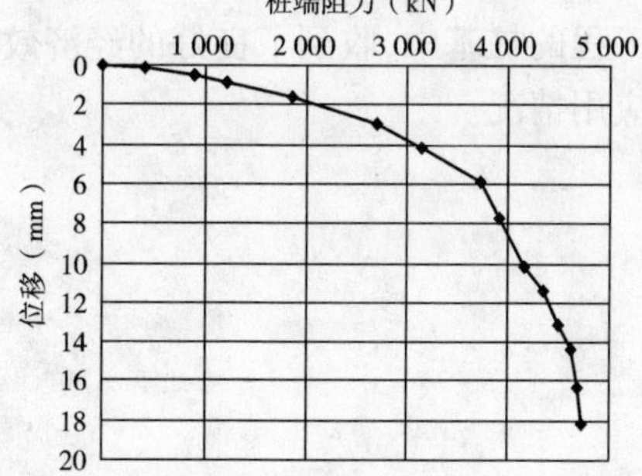

图 5.2-21　PM6-2 压浆后桩端阻力—位移分布曲线

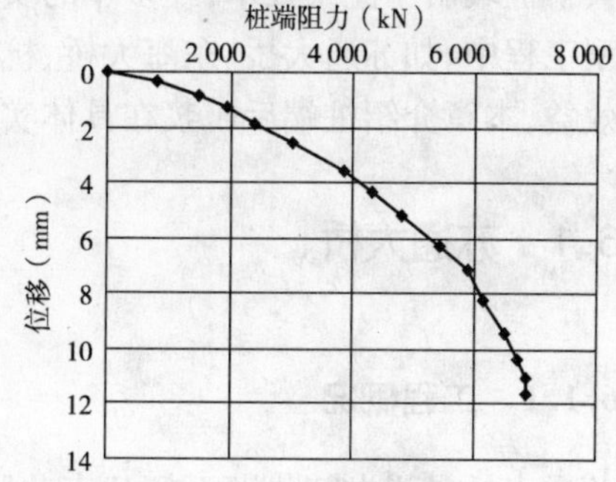

图 5.2-22　PM9-2 压浆后桩端阻力—位移分布曲线

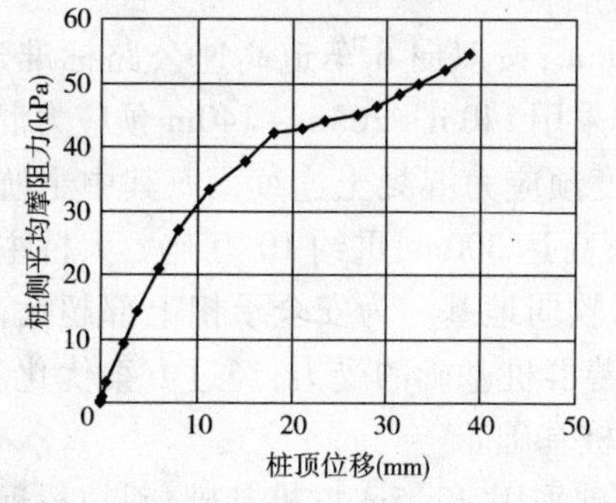

图 5.2-23　PM6-2 压浆前后平均摩阻力—位移曲线

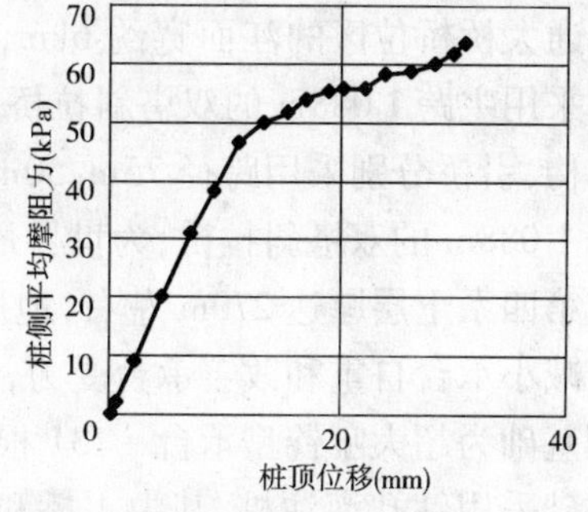

图 5.2-24　PM9-2 压浆前后平均摩阻力—位移曲线

根据试验数据，对 PM6-2 试桩，压浆后桩极限承载力得到大幅度的提高，提高幅度为 43.5%，侧阻力提高 36.8%，端阻力提高 76.1%；对 PM9 桩，压浆后桩极限承载力得到大幅度的提高，提高幅度为 61.7%，侧阻力提高 37.7%，提高端阻力提高 56.1%。

第6章　工程应用

由于深水钻孔灌注桩桩端沉渣难以清除，使得桩承载力偏小，特别是端承桩和端承摩擦桩更为明显，因此早期沉降量也较大。泥浆护壁后使得桩侧摩阻力显著减小，特别是对摩擦桩或摩擦端承桩影响更大。施工过程的质量控制和检测较难掌握，坍孔、串孔、断桩等事故时有发生，处理比较困难。由于施工工艺所限，灌注桩的清孔工作不可能完全将沉渣清除；混凝土采用导管法施工，桩中心部位的沉渣被冲向四周，仅直径 d 的中心部位能与原状土接触，而桩底的沉渣被冲向四周，形成盆形沉渣区，如图6-1所示。成桩的质量检验也比较困难。所有这些都影响了长大钻孔灌注桩的使用和推广。

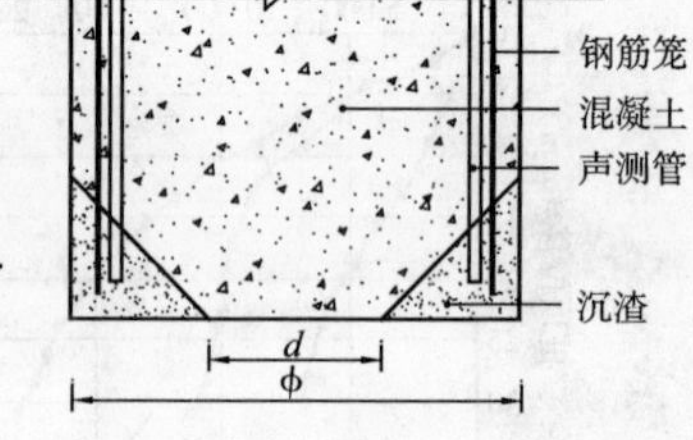

图6-1　盆形沉渣区

为此，广大工程技术人员千方百计想办法研究解决上述问题。其中桩端后压注浆技术，经多年的实践不断提高，技术已日臻成熟，已大量运用于大型和特大型工程中，如苏通大桥、东海大桥、杭州湾大桥等工程的桩基中，收到了良好的经济效益和社会效益，本章介绍桩端后压浆在具体实际工作中的应用情况。

6.1　苏通大桥

6.1.1　工程概况

苏通大桥是黑龙江嘉荫至福建南北国家重点干线公路跨越长江的重要通道，也是江苏省公路主骨架的重要组成部分。

苏通大桥桥位区的江面宽约6km，大桥全长8 206m，按双向6车道高速公路标准建设。主航道采用主跨1 088m的双塔斜拉桥，港区专用航道采用140m + 268m + 140m预应力混凝土连续刚构，引桥分别采用跨径75m、50m、30m的等高度预应力混凝土连续梁。其中主航道采用主跨1 088m的双塔斜拉桥，为世界最长。主跨双塔高达300m，重约10万吨。大桥主塔桥墩区内第四系土层厚达270m左右，地质条件复杂，属软弱地基。为安全承担上部超大荷载，进一步减小承台自重和改善承台受力，同时尽可能改善群桩基础的受力，经过方案优化后，设计采用基础为超大哑铃型承台 + 131根超长大直径群桩基础。

基础采用钻孔灌注桩，其中主桥和近塔辅助墩基础采用 ϕ2.5m群桩基础，斜拉桥远塔辅助墩和过渡墩采用 ϕ2.5m灌注桩，专用通航道桥主墩采用 ϕ3.0m灌注桩，专用航道桥过渡墩和75m跨箱梁采用 ϕ1.8m灌注桩，50m跨箱梁采用 ϕ1.5m灌注桩，30m跨箱梁和桥台采用 ϕ1.2m灌注桩，桩长57.5~118m，灌注桩总数约2 580根。

主桥索塔基础为超长大直径灌注桩群桩基础，桩径上部2.8m，下部2.5m。钻孔灌注桩桩长分别为北侧基础(主 4 号墩)117m 和南侧基础(主 5 号墩)114m。

承台横截面为变厚度梯形,底面为哑铃形,外部尺寸为 113.75m×48.1m,承台顶面为斜面,在每个塔柱下承台平面尺寸为 50.55m×48.1m,其厚度由边缘的 6m 变化到最厚处的13.324m。

苏通大桥主墩的地质条件如下:软土分布很厚,270m 以内没有岩层可作为桩的持力层。

依据桥位区揭露地层的地质时代、成因类型、岩性、埋藏条件及其物理力学特征等,桥位区共分为 22 个工程地质层,各层主要特征如下。

全新统(Q_4)分为 4 层(1~4 层):1 层为北侧上部的粉砂或亚黏土夹粉砂,又细分成 3 个亚层;2 层为南侧上部的亚黏土“硬壳层”;3 层为南侧上部的淤泥质亚黏土或粉砂夹层,分为 2 个亚层;4 层为底部的亚黏土或亚黏土与粉砂互层。

上更新统(Q_3)分为 4 层(5~8 层):5 层粉砂为主,局部亚黏土,分为 2 个亚层;6 层粗砂含砾,局部细砂,又分 2 个亚层;7 层细砂、粉砂;8 层粗砂夹细砂含砾、细砂,夹透镜体状亚黏土,分 2 个亚层。

中更新统(Q_2)分为 7 层(9~15 层),岩性为粉、细砂层、黏性土。

下更新统(Q_1)、上第三系(N)顶板埋深在 200m 以上,粗略分为 7 个工程地质层(16~22 层)。16~22 工程地质层为下更新统及上第三系沉积物,下更新统以砂层为主夹黏性土;上第三系为半胶结状黏土、砂土为主,底部揭露玄武岩。

从南、北区地层情况来看,全新统地层差异较大,北区主要为①$_1$、①$_3$ 亚砂土、粉砂及④层亚黏土,层底高程 -56.94 ~ -63.69m,南区主要为③$_1$ 淤泥质亚黏土、③$_3$ 亚黏土及④层亚黏土,层底高程 -46.64 ~ -52.48m,层位上 I 区下降约 10m;上更新统均为⑤~⑧工程地质层的粉细砂、粗砾砂夹亚黏土,但 I 区沉积韵律多,透镜体多,单层厚度小,剖面连线更复杂;中更新统地层相对稳定,其上部的⑨黏土及亚黏土层顶高程均位于 -130m 左右。

静载试验后压浆试桩分四期完成,有关参数见表 6.1-1。

静载试验试桩参数汇总表 表 6.1-1

类型	编号	直径(m)	桩长(m)	压浆管路	测试方法
一期	S1	1.5	84	3 直管	先测试、后压浆、再测试
	S2	1.5	69	3 直管	先压浆、后测试
	S3	1.5	69	3 直管	先测试、后压浆、再测试
	N3	1.8	76	3 直管	先测试、后压浆、再测试
二期	SZ2	2.5	125	6 回路 U 形管	先压浆、后测试
	SZ3	2.5	106	直管	先压浆、后测试
	SZ4	2.5	125	4 回路 U 形管	先测试、后压浆、再测试
三期	Z2	2.5	114	直管	先压浆、后测试
	Z6	2.5	126	4 回路形管	先压浆、后测试
	Z7	2.5	117	直管	先压浆、后测试

续上表

类型	编号	直径(m)	桩长(m)	压浆管路	测试方法
四期	NII-1	1.2	58.9	未压浆	直接测试
	NII-2	1.2	58.9	3 回路 U 形管	先压浆、后测试
	NII-3	1.2	63.6	3 回路 U 形管	先压浆、后测试
	NII-4	1.2	63.6	未压浆	直接测试

压浆分四期,情况简介如下。

1)一期试桩桩端压浆情况

本次试桩共分为 N、S 二组,各 3 根,均为钻孔灌注桩,试桩地理位置见图 6.1-1。

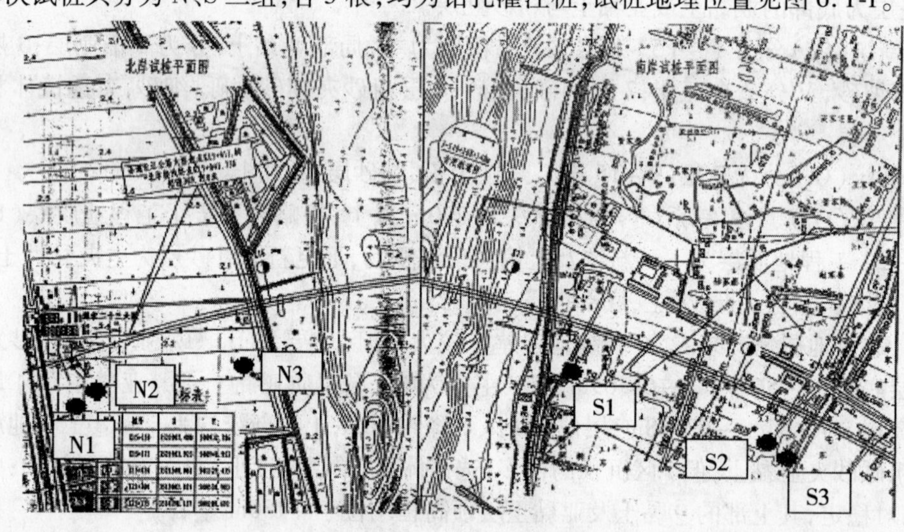

图 6.1-1 试桩地理位置

S1、S2、S3、N3 根桩均用 ϕ60mm 声测钢管兼作压浆管。

浆液配合比为:

水泥: 水: NF-15(外掺剂) = 1: 0.6: 0: 015

一期试桩压浆施工参数见表 6.1-2,压浆过程中未发现桩身上抬现象。

一期试桩压浆施工参数表

表 6.1-2

试桩编号	S1	S2	S3	N3
压浆量(t)	3.5	2.5	4.0	2.0
压力(MPa)	2.5	2.5	3.0	3.0

2)二期试桩桩端压浆情况

SZ2 桩和 SZ3 桩采用六回路 U 形压浆管方案(图 6.1-2),端部弯管和桩身直管均采用 ϕ25 普通钢管,桩身直管由 8 根 ϕ25 钢管和 4 根 ϕ60 声测管(兼用)组成。两根桩底均投有 1m 左右高度的碎石。

SZ4 试桩采用 4 回路 U 形管方案,4 个 U 形管回路由 8 根 ϕ25 钢管和桩端弯管组成。压浆施工参数见表 6.1-3。

二期工艺试桩压浆施工参数表 表 6.1-3

试桩编号	SZ2	SZ3	SZ4
压浆量(t)	8.6	11	9
压力(MPa)	7~8	6.5	5~7

压浆量与压浆量分配:

(1)压浆量为10t,压浆分3次循环。

(2)压浆量分配:第一循环50%;第二循环30%;第三循环20%。

(3)压浆时间及压力控制:第一循环,每根压浆管压完后,用清水冲洗管路,间隔时间不小于2.5h,不超过3h进行第二循环;第二循环,每根压完后,用清水冲洗管路,间隔不小于3.5h,不超过6h进行第三循环。

(4)第一循环与第二循环主要考虑压浆量。第三循环以压力控制为主。若注浆压力达到控制压力,并持荷5min,注浆量达到80%亦可。

图 6.1-2 U 形压浆管方案示意图

3)三期试桩桩端压浆情况

Z2 试桩布设 4 根 $\phi60$ 钢管(同时兼做声测管)。端部压浆器采用 $\phi25$ 普通钢管。Z6 采用 4 回路 U 形管压浆,Z7 采用 4 根声测管直接作为压浆管。压浆施工参数见表 6.1-4。

三期荷载试桩压浆施工参数表 表 6.1-4

试桩编号	Z2	Z6	Z7
压浆量(t)	11.2	12	12
压力(MPa)	6.5	4	2.7

压浆量与压浆量分配同二期试桩。

4)四期试桩桩端压浆情况

试桩 NII-2 和 NII-3 各设 3 根 $\phi60$ 钢管(同时兼做声测管)和 3 根 $\phi25$ 普通管组成 3 个 U 管循环回路。压浆施工参数见表 6.1-5。

四期荷载试桩压浆施工参数表 表 6.1-5

试桩编号	NII-2	NII-3	试桩编号	NII-2	NII-3
压浆压力(MPa)	4.6	4.6	总压浆量(t)	2.8	2.0

6.1.2 试桩结果分析

1)一期测试结果

(1)自平衡检测结果。由自平衡静载试验得到的荷载箱上部及下部的荷载—位移关系曲线见图 6.1-3。由简化转换方法得到的桩顶荷载—沉降关系曲线见图 6.1-4,试桩侧阻力、端阻力及其比例见表 6.1-6。

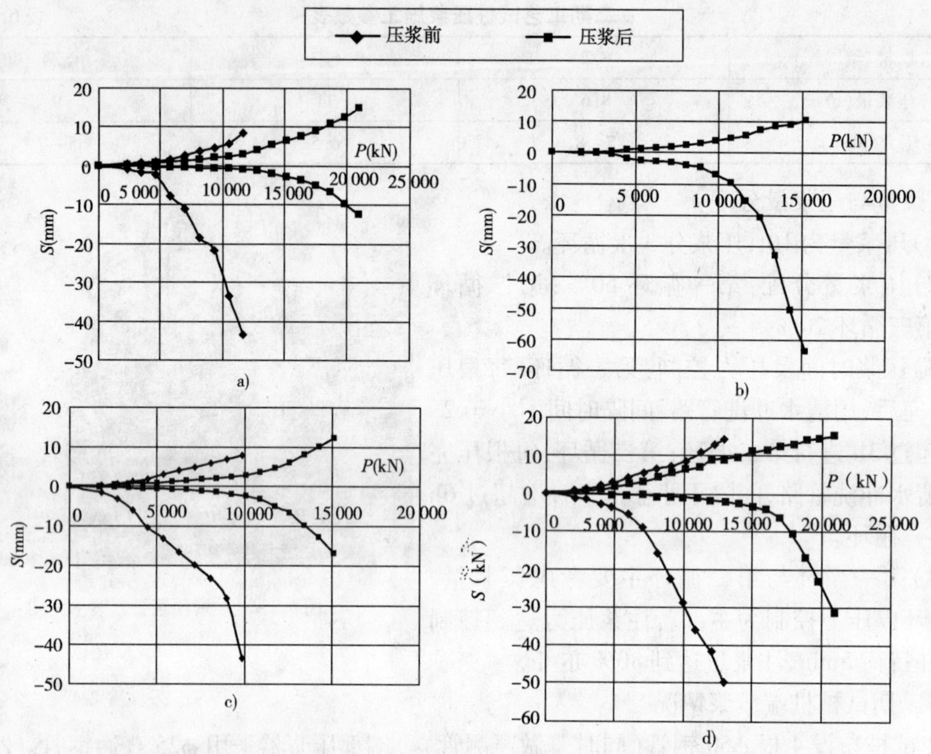

图6.1-3 自平衡测试S1～S3、N3的荷载—沉降曲线

a)S1压浆前后测试曲线;b)S2压浆后测试曲线;c)S3压浆前后测试曲线;d)N3桩压浆前后测试曲线

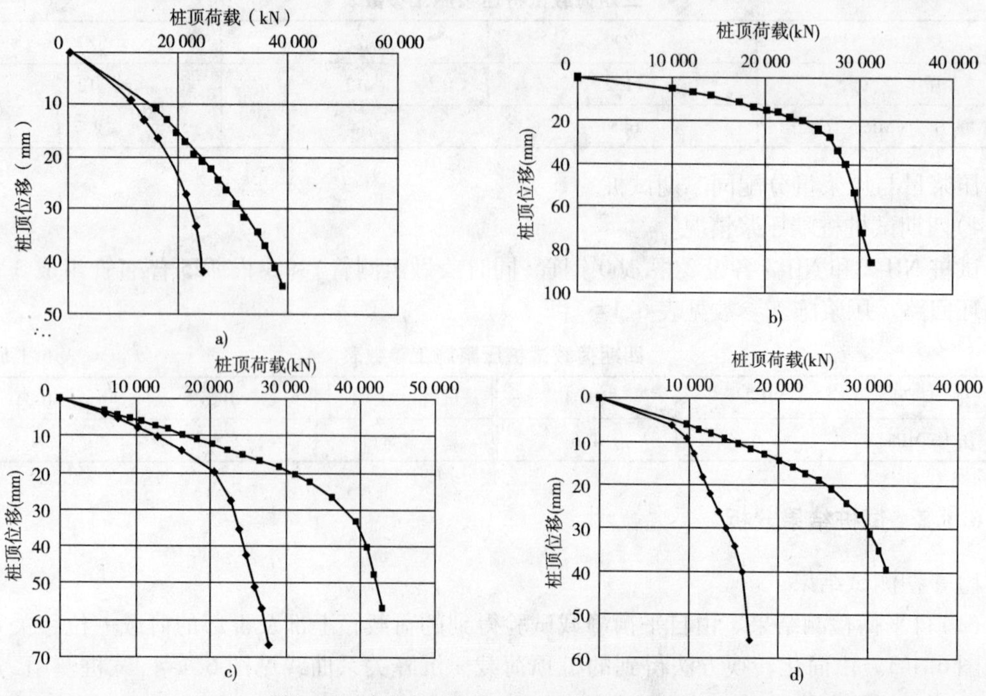

图6.1-4 自平衡测试S1～S3、N3的等效转换曲线

a)S1桩压浆前后转换曲线;b)S2桩压浆后转换曲线;c)S3桩压浆前后转换曲线;d)N3桩压浆前后转换曲线

试桩侧阻力、端阻力及其比例　　表 6.1-6

桩号	压浆前(kN)			压浆后(kN)				
	总侧阻	总端阻	端阻所占比例(%)	总侧阻	侧阻提高幅度%	总端阻	端阻提高倍数	端阻所占比例(%)
S1	21 800	2200	9.17	24 500	12.39	13 000	4.91	34.67
S2				21 800		6 200		22.14
S3	15 700	300	1.88	24 000	52.87	8 000	25.67	25.0
N3	21 550	2 850	11.68	30 440	41.25	10 460	2.67	25.57

经过分析、比较自平衡试桩 *Q—S* 曲线以及转换曲线,可以看出:

①S1、S3 经桩端压浆,其 *Q—S* 曲线由未压浆桩的陡降型转变为缓变型,N3 压浆后其桩端刚度得以大幅度提高,桩的承载形态由摩擦桩转变为端承摩擦桩。桩承载力得到大幅度的提高。从 S1、S3、N3 试桩 *Q—S*(τ—*S*)曲线走势上看,远离荷载箱处的桩身侧阻力发挥尚有相当潜力。

②桩端压浆桩承载力的提高不仅在于压浆固结孔底沉渣和土体,起到扩底效应,下部桩身的桩侧泥皮和一定范围的土体也得到加固,从而使桩端承载力和侧阻力均得到提高(实测表明桩端压浆对于其上约 15m 范围侧摩阻力的提高有显著效果)。

③未压浆试桩下段 *Q—S* 曲线在很小的荷载下出现陡降段,说明桩底存在大量沉渣(虚土)。桩底沉渣(虚土)的存在既降低了桩端阻力,也不利桩侧阻力、桩端阻力的共同作用;另一方面也反映了桩端压浆桩其承载性能的稳定性(承载力、沉降量)明显优于未压浆桩。

④将各试桩压浆量及其极限承载力提高幅度列于表 6.1-7。

压浆量及其极限承载力提高幅度　　表 6.1-7

桩号	压浆土层	压浆量(t)	压浆前承载力(kN)	压浆后承载力(kN)	提高值(kN)	百分比(%)	备　注
S1	细砂	3.5	24 000	37 500	13 500	56	—
S2	粉砂	2.5	—	28 000	12 000	50	与 S3 压浆前比
S3	粉砂	4	16 000	32 000	16 000	100	—
N3	粗砂	2	24 400	40 900	16 500	68	—

由表 6.1-7 可以看出:在同一压浆土层,桩端压浆量大,其承载力提高幅度也大;土壤颗粒越大,压浆效果越好。

由于 S1、S3、N3 试桩在压浆前后均进行了测试,为了考虑压浆前的承载力测试对压浆后测试结果的影响,对 S2、S3 又进行了一次加载试验,考虑同一根试桩两次测试结果的差异,其中 S1 由于油管问题,没能进行第 3 次测试。S2 第 1 次与第 2 次测试曲线以及 S3 第 2 次和第 3 次测试曲线比较分别如图 6.1-5 和图 6.1-6 所示。

(2)试桩压浆效果钻探取芯。受苏通大桥建设指挥部委托,江苏省水文地质工程地质勘察院对苏通大桥一期试桩 S1、S2 桩进行了桩身钻探取芯。

S1、S2 试桩。取芯孔布置见图 6.1-7。

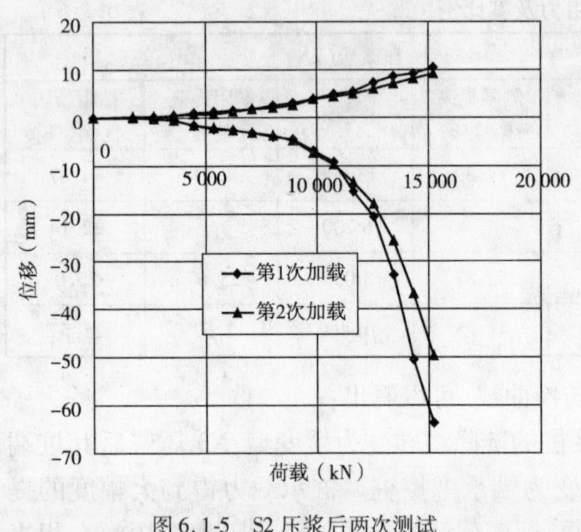

图 6.1-5　S2 压浆后两次测试

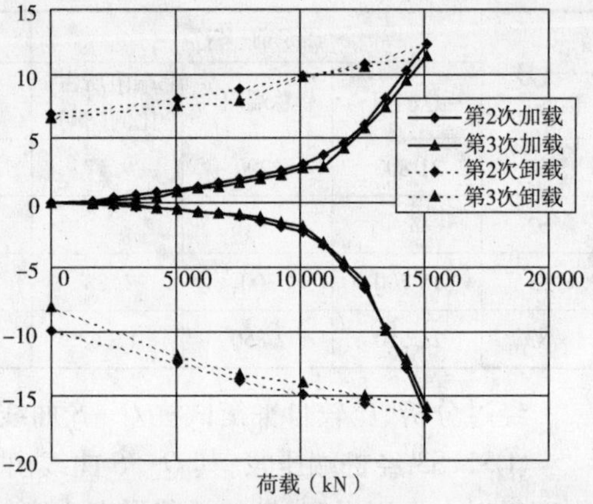

图 6.1-6　S3 压浆后的两次测试

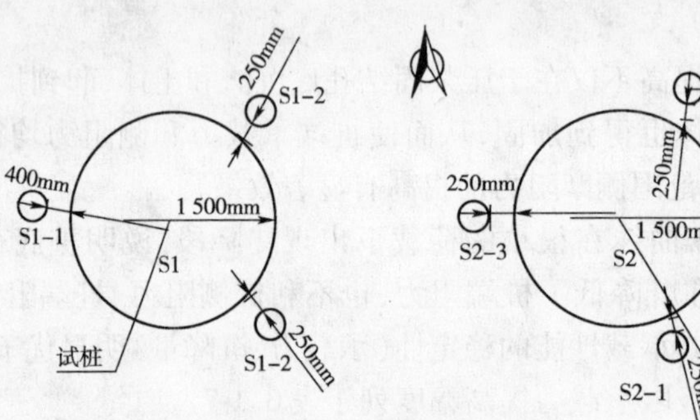

图 6.1-7　S1、S2 试桩取芯孔布置

第一孔全孔取芯，由于岩芯刚取出来时看不清楚有无水泥浆，几天后再看岩芯，76.80m 见水泥浆。初见水泥浆位置、水泥浆终了位置，见表 6.1-8。由于 S1 桩所取芯样较软，做不了室内抗压试验，故在 S2 桩三个孔中做了标准贯入试验，经与 SSZ2 号孔相同位置对比，贯入击数普遍提高，最大 >20 击，最少 7 击，具体见表 6.1-9 ~ 表 6.1-11。在 S2-2 号孔至 61m 扫孔时从桩上测管涌泥浆。

压浆取芯成果　　表 6.1-8

孔号	孔口高程（m）	孔深（m）	初见水泥浆位置（m）	水泥浆终了位置（m）	桩顶高程（m）	桩长（m）
S1-1	3.9	88.00	76.80	87.50		
S1-2	3.9	86.90	78.10	86.20	3.9	84
S1-3	3.9	86.80	80.00	86.00		
S2-1	3.2	71.90	54.40	70.80		
S2-2	3.2	72.00	54.90	69.00	3.2	69
S2-3	3.2	71.80	54.20	70.50		

S2-1 孔标贯对比 表 6.1-9

SSZ2		S2-1		提高值
深度(m)	击数	深度(m)	击数	
58.15 ~ 58.45	31	58.85 ~ 59.15	49	18
62.10 ~ 62.40	30	62.65 ~ 62.95	>50	>20
66.30 ~ 66.60	39	62.95 ~ 66.25	46	7

注:SSZ2 为地质勘察孔。

S2-2 孔标贯对比 表 6.1-10

SSZ2		S2-2		提高值
深度(m)	击数	深度(m)	击数	
56.20 ~ 56.50	33	56.15 ~ 56.45	51	18
60.10 ~ 60.40	37	59.45 ~ 59.75	>50	>13

S2-3 孔标贯对比 表 6.1-11

SSZ2		S2-3		提高值
深度(m)	击数	深度(m)	击数	
54.2 ~ 54.50	34	55.55 ~ 55.85	48	14
60.10 ~ 60.40	37	60.15 ~ 60.45	51	14
64.30 ~ 64.60	36	63.15 ~ 63.45	>50	>14

S1 桩初见水泥浆位置从 76.8 ~ 80.00m 相差较大,水泥浆终了位置从 86.00 ~ 87.50m。在 S1-3 号孔 83.00 ~ 84.00m 段未见水泥浆,S1-2 在 80.20 ~ 82.00m 段未见水泥浆,水泥浆多以薄层状分布,水泥浆层厚一般为 0.1 ~ 0.5cm,极个别为 8 ~ 10cm,充填不均匀。部分未胶结。

S2 桩初见水泥浆位置从 54.20 ~ 54.80m,相差不大,水泥浆终了位置从 69.00 ~ 70.80m。S2-1 号孔 64.90 ~ 67.20m 未见水泥浆,S2-2 号孔 65.90 ~ 68.00m 未见水泥浆,水泥浆多以薄层状分布,层厚一般为 0.2 ~ 0.3cm,个别 5 ~ 6cm。充填不均匀。

(3)试桩结论。

①超声波检测结果见表 6.1-12。

超声波检测结果 表 6.1-12

桩号	S1	S2	S3	N3
等级	A	A	B	B

②静载荷试验结果见表 6.1-13 和表 6.1-14。

试桩承载力一览表 表 6.1-13

桩　号	设计极限值(kN)	压浆前(kN)	压浆后(kN)
试桩 S1	24 400	24 000	37 500
试桩 S2	17 360	—	28 000
试桩 S3	17 360	16 000	32 000
试桩 N3	29 610	24 400	40 900

试桩侧阻、端阻承载力一览表 表 6.1-14

桩号	设计极限值(kN)		压浆前(kN)		压浆后(kN)	
	总侧阻	总端阻	总侧阻	总端阻	总侧阻	总端阻
试桩 S1	20 654	3 743	21 800	2 200	24 500	13 000
试桩 S2	14 950	2 408	—	—	21 800	6 200
试桩 S3	14 950	2 408	15 700	300	24 000	8 000
试桩 N3	21 220	8 388	21 550	2 850	30 440	10 460

2)二期试桩测试结果

二期试桩对 SZ2、SZ3 桩进行了压浆后的自平衡载荷试验。SZ4 桩埋设了双荷载箱,见图 6.1-8,压浆前对上下荷载箱均进行了试验,压浆后仅对一荷载箱进行试验,试验得到的荷载箱向上及向下的荷载—位移关系曲线见图 6.1-9。由转换方法得到的桩顶荷载—沉降关系曲线见图 6.1-10。

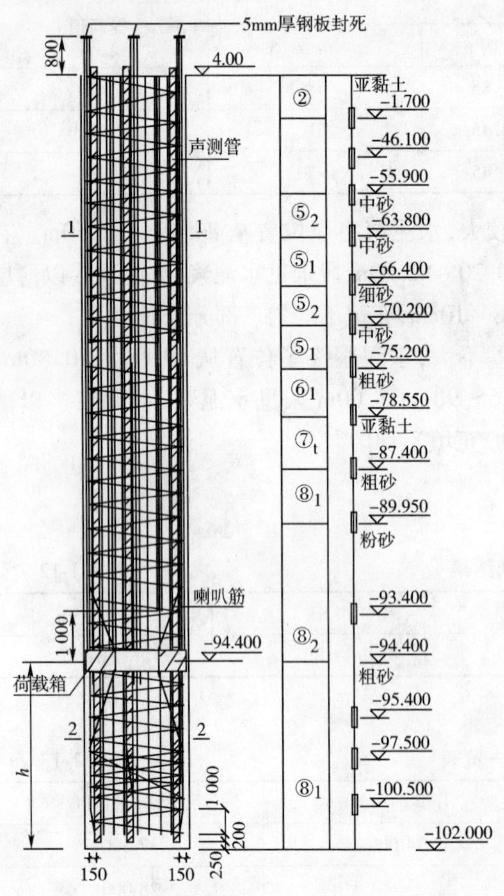

图 6.1-8 SZ4 荷载箱布置示意图(尺寸单位:mm)

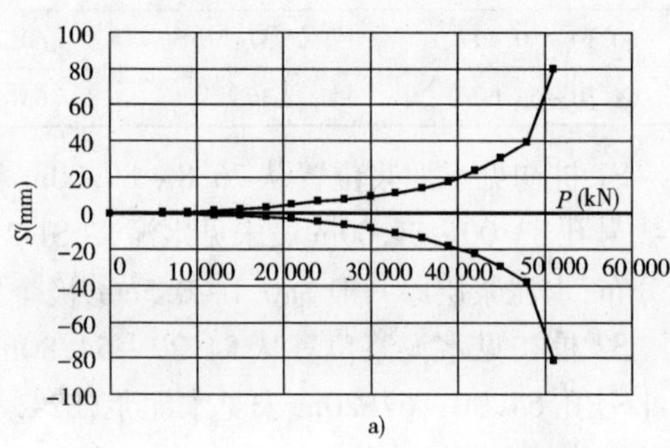

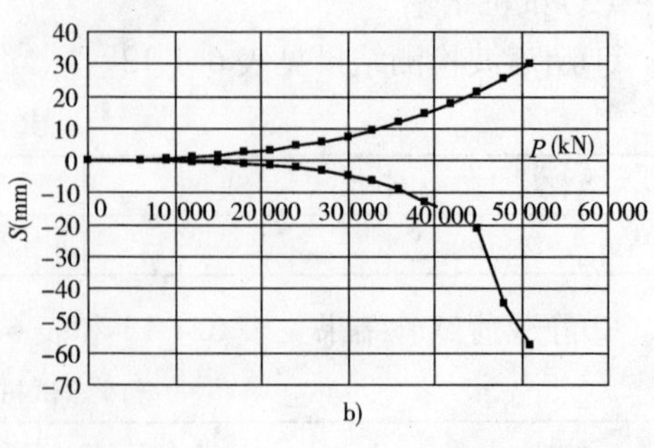

图 6.1-9 SZ2、SZ3 桩压浆后测试曲线

a)SZ2 桩压浆后;b)SZ3 桩压浆后

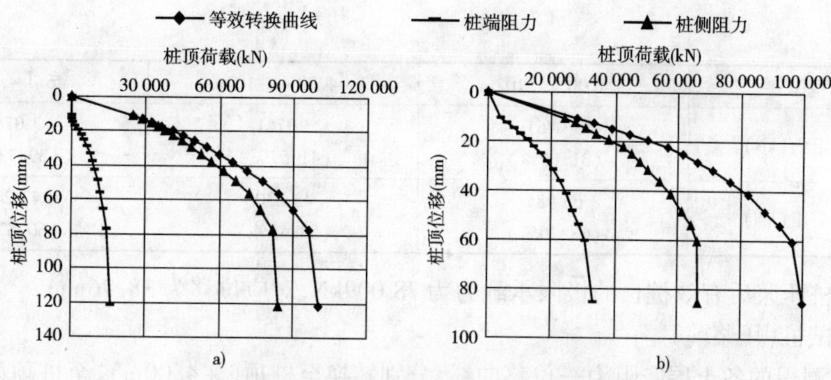

图6.1-10 SZ2、SZ3 桩顶荷载—位移关系及构成

a)SZ2 桩压浆后等效转换曲线;b)SZ3 桩压浆后等效转换曲线

(1)极限承载力

①SZ2 试桩(压浆后)

根据已测得的各土层摩阻力—位移曲线,分别转换至桩顶(+4.00m)、至桩顶(+4.00m)但不考虑冲刷线以上的承载力、至冲刷线(-46.10m)(图6.1-11)。

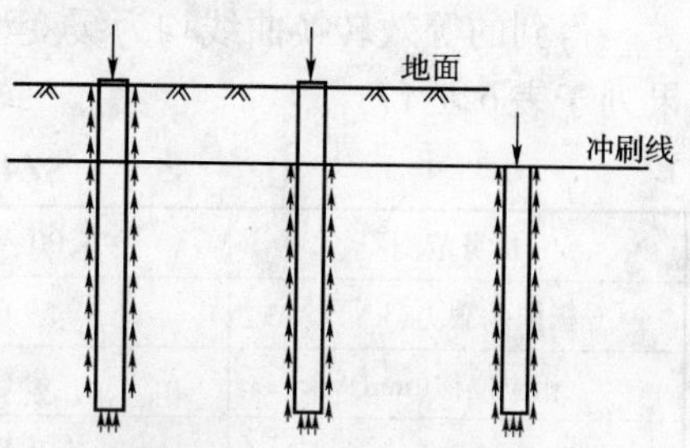

图6.1-11 转换结果示意图

得到的等效转换曲线均为陡变型,均取陡变点对应的荷载为极限承载力,其结果列于表6.1-15。

SZ2 试桩压浆后有效桩长的极限承载力为81 069kN,对应位移为54.90mm。

SZ2 试桩等效转换结果(压浆后)

表6.1-15

桩身范围	+4.00 ~ -121m	+4.00 ~ -121m	-46.1 ~ -121m
极限承载力(kN)	96 481	77 051	81 069
相应位移(mm)	77.64	75.91	54.90
极限桩端阻力(kN)	14 656 (15.19%)①	14 656 (19.02%)①	14 656 (18.08%)①
极限总侧摩阻(kN)	81 825 (84.81%)②	62 395 (80.98%)②	66 413 (81.92%)②

注:①表示极限桩端阻力与极限承载力的比值;

②表示极限总侧摩阻力与极限承载力的比值。

②SZ3 试桩(压浆后)

根据已测得的各土层摩阻力—位移曲线,分别转换至桩顶(+4.00m)、至桩顶(+4.00m)但不考虑冲刷线以上的承载力、至冲刷线(-46.10m)。

得到的等效转换曲线均为陡变型,均取陡变点对应的荷载为极限承载力,其结果列于表6.1-16。

SZ3 试桩等效转换结果(压浆后)

表6.1-16

桩身范围	+4.00 ~ -102m	+4.00 ~ -102m	-46.1 ~ -102m
极限承载力(kN)	96 746	73 991	78 009
相应位移(mm)	60.56	58.50	38.76

续上表

桩身范围	+4.00 ~ -102m	+4.00 ~ -102m	-46.1 ~ -102m
极限桩端阻力(kN)	3 0761 (31.80%)	3 0761 (41.57%)	3 0761 (39.43%)
极限总侧摩阻(kN)	65 985 (68.20%)	43 230 (58.43%)	47 248 (60.57%)

SZ3 试桩压浆后有效桩长的极限承载力为 78 009kN，对应位移为 38.76mm。

③SZ4 试桩(压浆前)

根据已测得的各土层摩阻力—位移曲线，分别转换至桩顶(+4.00m)、至桩顶(+4.00m)但不考虑冲刷线以上的承载力、至冲刷线(-46.10m)。

得到的等效转换曲线均为缓变型，故取最后一点对应的荷载为压浆前的极限承载力，其结果列于表 6.1-17。

SZ4 试桩等效转换结果(压浆前) 表 6.1-17

桩身范围	+4.00 ~ -121m	+4.00 ~ -121m	-46.1 ~ -121m
极限承载力(kN)	59 638	44 569	48 587
相应位移(mm)	65.57	64.67	53.32
极限桩端阻力(kN)	8 485 (14.23%)	8 485 (19.04%)	8 485 (17.46%)
极限总侧摩阻(kN)	51 153 (85.77%)	36 084 (80.96%)	40 102 (82.54%)

SZ4 试桩压浆前有效桩长的极限承载力为 48 587kN，对应位移为 53.32mm。

④SZ4 试桩(压浆后)

根据已测得的各土层摩阻力—位移曲线(上段桩、中段桩取压浆前的摩阻力—位移曲线，下段桩取压浆后摩阻力—位移曲线)，分别转换至桩顶(+4.00m)、至桩顶(+4.00m)但不考虑冲刷线以上的承载力、至冲刷线(-46.10m)。

得到的等效转换曲线均为缓变型，故取最后一点对应的荷载为压浆后的极限承载力，其结果列于表 6.1-18。

SZ4 试桩等效转换结果(压浆后) 表 6.1-18

桩身范围	+4.00 ~ -121m	+4.00 ~ -121m	-46.1 ~ -121m
极限承载力(kN)	100 538	82 168	86 186
相应位移(mm)	94.62	92.65	73.23
极限桩端阻力(kN)	33 375 (33.20%)	33 375 (40.62%)	33 375 (38.72%)
极限总侧摩阻(kN)	68 533 (66.80%)	48 793 (59.38%)	52 811 (61.28%)

SZ4 试桩压浆后有效桩长的极限承载力为 86 186kN，对应位移为 73.23mm。

(2)使用荷载位移

苏通大桥在正常使用阶段，每根桩承担的平均荷载为 16 200kN。根据转换曲线，对应于使用荷载 16 200kN 和 2 倍使用荷载 32 400kN 时的位移如表 6.1-19 所示，端阻、侧阻分担比例如表 6.1-20 所示。

转换至桩顶结果　　表 6.1-19

试桩位移 桩顶荷载	SZ2(压浆后)位移 (mm)	SZ3(压浆后)位移 (mm)	SZ4(压浆前)位移 (mm)	SZ4(压浆后)位移 (mm)
16 200(kN)	6.24	6.28	7.77	7.75
32 400(kN)	15.07	12.39	22.27	15.73

转换至桩顶侧阻和端阻比例　　表 6.1-20

试桩编号		SZ2(压浆后)		SZ3(压浆后)		SZ4(压浆前)		SZ4(压浆后)	
		数值	比例	数值	比例	数值	比例	数值	比例
16 200(kN)	端阻	0	0.0%	0	0.0%	552	3.4%	1 347	8.3%
	侧阻	16 200	100.0%	16 200	100.0%	15 648	96.6%	14 853	91.7%
32 400(kN)	端阻	405	1.2%	5 628	17.4%	3 336	10.3%	7 867	24.2%
	侧阻	31 995	98.8%	26 772	82.6%	29 064	89.7%	24 533	75.7%

注：SZ2 试桩压浆后 19d 测试，端阻所占比例较小；SZ3 试桩桩较短，故端阻所占比例较大；SZ4 实测摩阻力较小，故端阻所占比例较大。

对以上测试结果进行综合，与计算值的对比见表 6.1-21 所示。

实测承载力与计算承载力、预估承载力对比　　表 6.1-21

指标 桩号	压浆量 (t)	有效桩长承载力(kN) (扣除冲刷线以上承载力)			整桩承载力(kN)		
		计算值	压浆后 预估值	实测值	计算值	压浆后预 估值	实测值
SZ2	8.6	54 720	76 608	81 069 ($S=54.90$)	69 760	86 188	96 481 ($S=77.64$)
SZ3	11	48 300	67 620	78 009 ($S=38.76$)	63 900	92 208	96 746 ($S=60.56$)
SZ4(压浆前)	9	51 780		48 587 ($S=53.32$)	67 380		59 638 ($S=65.57$)
SZ4(压浆后)			72 492	86 186 ($S=73.23$)		83 220	100 538 ($S=94.62$)

注：压浆后预估值是设计院按承载力计算值提高 40% 预估的。

(3)分层岩土摩阻力

①SZ2 试桩(压浆后)

上段桩取第 15 级荷载 48 000kN 作为极限值，下段桩取第 15 级荷载 48 000kN 作为极限值，相对应各土层摩阻力如表 6.1-22 所示。

SZ2 试桩各土层摩阻力

表 6.1-22

地层编号	岩土层名	深度(m)	地质报告摩阻力值(kPa)	实测摩阻力极限值(kPa)	对应位移值(mm)
②/$③_3$	亚黏土	+3.75 ~ -2.75	35/40	44.75	28.72
$③_2$/$③_3$/④/$④_1$	亚黏土/粉砂	-2.75 ~ -46.1	40/20/35/50	45.69	29.48
④/$⑤_2$	细砂/粉砂	-46.1 ~ -56.65	50	60.48	31.58
$⑤_1$	亚黏土/中砂	-56.65 ~ -61.2	45/60	62.51	32.43
$⑤_2$	细砂	-61.2 ~ -71.15	55	66.52	33.52
$⑥_1$	砾砂	-71.15 ~ -75.2	120	145.13	34.73
⑦	细砂	-75.2 ~ -81.15	55	66.49	35.74
$⑧_1$	砾砂/黏土	-81.15 ~ -86.45	130/65	112.71	36.98
$⑧_1$	粗砂/中砂	-86.45 ~ -90.35	110/70	97.69	38.10
$⑧_1$	砾砂	-90.35 ~ -92.55	130	155.48	38.46
$⑧_1$	粗砂	-92.55 ~ -95.5	110	124.50	37.92
$⑧_1$	砾砂	-95.5 ~ -97.95	130	151.29	37.26
$⑧_1$	中砂	-97.95 ~ -109.55	70	85.57	35.71
$⑧_2$	砾砂	-109.55 ~ -116.35	130	245.43	34.01
$⑧_2$	粉砂	-116.35 ~ -121	60	142.26	33.40

②SZ3 试桩(压浆后)

上段桩取第 16 级荷载 51 000kN 作为极限值,下段桩取第 14 级荷载 45 000kN 作为极限值,相对应各土层摩阻力如表 6.1-23 所示。

SZ3 试桩各土层摩阻力

表 6.1-23

地层编号	岩土层名	深度(m)	地质报告摩阻力值(kPa)	实测摩阻力极限值(kPa)	对应位移值(mm)
②	亚黏土	+2.4 ~ -1.7	35	46.51	17.89
$③_2$/$③_3$/④/$⑤_2$	亚黏土/粉砂	-1.7 ~ -46.1	40/35/50	54.56	18.65
$⑤_2$	细砂/粉砂	-46.1 ~ -55.9	50	57.45	21.15
$⑤_2$	细砂/粉砂	-55.9 ~ -63.8	50	59.62	22.44
$⑤_1$	中砂	-63.8 ~ -66.4	60	68.43	23.30
$⑤_2$	细砂	-66.4 ~ -70.2	55	65.26	23.87
$⑤_1$	中砂	-70.2 ~ -75.2	60	75.84	24.69
$⑥_1$	粗砂	-75.2 ~ -78.55	100	138.75	25.54
⑦	亚黏土	-78.55 ~ -87.4	40	73.33	26.92
$⑧_1$	粗砂	-87.4 ~ -89.95	110	153.27	28.34
$⑧_2$	粉砂	-89.95 ~ -94.4	60	85.59	29.77
$⑧_1$	粗砂	-94.4 ~ -102	110	235.54	57.60

③SZ4 试桩

压浆前上段桩取上荷载箱加载第 11 级荷载 22 400kN 作为极限值，中段桩取上荷载箱加载第 10 级荷载 20 540kN 作为极限值，下段桩取下荷载箱压浆前第 8 级荷载 18 000kN 作为极限值。

压浆后下段桩取下荷载箱压浆后第 17 级荷载 54 000kN 作为极限值。

相对应各土层摩阻力如表 6.1-24、表 6.1-25 所示。

SZ4 试桩上段桩和中段桩各土层摩阻力 表 6.1-24

地层编号	岩土层名	深度(m)	地质报告摩阻力值(kPa)	实测摩阻力极限值(kPa)	对应位移值(mm)
$③_2$/$③_3$/④/$⑤_2$	亚黏土/粉砂	-3.5 ~ -46.1	40/35/50	37.17	10.23
$⑤_2$	细砂/粉砂	-46.1 ~ -63.8	50	47.23	12.00
$⑤_2$	中砂	-63.8 ~ -66.4	60	56.16	13.02
$⑤_1$	细砂	-66.4 ~ -70.2	55	55.42	13.56
$⑤_2$	中砂	-70.2 ~ -75.2	60	55.45	39.45
$⑤_1$	粗砂	-75.2 ~ -78.55	100	95.11	38.81
$⑥_1$	亚黏土	-78.55 ~ -87.4	40	35.75	38.28
⑦	粗砂	-87.4 ~ -89.95	110	98.11	37.84
$⑧_1$	粉砂	-89.95 ~ -94.4	60	54.59	37.62
$⑧_2$	粗砂	-94.4 ~ -102.2	110	99.05	37.33
$⑧_1$	砾砂	-102.2 ~ -106	130	115.51	37.19

SZ4 试桩下段桩各土层摩阻力 表 6.1-25

地层编号	岩土层名	深度(m)	地质报告摩阻力值(kPa)	压浆前		压浆后		压浆后摩阻力提高百分比(%)
				实测摩阻力极限值(kPa)	对应位移值(mm)	实测摩阻力极限值(kPa)	对应位移值(mm)	
$⑧_1$	砾砂	-102.2 ~ -110.1	130	118.00	40.82	192.81	48.21	63.40%
$⑧_2$/$⑧_1$	细砂/粗砂	-110.1 ~ -114.2	60/110	86.26	40.35	186.53	46.68	116.24%
$⑧_2$	细砂	-114.2 ~ -121	60	55.01	40.05	157.46	45.60	186.24%

桩端压浆的水泥浆液沿侧壁上翻，使桩端上部 10 多米范围内侧摩阻增加较大。

(4)桩端承载力

SZ2 试桩压浆后桩端极限阻力为 14 656kN，相应位移为 33.12mm。

SZ3 试桩压浆后桩端极限阻力为 30 761kN，相应位移为 19.42mm。

SZ4 试桩压浆前桩端极限阻力为 8 485kN，相应位移为 39.84mm。

SZ4 试桩压浆后桩端极限阻力为 33 375kN，相应位移为 44.77mm。

各试桩桩端阻力—位移曲线对比如图 6.1-12 所示。

其中 SZ2 试桩压浆后桩端承载偏低是因为测试时间距离压浆时间只有 19d。

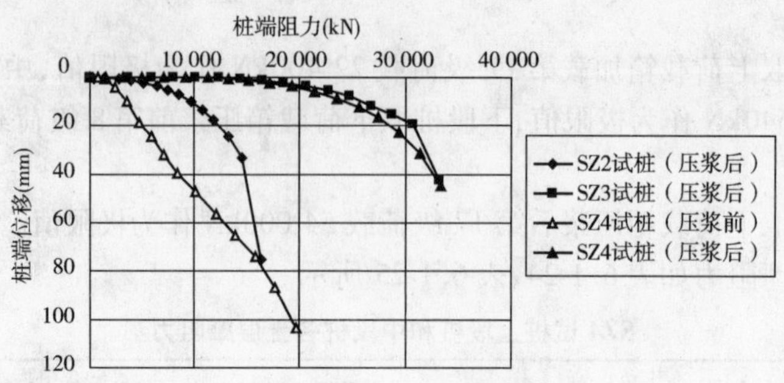

图 6.1-12　各试桩桩端阻力—位移曲线

(5)压浆效果分析

对 SZ4 试桩压浆前后各自的桩端阻力、转换曲线及下段桩摩阻力作了对比,部分对比曲线如图 6.1-13 所示。

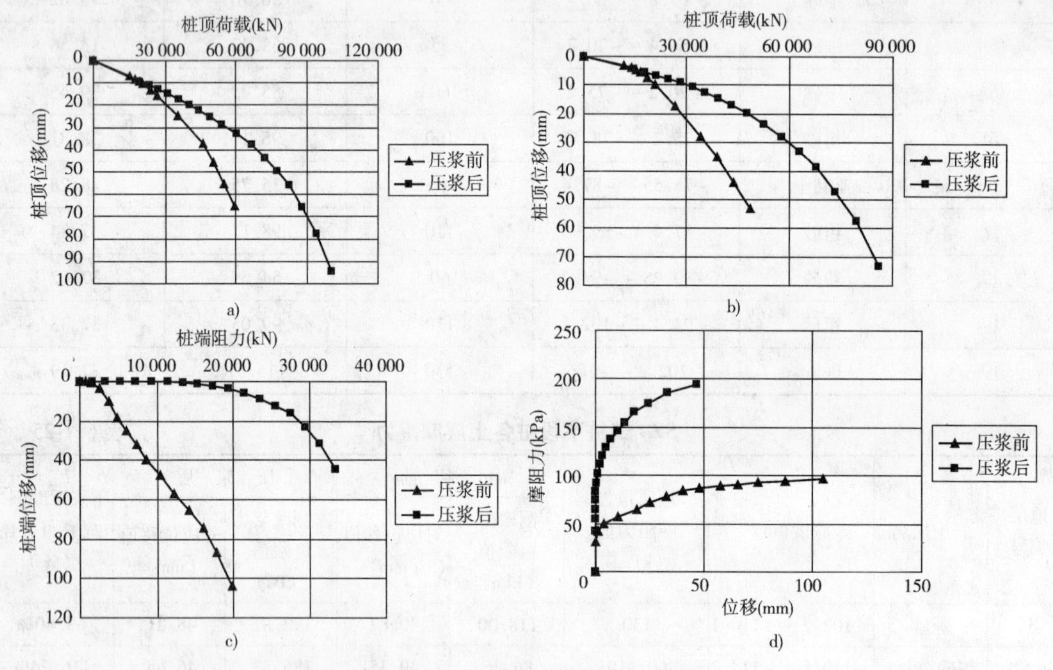

图 6.1-13　SZ4 试桩压浆前后对比曲线

a)转换至桩顶对比;b)转换至有效桩长对比;c)桩端阻力对比;d)下段桩平均摩阻力对比

从图 6.1-13 可以看出:

①从安全角度来看,压浆对极限承载力有较大的提高,压浆后,桩具有较大的安全富余度。

②在同一荷载作用下,压浆后对应位移比压浆前小;而在位移相同的条件下,压浆后所对应的荷载要大。说明压浆后,桩的刚度大幅度提高,因此压浆有利于减少沉降。

③正常使用荷载时,从单桩压浆前后所对应的位移看,侧阻力首先发挥,端阻力发挥极小,压浆的作用不是很大。主墩下有 100 多根桩,群桩效应将使端阻力充分发挥,可以预计,压浆对桩端发挥作用较大。

3)三期试桩测试结果

(1)自平衡测试结果

三期试桩对 C1-Z2、C2-Z6 和 C2-Z7 桩进行了压浆后的自平衡载荷试验。试验得到的荷载箱向上及向下的荷载—位移关系曲线见图 6.1-14,桩顶荷载—沉降关系见图 6.1-15,桩的极限承载力及构成见表 6.1-26。

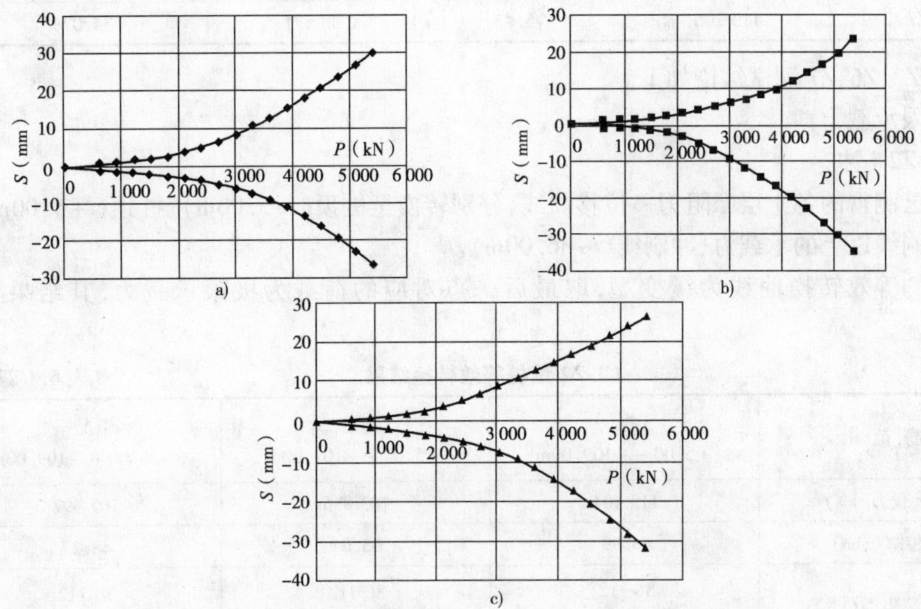

图 6.1-14 试桩 C1-Z2、C1-Z6、C1-Z7 荷载—位移曲线

a)C1-Z2 的荷载—位移曲线;b)C1-Z6 的荷载—位移曲线;c)C1-Z7 的荷载—位移曲线

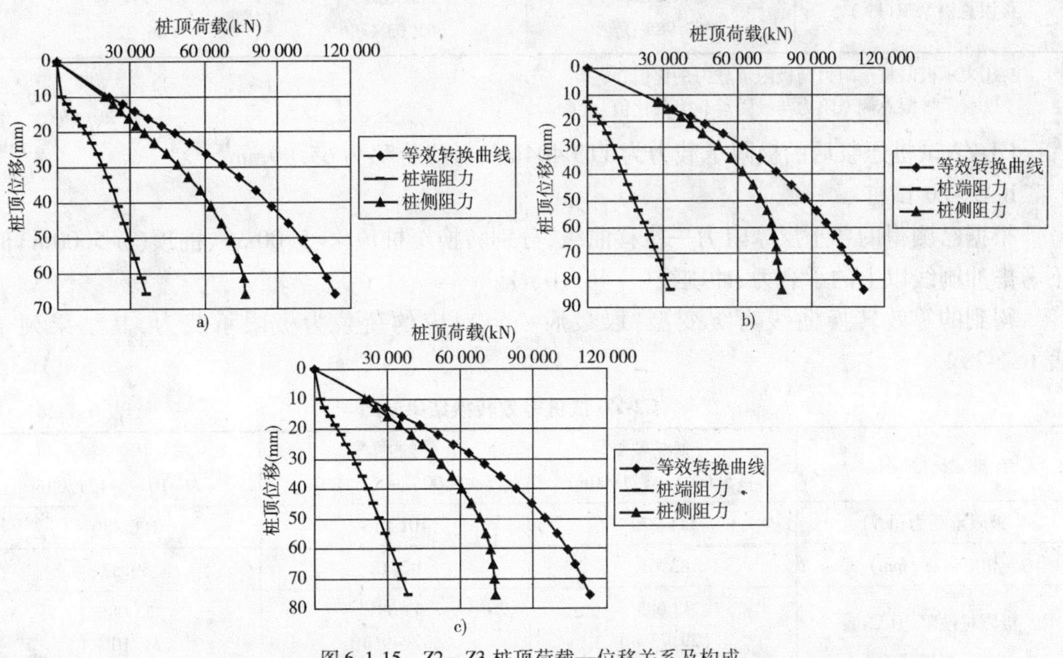

图 6.1-15 Z2 ~ Z3 桩顶荷载—位移关系及构成

a)试桩 C1-Z2 等效转换曲线;b)试桩 C1-Z6 等效转换曲线;c)试桩 C1-Z7 等效转换曲线

桩的极限承载力及构成　　表 6.1-26

桩　号	极限承载力(kN)	对应位移(mm)	桩端阻力(kN)	桩端阻力所占比例
C1-Z2	113 404	65.99	36 312	32.02%
C1-Z6	111 270	83.61	33 085	29.73%
C1-Z7	113 206	75.43	38 571	34.07%

试桩 Z2、Z6、Z7 测试结论如下。

①极限承载力

a. C1-Z2 试桩

根据已测得的各土层摩阻力—位移曲线,分别转换至桩顶(+5.00m)、桩顶(+5.00m)但不考虑冲刷线以上的承载力、冲刷线(-36.00m)。

得到的等效转换曲线为缓变型,取最后一点对应的荷载为极限承载力,其结果列于表 6.1-27。

C1-Z2 试桩等效转换结果　　表 6.1-27

桩 身 范 围	工况一 +5.00 ~ -109.00m	工况二 +5.00 ~ -109.00m	工况三 -36.00 ~ -109.00m
极限承载力(kN)	113 404	103 836	107 497
相应位移(mm)	65.99	65.04	48.27
极限桩端阻力(kN)	36 312 (32.02%)①	36 312 (34.97%)①	36 312 (33.78%)①
极限总侧摩阻(kN)	77 092 (67.98%)②	67 525 (65.03%)②	71 186 (66.22%)②

注:①表示极限桩端阻力与极限承载力的比值;
②表示极限总侧摩阻力与极限承载力的比值。

C1-Z2 试桩压浆后的极限承载力为 113 404kN,对应位移为 65.99mm。

b. C2-Z6 试桩

根据已测得的各土层摩阻力—位移曲线,分别转换至桩顶(+5.00m)、桩顶(+5.00m)但不考虑冲刷线以上的承载力、冲刷线(-46.10m)。

得到的等效转换曲线为缓变型,取最后一点对应的荷载为极限承载力,其结果列于表 6.1-28。

C2-Z6 试桩等效转换结果　　表 6.1-28

桩 身 范 围	工况一 +5.00 ~ -121.00m	工况二 +5.00 ~ -121.00m	工况三 -46.10 ~ -121.00m
极限承载力(kN)	111 270	101 818	106 380
相应位移(mm)	83.61	82.18	59.53
极限桩端阻力(kN)	33 085 (29.73%)	33 085 (32.49%)	33 085 (31.10%)
极限总侧摩阻(kN)	79 412 (70.27%)	68 733 (67.51%)	73 295 (68.90%)

C2-Z6 试桩压浆后的极限承载力为 111 270kN，对应位移为 83.61mm。

c. C2-Z7 试桩

根据已测得的各土层摩阻力—位移曲线，分别转换至桩顶、至桩顶（+5.00m）但不考虑冲刷线以上的承载力、至冲刷线（-27.30m）。

得到的等效转换曲线为缓变型，取最后一点对应的荷载为极限承载力，其结果列于表 6.1-29。

C2-Z7 试桩等效转换结果 表 6.1-29

桩身范围	工况一 +5.00 ~ -112.00m	工况二 +5.00 ~ -112.00m	工况三 -27.30 ~ -112.00m
极限承载力（kN）	113 206	107 246	110 103
相应位移（mm）	75.43	74.92	60.89
极限桩端阻力（kN）	38 571 （34.07%）	38 571 （35.96%）	38 571 （35.03%）
极限总侧摩阻（kN）	74 635 （65.93%）	68 675 （64.04%）	71 532 （64.97%）

C2-Z7 试桩压浆后的极限承载力为 113 206kN，对应位移为 75.43mm。

d. 使用荷载位移

苏通大桥在正常使用阶段，每根桩承担的平均荷载为 16 200kN。根据转换曲线，对应于使用荷载 16 200kN 和 2 倍使用荷载 32 400kN 时的位移如表 6.1-30 所示，端阻、侧阻分担比例如表 6.1-31 所示。当桩顶位移为 40mm 所对应的桩顶荷载以及端阻、侧阻分担比例如表 6.1-32所示。

转换至桩顶结果 表 6.1-30

试桩位移 / 桩顶荷载（kN）	Z2（压浆后）位移（mm）	Z6（压浆后）位移（mm）	Z7（压浆后）位移（mm）
16 200	7.38	7.49	7.30
32 400	14.14	14.72	14.23

转换至桩顶侧阻和端阻比例 表 6.1-31

试桩编号		Z2（压浆后）		Z6（压浆后）		Z7（压浆后）	
		数值（kN）	比例	数值（kN）	比例	数值（kN）	比例
16 200（kN）	端阻	1482	9.15%	100	0.61%	1634	10.09%
	侧阻	14 718	90.85%	16 100	99.39%	14 566	89.91%
32 400（kN）	端阻	6 048	18.67%	1 374	4.24%	5 144	15.88%
	侧阻	26 352	81.33%	31 026	95.76%	27 256	84.12%

40mm 对应的荷载 表 6.1-32

试桩编号		Z2(压浆后)		Z6(压浆后)		Z7(压浆后)	
		数值(kN)	比例	数值(kN)	比例	数值(kN)	比例
40mm	端阻	24 695	28.64%	14 430	18.65%	22 114	26.69%
	侧阻	61 523	71.36%	62 946	81.35%	60 754	73.31%
	桩顶	86 218	—	77 376	—	82 868	—

②分层岩土摩阻力

a. C1-Z2 试桩(压浆后)

上段桩取第 18 级荷载 54 000kN 作为极限值,下段桩取第 18 级荷载 54 000kN 作为极限值,相对应各土层摩阻力如表 6.1-33 所示。

C1-Z2 试桩各土层摩阻力 表 6.1-33

地层编号	岩土层名	深度(m)	地质报告摩阻力值(kPa)	实测摩阻力极限值(kPa)	对应位移值(mm)
①$_3$/④$_2$	粉砂/亚黏土	-8.49 ~ -36.00	35/40	44.75	22.86
④	亚黏土	-36.00 ~ -46.24	40	62.88	23.32
④$_3$/④$_2$	粉砂/亚黏土	-46.24 ~ -53.64	45/40	64.49	23.77
④$_1$	淤泥质亚黏土	-53.64 ~ -59.14	20	31.49	24.24
④$_2$/⑤$_2$	亚黏土/粉砂/细砂	-59.14 ~ -64.39	40/55/55	74.26	24.71
⑤$_1$	砾砂/中砂/砾砂	-64.39 ~ -70.99	110/60/110	146.52	26.41
⑤$_2$/⑥$_1$/⑥$_2$	细砂/粗砂/细砂	-70.99 ~ -80.44	55/100/55	124.95	28.50
⑥$_1$/⑦/⑧$_1$	砾砂/粉砂/中砂	-80.44 ~ -95.00	110/55/70	135.36	30.16
⑧$_2$/⑧$_1$	细砂/中砂	-95.00 ~ -103.49	60/70	152.62	24.81
⑧$_2$	粉砂	-103.49 ~ -107.50	60	131.29	23.51
⑧$_2$	砾砂	-107.50 ~ -109.00	120	286.62	23.00

b. C2-Z6 试桩(压浆后)

上段桩取第 18 级荷载 54 000kN 作为极限值,下段桩取第 18 级荷载 54 000kN 作为极限值,相对应各土层摩阻力如表 6.1-34 所示。

C2-Z6 试桩各土层摩阻力 表 6.1-34

地层编号	岩土层名	深度(m)	地质报告摩阻力值(kPa)	实测摩阻力极限值(kPa)	对应位移值(mm)
③$_3$/③$_1$/④$_2$/④$_1$	亚黏土/淤泥质亚黏土/亚黏土/黏土/淤泥质亚黏土	-19.38 ~ -46.1	30/20/35/35/25	36.35	14.67

续上表

地层编号	岩土层名	深度(m)	地质报告摩阻力值(kPa)	实测摩阻力极限值(kPa)	对应位移值(mm)
④$_1$/④$_2$	淤泥质亚黏土/亚黏土	−46.1 ~ −50.3	25/35	43.33	15.13
④$_2$/④$_1$/⑤$_2$/⑥$_1$	亚黏土/淤泥质亚黏土/粉砂/中砂/粗砂	−50.3 ~ −68.7	35/30/55/60/100	76.94	15.77
⑥$_1$/⑥$_2$/⑥$_1$	粗砂/细砾砂/粗砂/中砂	−68.7 ~ −75.1	100/55/100/60	123.64	16.95
⑥$_1$/⑦	中砂/细砂/中砂/细砂	−75.1 ~ −89.9	60/55/60/55	81.41	18.49
⑦/⑧$_1$	细砂/中砂/粗砂	−89.9 ~ −96.9	55/70/110	86.33	20.47
⑧$_1$/⑧$_2$	粗砂/砾砂/亚黏土/粉砂	−96.9 ~ −108.7	110/120/60/60	177.44	34.38
⑧$_1$	中砂/砾砂/细砂	−108.7 ~ −119.9	70/120/60	169.46	32.75
⑧$_1$	细砂	−119.9 ~ −121	60	168.53	31.59

c. C2-Z7 试桩(压浆后)

上段桩取第18级荷载54 000kN作为极限值,下段桩取第18级荷载54 000kN作为极限值,相对应各土层摩阻力如表6.1-35所示。

C2-Z7 试桩各土层摩阻力 表6.1-35

地层编号	岩土层名	深度(m)	地质报告摩阻力值(kPa)	实测摩阻力极限值(kPa)	对应位移值(mm)
③$_1$/③$_3$	淤泥质亚黏土/亚黏土/淤泥质亚黏土/亚黏土/淤泥质亚黏土	−8.14 ~ −27.30	15/30/20/35/20	28.29	18.05
③$_3$/④$_2$	淤泥质亚黏土/亚黏土	−27.30 ~ −42.64	20/35	49.26	18.37
④$_1$	淤泥质亚黏土	−42.64 ~ −46.64	20	28.27	18.76
⑤$_2$	粉砂	−46.64 ~ −60.04	50	84.27	19.33
⑤$_2$/⑥$_1$	细砂/粉砂/细砂/粗砂/中砂	−60.04 ~ −72.94	35/55/50/110/60	94.64	20.64
⑥$_2$	粉砂/砾砂	−72.94 ~ −82.94	55/120	104.55	22.27
⑦	粉砂	−82.94 ~ −90.24	55	92.56	23.83
⑦/⑧$_1$	细砂/粗砂/中砂	−90.24 ~ −100.00	60/100/70	128.23	26.69
⑧$_2$	中砂/细砂/亚黏土	−100.00 ~ −106.84	70/60/50	153.39	30.75
⑧$_1$	中砂	106.84 ~ −112.00	70	177.18	29.60

(2)Z5 试桩奥斯托堡(Osterberg Cell)法试验

①测试原理

奥斯托堡法是由美国 Osterberg 教授于 20 年前发明并申请专利的测试桩基承载力的一种新方法。该方法是在桩身下部设置压力盒,试验时,在桩顶通过空气压缩机对压力盒容器中的介质(水)施加压力,产生一对向上与向下的反力,使得桩身侧摩阻力和桩端阻力得以发挥,进而达到极限,直至破坏,从而得到桩基极限承载力。

因为 Z5 试桩按要求进行桩底压浆前、后两次测试,2003 年 11 月 2 日完成第一次桩端承载力测试后,11 月 7 日进行桩底压浆,采用 6 回路 U 形管压浆。为使下层压力盒在压浆过程中不受损坏,第一次测试结束后在下层压力盒中保持一定压力,压浆期间上海辉固公司工程师每隔 5min 读取下层压力盒的压力和张开量来实时监测压力盒的压力和开张情况,通过观测,下层压力盒最大压缩量达 2mm。

②测试仪器安装

奥斯托堡法测试仪器包括压力盒及其连接的压力管线、振弦式位移传感器、应变杆和振弦式应变计等。

a. 压力盒和连接的压力管线

根据江苏省苏通大桥建设指挥部对 Z5 试桩的基本要求和提供的该桩设计极限承载力,采用 2 层压力盒的方法来分别测试桩侧摩阻力和桩端极限承载力。其中上层设置两个 ϕ870mm 的压力盒,下层设置两个 ϕ660mm 的压力盒,每层两个压力盒串联。压力盒进、出水口分别通过压力管线连接到测试平台。测试时,压力管线两端分别连接压力传感器和空气压缩机驱动的水泵,空气压缩机提供动力水泵产生压力水,使压力盒产生向上和向下的推力,压力传感器显示压力盒内压力,即其产生的向上和向下的推力。压力盒主要参数见表 6.1-36。

压力盒主要参数 表 6.1-36

参　数	数　量	直径(mm)	最大行程(mm)	标定极限加载量(MN)	安装位置(m)
上层压力盒	2	870	150	54.7	距桩底 28.0
下层压力盒	2	660	300	32.1	距桩底 1.50

所有压力盒在出厂时,由美国 AEF 公司进行压力标定。

b. 振弦式位移传感器

在每层压力盒上、下支撑钢板之间各安装 4 支基康(Geokon, USA)4450 型振弦式位移传感器,在测试期间测量压力盒的张开量。另外,安装有 3 组振弦式位移传感器(每组 2 支),分别测量埋入到桩身内压缩应变杆的位移量。

压浆后的第二阶段测试也使用 1 组振弦式位移传感器(每组 2 支)来监测连接到桩顶的应变杆的位移变化,具体安装位置见图 6.1-16。

c. 应变杆

整个桩身内部安装 3 组埋入式压缩应变杆和 1 组应变杆,测试期间分别监测整个桩身的变形量,具体安装位置见图图 6.1-16。

d. 振弦式应变计

根据 Z5 试桩参考地质钻孔资料,在主要土层分界面安装有 8 组新科(Slope Indicator, USA)点焊式振弦应变计,在承载力测试期间,通过读取应变计的读数来测量桩对各主要土层的摩擦力。具体安装位置见图6.1-16。

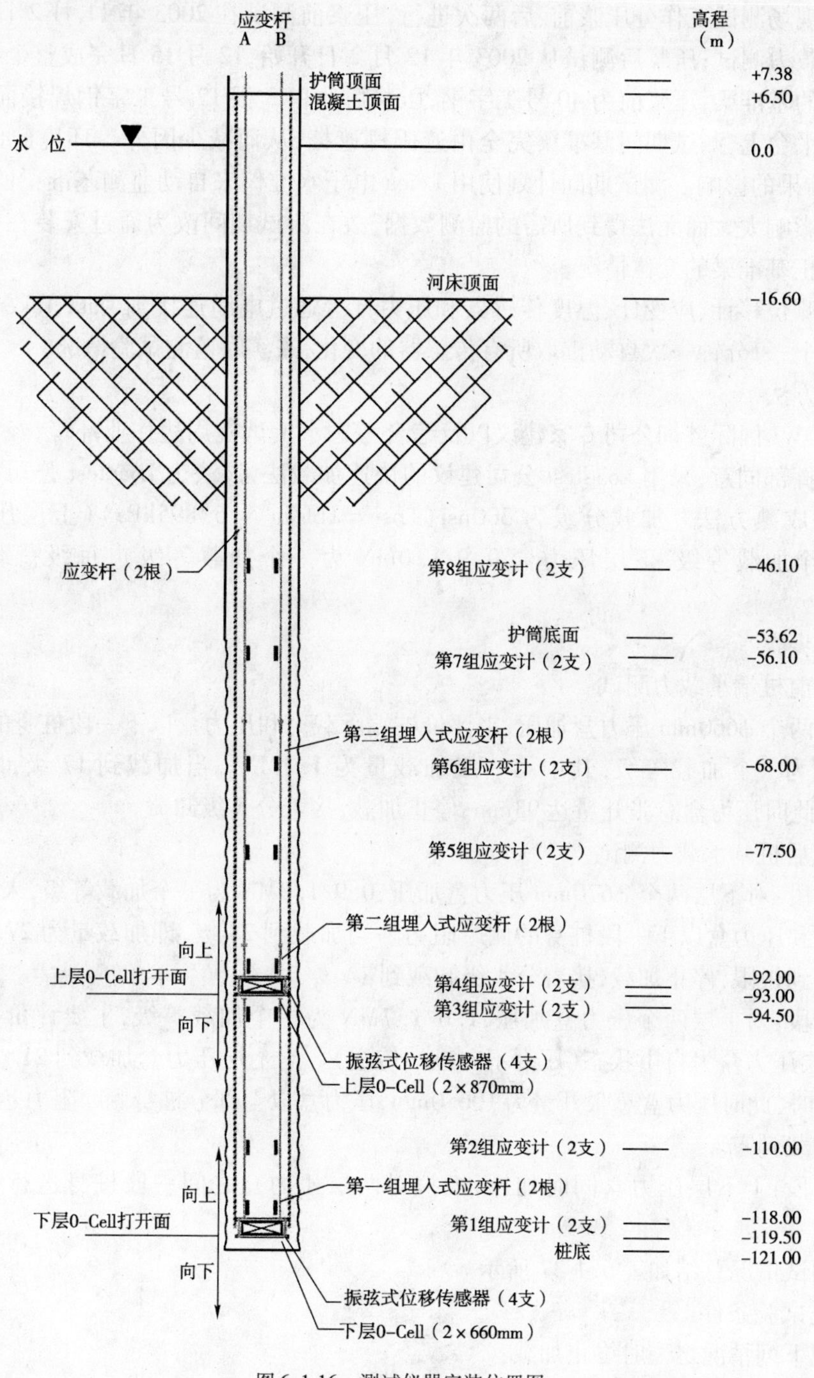

图6.1-16 测试仪器安装位置图

e. 塑料管

从每层压力盒底板至桩顶安装有2根塑料管，在测试期间，通过保持管内水位，从而平衡压力盒打开时产生的负压。

③现场测试

试桩的现场测试工作分压浆前、后两次进行，压浆前测试在 2003 年 11 月 2 日进行，当日完成桩端承载力测试；压浆后测试从 2003 年 12 月 2 日开始，12 月 15 日完成整个桩基承载力测试。试验的基准梁，压浆前为 40 号工字钢，压浆后改用 3 根 12 号工字钢焊接而成，基准梁架设在试桩平台上，测试期间基准梁完全由遮阳棚遮挡，从而减少因外界环境（如风力、日照等）对测试结果的影响。测试期间计划使用 Leica 电子水准仪来自动监测基准梁的高程变化，但由于潮汐影响太大而无法得到所需的监测数据，故在测试期间改为通过安装在桩顶的电测传感器来修正基准梁的变位情况。

所有电测位移计、应变计、温度传感器和压力计等通过电缆连接到 Data Taker615 型数据自动采集器上，每分钟一次自动读取所有传感器的变化，来实时监测试验情况。

a. 测试方法

根据 COWI 国际咨询公司专家建议以及综合考虑水上试桩周边作业环境，经江苏省苏通大桥建设指挥部同意，采用 Loadtest 公司建议的快速加载法，该法为 Loadtest 公司用 O-Cell 试桩最常用的成熟方法。加载分级为 300psi（$1psi = 1bf/in^2 = 6.895kPa$）（上层压力盒 1.6/1.7MN为一个加载等级；下层压力盒 0.9/1.0MN 为一个加载等级），每级荷载持荷时间为 30min。

b. 测试步骤

a）压浆前桩端承载力测试

对下层两个 ϕ660mm 压力盒加压，来评价桩端承载力和压力盒以下一段桩身的侧摩阻力。0.9/1.0MN 为一个加载等级，其中第一级加载量为 1.1MN。当加载到 17 级，即加载量为 16.5MN时，此时压力盒总张开量达 93mm，停止加载，接着分 5 级卸荷。

b）压浆后桩基承载力测试

第一阶段：对下层两个 ϕ670mm 压力盒加压，0.9/1.0MN 为一个加载等级，来评价压浆后桩端承载力和压力盒以下一段桩身的侧摩阻力。当加载到 28 级，即加载量为 27.0MN 时，桩端承载力达到极限，停止加载，接着分 4 级卸载到零。

第二阶段：对上层两个压力盒加压，1.6/1.7MN 为一个加载等级，主要评价桩身侧摩阻力，此时下层压力盒为自由状态（压力不向桩端传递）。当上层压力盒加载到 21 级，即加载量为 33.7MN 时，此时压力盒总张开量为 106.0mm，压力盒以上部分桩身侧摩阻力达到极限。随后分 5 级卸载到零。

第三阶段：上下层压力盒同时加压，模拟对两层压力盒之间一段桩身进行有侧限压缩试验。

整个测试情况总结如表 6.1-37 所示。

c）终止试验条件

当出现下列情况之一时终止加载：

（a）某级荷载作用下，桩的沉降量或上拔量达前一级荷载作用下的沉降量或上拔量的 5 倍。

（b）桩的上拔量达 100mm 或沉降量达 80mm。

（c）压力盒达极限压力或极限行程。

Z5 试桩情况测试汇总　　表 6.1-37

阶段		加载等级	上层压力盒			下层压力盒			符合终止试验条件
			最大加载量（MN）	O-Cell 压力系统	总张开量（mm）	最大加载量（MN）	O-Cell 压力系统	总张开量（mm）	
压浆前		1L-1 到 1L-17	0	关闭	-1.7	16.5	加压	+93.0	(b)
压浆后	1	2L-1 到 2L-28	0	关闭	-1.4	27.0	加压	+118.5	(a)
	2	3L-1 到 3L-21	33.7	加压	+106.0	0	自由	+113.7	(b)
	3	4L-1 到 4L-3	21.9	加压	+94.2	12.9	加压	+120.0	—

注：表中(a)、(b)见终止试验条件内容。

(d)同时遵守《公路桥涵施工技术规范》(JTJ 041—2000)中“附录 B”的有关规定。

④试验成果分析

a. 桩头极限承载力

压浆前加载到 17 级时，下层压力盒极限加载量为 16.5MN。压浆后加载到 28 级时，下层压力盒极限加载量为 27MN，这样，压浆后桩头承载力比压浆前提高 64%。

b. 中部桩身极限侧摩阻力(上、下层压力盒之间部分)

第二阶段施加的最大加载量为 33.7MN，此时上层压力盒底板向下移动量为 9.0mm，中段 26.5m 桩身按桩径 2 500mm 计算，该部分侧摩阻力值为 162kPa。按双曲线模型外推中部桩身侧摩阻力极限值为 216kPa，此时对应的极限加载量是 45MN。

c. 上部桩身侧摩阻力(上层压力盒以上部分)

第二阶段施加的向上最大净加载量为 24.1MN，此时上层压力盒顶板向上移动量为 99.2mm，根据第 21 级加载量和 2 850 ~ 2 500mm 桩径部分自重计算，上段 76.4m 桩身平均侧壁摩阻力极限值为 37.5kPa。

d. 试验桩刚度计算

根据成桩单位提供的资料，测试日混凝土强度为 48.7MPa。根据混凝土弹性模量计算公式(ACI 法)：

$$E_c = 57\ 000\ \sqrt{f'c}$$

这样按设计提供的钢筋布置图和正常桩径计算得到高程 -53.62m 以上桩身平均刚度(AE)为 244 200MN；-53.62 ~ 56.1m 段桩身平均刚度为 180 800MN；-56.1m 以下部分桩身平均刚度为 152 900MN。从第三阶段 4L-4 加载级得到的中部桩身刚度为 148 200MN。对比 ACI 公式计算的桩刚度，可以利用 ACI 公式结果来推算整个试桩刚度。

e. 应变计结果

根据埋设的应变计结果和以上计算的桩身刚度得到的分层桩土之间平均净单位侧摩阻力见表 6.1-38，其中 1L-17 和 3L-21 加载等级对应的桩土间净单位侧摩阻力见表 6.1-39 和表 6.1-40。

Z5 试桩分层摩阻力 表 6.1-38

<table>
<tr><th>层号</th><th>土 层 名 称</th><th>层底高程
(m)</th><th>地质报告极
限摩阻力
(kPa)</th><th>O-Cell 实测极
限摩阻力
(kPa)</th><th>应变计实测
极限摩阻力
(kPa)</th></tr>
<tr><td>④$_1$</td><td>灰褐色淤泥质亚黏土</td><td>-49.58</td><td>25</td><td rowspan="11">37.5(-16.6~-93.0)</td><td rowspan="3">103(护筒内)</td></tr>
<tr><td>④$_2$</td><td>灰褐色亚黏土</td><td>-52.88</td><td>55</td></tr>
<tr><td>④$_1$</td><td>灰褐色淤泥质亚黏土</td><td>-53.68</td><td>80</td></tr>
<tr><td>⑤$_2$</td><td>灰色粉砂</td><td>-65.88</td><td>55</td><td rowspan="2">45</td></tr>
<tr><td>⑤$_1$</td><td>灰色中砂</td><td>-68.08</td><td>60</td></tr>
<tr><td>⑥$_1$</td><td>黄灰色粗砂</td><td>-70.13</td><td>100</td><td rowspan="4">44</td></tr>
<tr><td>⑥$_2$</td><td>灰色细砂</td><td>-71.58</td><td>55</td></tr>
<tr><td rowspan="2">⑥$_1$</td><td>黄灰色粗砂</td><td>-72.18</td><td>100</td></tr>
<tr><td>黄灰色中砂</td><td>-76.53</td><td>60</td></tr>
<tr><td rowspan="3">⑦</td><td>灰色细砂</td><td>-82.28</td><td>55</td><td rowspan="7">153(未达极限)</td></tr>
<tr><td>灰色中砂</td><td>-85.58</td><td>60</td></tr>
<tr><td>灰色粗砂</td><td>-94.88</td><td>55</td><td rowspan="9">216(外推极限)</td></tr>
<tr><td rowspan="3">⑧$_1$</td><td>灰白色中砂</td><td>-95.48</td><td>70</td></tr>
<tr><td>灰白色粗砂</td><td>-98.28</td><td>110</td></tr>
<tr><td>灰白色砾砂</td><td>-101.68</td><td>120</td></tr>
<tr><td>⑧$_1$</td><td>灰褐色—灰绿色亚黏土</td><td>-104.28</td><td>60</td></tr>
<tr><td>⑧$_2$</td><td>灰色粉砂</td><td>-108.38</td><td>60</td><td rowspan="3">151(未达极限)</td></tr>
<tr><td rowspan="2">⑧$_1$</td><td>灰色中砂</td><td>-115.28</td><td>70</td></tr>
<tr><td>灰色砾砂</td><td>-118.18</td><td>120</td></tr>
<tr><td>⑧$_2$</td><td>灰色细砂</td><td>-122.18</td><td>60</td><td>158(未达极限)</td></tr>
</table>

1L-17 加载级平均净单位侧摩阻力 表 6.1-39

荷载传递区域	净单位侧摩阻力
第 8 组应变计到第 7 组应变计	3kPa(1L-15 加载级)
第 7 组应变计到第 6 组应变计	21kPa
第 6 组应变计到第 5 组应变计	10kPa
第 5 组应变计到第 3 组应变计	51kPa
第 3 组应变计到第 2 组应变计	38kPa(1L-9 加载级)
第 2 组应变计到第 1 组应变计	11kPa(1L-4 加载级)
第 1 组应变计到下层压力盒	121kPa

3L-21 加载级平均净单位侧摩阻力 表 6.1-40

荷载传递区域	单位侧摩阻力
第 8 组应变计到第 7 组应变计	103kPa(3L-19 加载级)
第 7 组应变计到第 6 组应变计	45kPa(3L-12 加载级)
第 6 组应变计到上层压力盒	44kPa

续上表

荷载传递区域	单位侧摩阻力
上层压力盒到第2组应变计	153kPa
第2组应变计到第1组应变计	151kPa
第1组应变计到下层压力盒	158kPa

4)四期试桩测试结果

由自平衡静载测试得到的荷载箱向上及向下的荷载—位移关系曲线见图6.1-17,桩荷载关系曲线(等效转换曲线)见图6.1-18,桩的极限承载力及构成见表6.1-41。

桩的极限承载力及构成

表6.1-41

桩号	未压浆桩		压浆桩	
	NII-1	NII-4	NII-2	NII-3
极限承载力(kN)	14 037	17 629	20 075	28 349
对应位移(mm)	29.79	48.53	28.18	44.11
桩端阻力所占比例	15.39%	14.42%	22.83	27.22

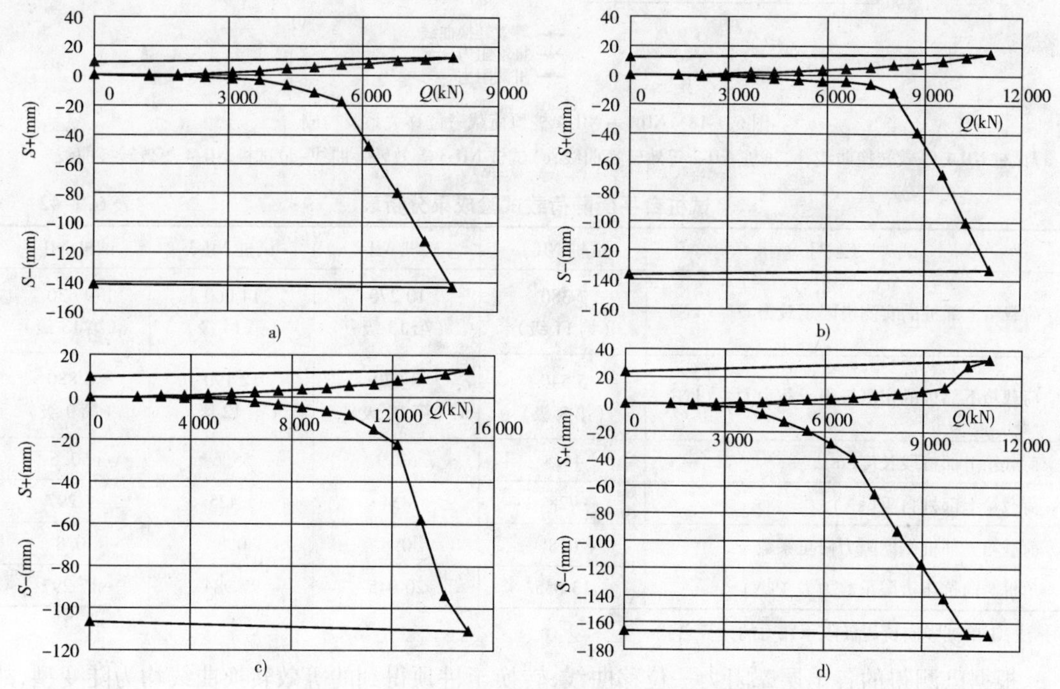

图6.1-17 NII-1 ~ NII-4 桩顶荷载—位移关系及构成

a)试桩NII-1自平衡测试曲线;b)试桩NII-2自平衡测试曲线;c)试桩NII-3自平衡测试曲线;d)试桩NII-4自平衡测试曲线

(1)自平衡规程分析结果

根据中华人民共和国交通部标准《公路桥涵施工技术规范》(JTJ 041—2000)附录B"试桩试验办法"和江苏省地方标准《桩承载力自平衡测试技术规范》(DB32/T 291—1999),综合分析确定如表6.1-42所示。

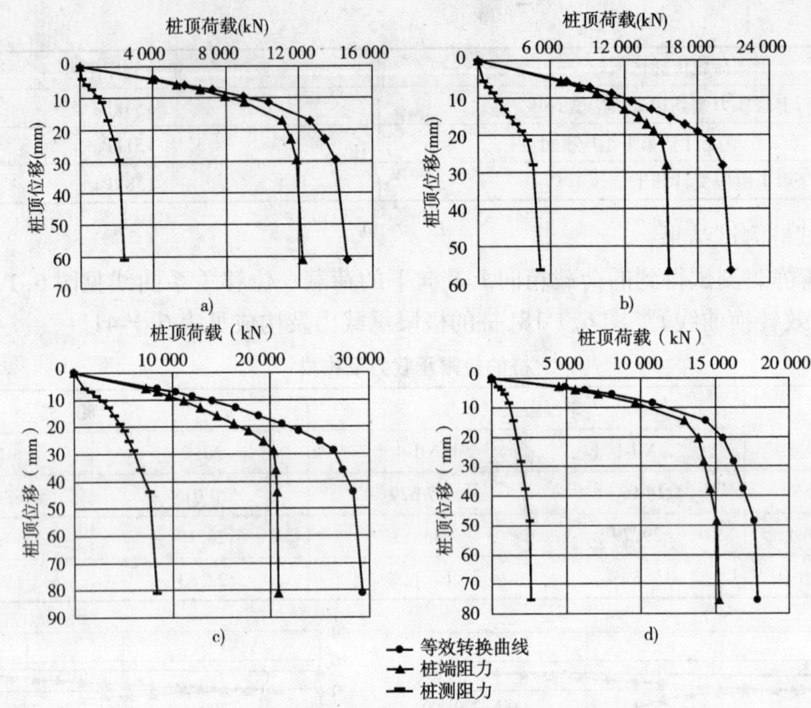

图 6.1-18　NII-1 ~ NII-4 桩顶荷载—位移关系及构成

a)试桩 NII-1 等效转换曲线；b)试桩 NII-2 等效转换曲线；c)试桩 NII-3 等效转换曲线；d)试桩 NII-4 等效转换曲线

试桩自平衡静荷载试验成果分析表　　表 6.1-42

试 桩 编 号	试桩 NII-1	试桩 NII-2	试桩 NII-3	试桩 NII-4
荷载箱上部桩的实测极限承载力 $Q_{u上}$(kN)	7 380 (第 11 级)	10 270 (第 13 级)	14 060 (第 14 级)	9 630 (第 13 级)
荷载箱下部桩的实测极限承载力 $Q_{u下}$(kN)	5 540 (第 8 级)	8 070 (第 10 级)	12 190 (第 12 级)	6 880 (第 9 级)
荷载箱上部桩段长度(m)	44.4	50.9	55.6	50.6
荷载箱上部桩自重(kN)	728	834	1 425	1 297
荷载箱上部桩侧摩阻力修正系数 γ	0.8	0.8	0.8	0.8
单桩竖向抗压极限承载力 Q_u(kN)①	13 855	20 045	27 984	17 297

注：①单桩竖向抗压极限承载力的计算公式。

根据已测得的各土层摩阻力—位移曲线，转换至桩顶得到的等效转换曲线均为陡变型，故取陡变点对应的荷载为极限承载力，其结果列于表 6.1-43。

各试桩等效转换结果　　表 6.1-43

桩　　号	试桩 NII-1 (未压浆)	试桩 NII-2 (压浆)	试桩 NII-3 (压浆)	试桩 NII-4 (未压浆)
极限承载力(kN)	14 037	20 075	28 349	17 629
相应位移(mm)	29.79	28.18	44.11	48.53

续上表

桩　号	试桩 NII-1（未压浆）	试桩 NII-2（压浆）	试桩 NII-3（压浆）	试桩 NII-4（未压浆）
极限桩端阻力(kN)	2 161（15.39%）①	4 583（22.83%）①	7 717（27.22%）①	2 543（14.42%）①
极限总侧摩阻(kN)	12 198（84.61%）②	15 492（77.17%）②	20 632（72.78%）②	15 086（85.58%）②

注：①表示极限桩端阻力与极限承载力的比值；
②表示极限总侧摩阻力与极限承载力的比值。

试桩 NII-1 的极限承载力为 14 037kN，对应位移为 29.79mm。

试桩 NII-2 的极限承载力为 20 075kN，对应位移为 28.18mm。

试桩 NII-3 的极限承载力为 28 349kN，对应位移为 44.11mm。

试桩 NII-4 的极限承载力为 17 629kN，对应位移为 48.53mm。

(2)岩土摩阻力

①试桩 NII-1(未压浆)

上段桩取第 11 级荷载 7 380kN 作为极限值，下段桩取第 8 级荷载 5 540kN 作为极限值，相对应各土层摩阻力如表 6.1-44 所示。

试桩 NII-1(未压浆)**各土层摩阻力**　　表 6.1-44

岩 土 层 名	高程(m)	地质报告摩阻力值(kPa)	实测摩阻力极限值(kPa)	对应位移值(mm)
粉砂	2.27 ~ −14.23	35	34.10	7.37
亚黏土	−14.23 ~ −21.63	30	34.77	7.87
粉砂	−21.63 ~ −36.23	45	55.16	9.29
亚黏土	−36.23 ~ −42.23	35	57.60	10.65
亚黏土	−42.23 ~ −53.03	35	56.67	17.31
亚砂土/粉砂	−53.03 ~ −56.5	50/55	78.16	16.30

②试桩 NII-2(压浆后)

上段桩取第 13 级荷载 10 270kN 作为极限值，下段桩取第 10 级荷载 8 070kN 作为极限值，相对应各土层摩阻力如表 6.1-45 所示。

试桩 NII-2(压浆)**各土层摩阻力**　　表 6.1-45

岩 土 层 名	高程(m)	地质报告摩阻力值(kPa)	实测摩阻力极限值(kPa)	对应位移值(mm)
粉砂	2.27 ~ −14.23	35	38.59	7.30
亚黏土	−14.23 ~ −21.63	30	42.69	7.77
粉砂	−21.63 ~ −36.23	45	67.62	9.16
亚黏土	−36.23 ~ −42.23	35	59.08	11.12
亚黏土	−42.23 ~ −53.03	35	82.90	11.76
亚砂土/粉砂	−53.03 ~ −56.5	50/55	132.40	10.83

③试桩 NII-3(压浆后)

上段桩取第 14 级荷载 14 060kN 作为极限值,下段桩取第 12 级荷载 12 190kN 作为极限值,相对应各土层摩阻力如表 6.1-46 所示。

试桩 NII-3(压浆)各土层摩阻力　　表 6.1-46

岩土层名	深度(m)	地质报告摩阻力值(kPa)	实测摩阻力极限值(kPa)	对应位移值(mm)
亚砂土	1.47 ~ -3.03	25	11.60	6.28
粉砂	-3.03 ~ -9.03	30	21.13	6.30
淤泥质亚黏土/亚砂土	-9.03 ~ -18.93	25/40	29.06	6.42
粉砂	-18.93 ~ -32.53	45	45.44	6.89
亚砂土	-32.53 ~ -44.38	40	68.68	7.98
亚黏土与亚砂土互层	-44.38 ~ -60.53	40	105.24	21.67
粉砂	-60.53 ~ -63.50	55	120.53	21.02

④试桩 NII-4(未压浆)

上段桩取第 14 级荷载 14 060kN 作为极限值,下段桩取第 12 级荷载 12 190kN 作为极限值,相对应各土层摩阻力如表 6.1-47 所示。

试桩 NII-4(未压浆)各土层摩阻力　　表 6.1-47

岩土层名	深度(m)	地质报告摩阻力值(kPa)	实测摩阻力极限值(kPa)	对应位移值(mm)
亚砂土	1.47 ~ -3.03	25	18.56	9.00
粉砂	-3.03 ~ -9.03	30	31.31	9.02
淤泥质亚黏土/亚砂土	-9.03 ~ -18.93	25/40	36.35	9.17
粉砂	-18.93 ~ -32.53	45	45.52	9.69
亚砂土	-32.53 ~ -44.38	40	44.42	10.71
亚黏土与亚砂土互层	-44.38 ~ -60.53	40	60.95	38.66
粉砂	-60.53 ~ -63.50	55	76.92	38.08

(3)端承载力

试桩 NII-1(未压浆):桩端极限阻力为 2 161kN,相应位移为 16.19mm。

试桩 NII-2(压浆):桩端极限阻力为 4 583kN,相应位移为 10.65mm。

试桩 NII-3(压浆):桩端极限阻力为 7 692kN,相应位移为 20.82mm。

试桩 NII-4(未压浆):桩端极限阻力为 2 543kN,相应位移为 38.02mm。

(4)压浆效果分析

压浆后桩端阻力和荷载箱以下桩侧摩阻力均显著提高,因此极限承载力有了较大提高。压浆效果对比如图 6.1-19 ~ 图 6.1-24 所示。

①极限承载力

试桩 NII-2(压浆)的极限承载力 20 075kN 比试桩 NII-1(未压浆)的极限承载力 14 037kN

提高了 43%；

试桩 NII-3（压浆）的极限承载力 28 349kN 比试桩 NII-4（未压浆）的极限承载力 17 629kN 提高了 61%。

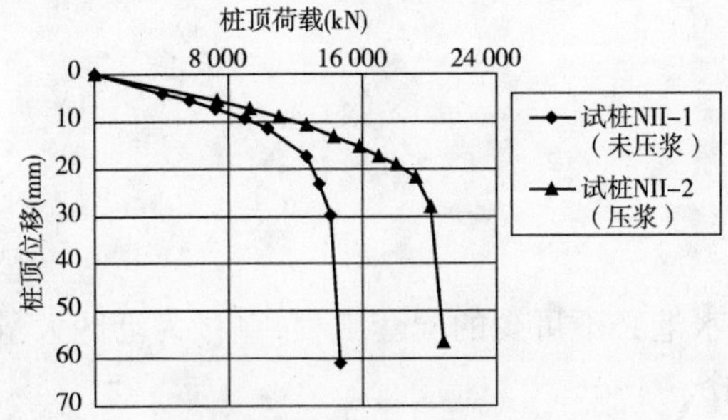

图 6.1-19　试桩 NII-1（未压浆）和试桩 NII-2（压浆）转换曲线

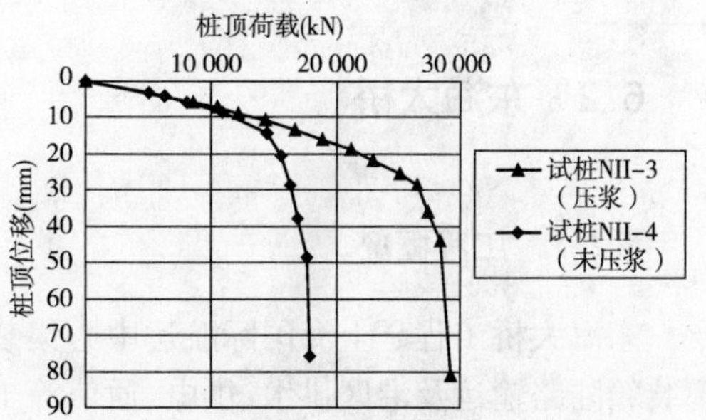

图 6.1-20　试桩 NII-3（压浆）和试桩 NII-4（未压浆）转换曲线

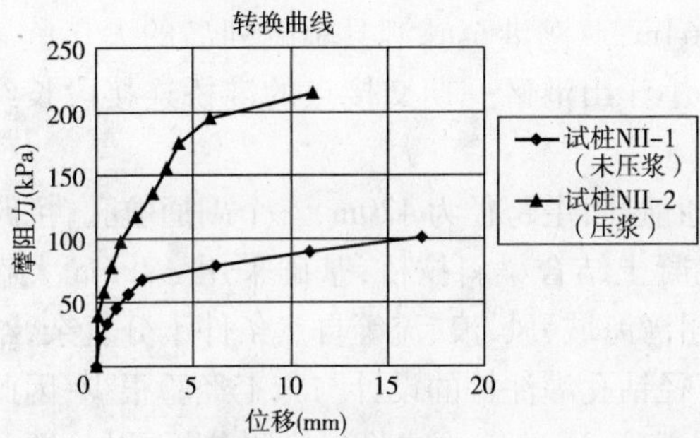

图 6.1-21　试桩 NII-1（未压浆）和试桩 NII-2（压浆）下部桩侧平均摩阻力—位移曲线

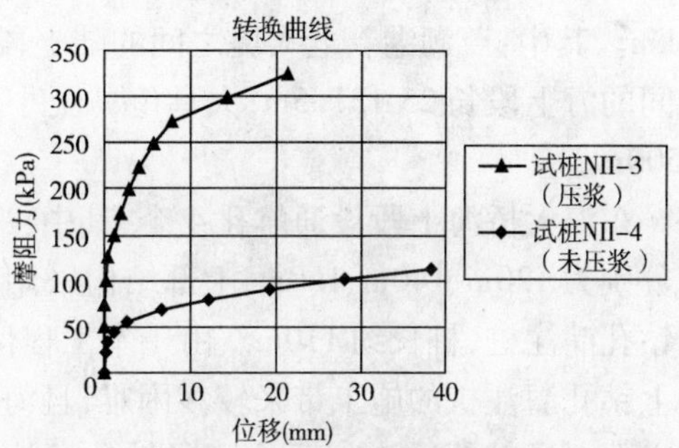

图 6.1-22　试桩 NII-3（压浆）和试桩 NII-4（未压浆）下部桩侧平均摩阻力—位移曲线

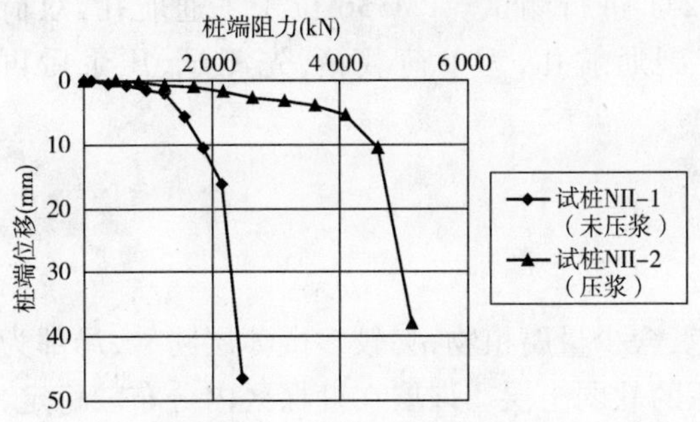

图 6.1-23　试桩 NII-1（未压浆）和试桩 NII-2（压浆）桩端阻力—位移曲线

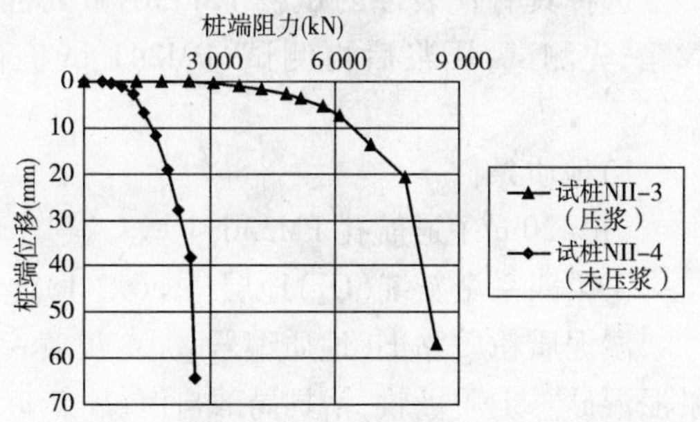

图 6.1-24　试桩 NII-3（压浆）和试桩 NII-4（未压浆）桩端阻力—位移曲线

②下部桩侧平均摩阻力

试桩 NII-2（压浆）的下部桩侧平均摩阻力 214.06kPa 比试桩 NII-1（未压浆）的下部桩侧平均摩阻力 101.35kPa 提高了 111%；

试桩 NII-3（压浆）的下部桩侧平均摩阻力 323.35kPa 比试桩 NII-4（未压浆）的下部桩侧平均摩阻力 112.31kPa 提高了 188%。

③桩端阻力

试桩 NII-2（压浆）的桩端阻力 4 583kN 比试桩 NII-1（未压浆）的桩端阻力 2 161kN 提高了

112%；

试桩 NII-3(压浆)的桩端阻力 7 692kN 比试桩 NII-4(未压浆)的桩端阻力 2 543kN 提高了 202%。

6.2 东海大桥

6.2.1 工程概况

东海大桥工程是上海国际航运中心集装箱深水港必不可少的配套工程，直接为港区大量集装箱陆路输运及港区供水、供电、通信等工程服务。

东海大桥起始于上海浦东南汇区的芦潮港，跨越杭州湾北部海域，在浙江省嵊泗县崎岖列岛中的大乌龟岛登陆，沿大乌龟岛、颗珠山岛至小城子山小洋山港区一期交接点，工程全长 31km。其中：芦潮港新老大堤之间的陆上段长 2 264m；芦潮港至嵊泗县崎岖列岛的大乌龟岛之间的海上段长 25 131.5m；大乌龟岛至小城子山小洋山港区一期交接点的港桥连接段长约 3 500m。

东海大桥海上段设通航孔 4 个，其中：一个主通航孔，主跨径为 420m，三个副通航孔，主跨径分别为 120m、140m、160m，上部结构采用钢和混凝土结合梁斜拉桥，基础采用 ϕ2.5m 大直径钻孔灌注桩，桩长约 110m。由于本工程位于杭州湾海域，风、浪、流等自然条件十分复杂，给海上钻孔灌注桩的施工带来较多困难，且海上大直径钻孔灌注桩的设计与施工经验很少，因此有必要对通航孔桥 ϕ2.5m 大直径钻孔灌注桩进行试验，通过科学试验与检测分析，以验证并指导钻孔灌注桩的设计与施工。

选择具有代表性的试桩 PM336 和试桩 PM241 进行测试。PM336 位于主通航孔，双荷载箱，先测试，压浆后再测试；PM241 试桩位于副通航孔，为单荷载箱，先测试，压浆后再测试。

1)地质条件

(1)420m 主通航孔 PM336 主墩

①第四系全新统(Q_4)地层(图 6.2-1)

淤泥质粉质黏土(地质编号$③_1$)：灰黄～灰色，含少量腐植物，夹较多微薄层粉砂，局部为淤泥混砂。土质极软，钻具局部自沉，属新近沉积的软弱土层。该层在勘探区内分布较稳定，呈饱和、流塑状态。该层层厚为 2.70～5.50m，层底高程为 -12.70～ -17.35m。

淤泥质黏土(地层编号$④_1$)：灰黄～灰色，切面光滑，含少量黑色有机质、贝壳碎片及腐殖物，夹少量微薄层粉细砂。该层在勘探区内分布稳定，呈饱和、流塑状态。该层层厚为 5.90～12.20m，层底高程为 -23.25～ -26.30m。

黏土(地层编号$⑤_1$)：灰～灰褐色，含少量黑色有机质、贝壳碎片及腐殖物，夹较多微薄层粉细砂，局部粉细砂夹层较多，为淤泥质黏土夹粉细砂。该层在勘探区内分布较稳定，呈饱和、流～软塑状态。该层层厚为 1.60～7.30m，层底高程为 -25.60～ -32.00m。

②第四系上更新统(Q_3)地层

粉质黏土(地层编号⑥)：灰绿～褐黄色，局部灰黄色，含氧化铁斑迹，局部黏性较重，呈饱

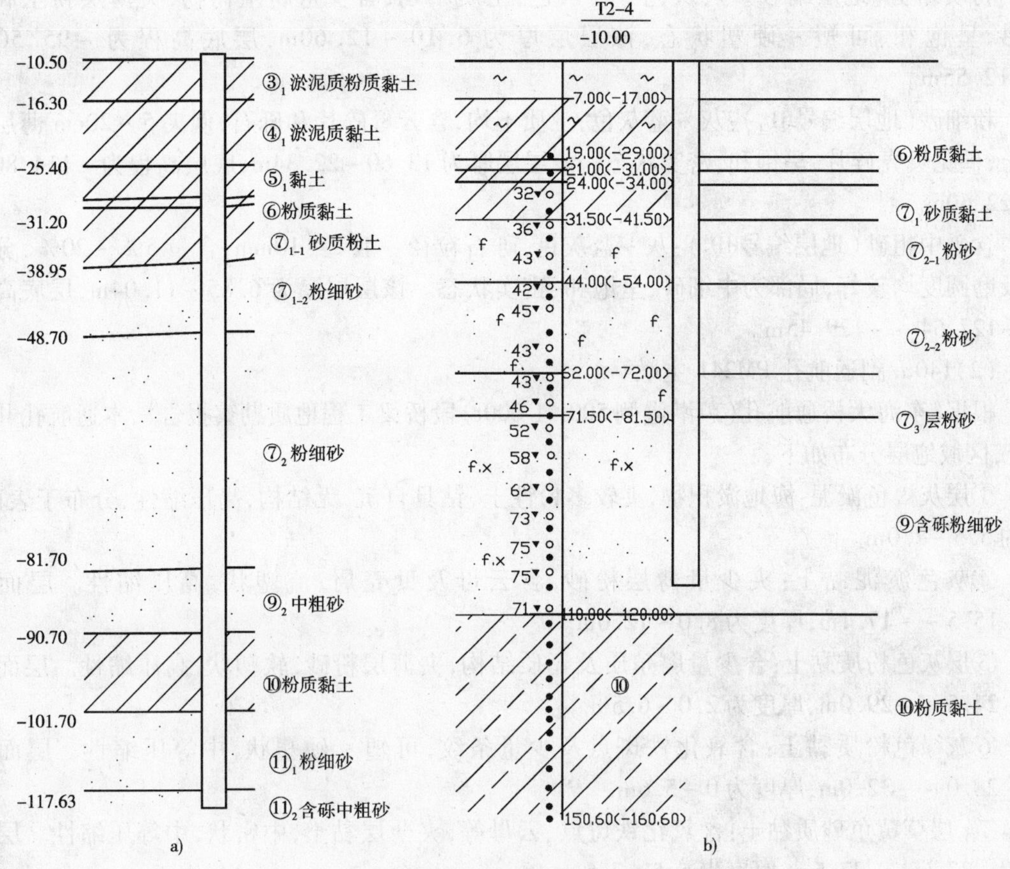

图 6.2-1　试桩地质剖面

a) PM336 试桩；b) PM241 试桩

和、可塑～硬塑状态。该层层厚为 1.70～3.50m，层底高程为 -29.10～-34.00m。

砂质粉土（地层编号⑦$_{1-1}$）：褐黄～灰黄色，土质不均，夹少量黏性土，局部为粉细砂或黏质粉土，该层分布较广泛，呈饱和、中密状态。该层层厚为 3.45～7.30m，层底高程为 -35.65～-38.95m。

粉细砂（地层编号⑦$_{1-2}$）：草黄～灰黄色，局部灰色，土质较均，主要由云母、石英、长石等矿物颗粒组成，局部夹薄层黏性土及粉土，呈饱和、中密～密实状态。该层层厚为 8.30～17.85m，层底高程为 -45.80～-53.85m。

粉细砂（地层编号⑦$_2$）（Q_3）：灰～灰黄色，颗粒较均，质纯，含云母碎片，偶夹微薄层黏性土，偶见贝壳碎片。含少量砾石，砾石直径 2～15mm，该层在勘探区内分布较稳定，厚度较大，呈饱和、密实状态。该层厚度为 27.95～51.10m，层底高程为 -81.60～-100.0m。

含砾中粗砂（地层编号⑨$_2$）：灰～灰黄色，砾石粗径一般 5～10mm，含量 5%～20%，局部为中细砂，呈饱和、密实状态。该层揭露厚度为 3.05～9.00m，层底高程为 -87.80～-105.95m。

③第四系中更新统（Q_2）地层

粉质黏土(地层编号⑩):灰色~蓝灰色,土质不均,含少量腐殖树物,夹薄层粉土和粉细砂,呈饱和、可塑~硬塑状态,该层层厚为6.10~12.60m,层底高程为-95.50~-112.55m。

粉细砂(地层编号⑪$_1$):灰~蓝灰色,土质不均,含云母碎片和砾石,偶夹5~20cm薄层黏性土,偶见贝壳碎片,呈饱和、密实状态。该层层厚为13.60~22.34m,底层高程为-114.80~-122.60m。

含砾中粗砂(地层编号⑪$_2$):灰~蓝灰色,砾石粒径一般2~10mm,含量5%~20%,分选性及磨圆度均较好,局部为中细砂,呈饱和、密实状态。该层层厚为6.85~11.04m,层底高程为-127.64~-129.45m。

(2)140m副通航孔PM241主墩

根据《东海大桥通航孔(芦潮港侧500t、1 000t)段桥梁工程地质勘察报告》,本通航孔共钻8个,区域地层分布如下。

①层灰褐色淤泥:海地淤积物,夹较多粉性土,钻具自沉,无结构,高压缩性,分布于表面,厚约5.5~7.0m。

④灰色淤泥黏土:夹少量薄层粉砂,含云母及贝壳屑,流塑状,高压缩性。层面高程-15.5~-17.1m,厚度为8.0~12.0m。

⑤层灰色粉质黏土:含少量腐殖质及钙质结构,夹薄层粉砂,软塑状,高压缩性。层面高程-24.5~-29.0m,厚度为2.0~6.5m。

⑥灰绿色粉质黏土:含氧化铁斑点及少量条纹,可塑~硬塑状,中等压缩性。层面高程-28.0~-32.0m,厚度为0~5.6m。

⑦$_1$层草黄色砂质黏土:含氧化铁斑点、云母等,夹薄层黏土,中密状,中等压缩性。层面高程-33.6~-37.5m,厚度为5.5~7.5m。

⑦$_{2\text{-}1}$层草黄~灰黄色粉砂:含氧化铁斑点、云母,局部含少量黏土,为砂质粉土。密实状,低压缩性。层面高程-41.1~-43.0m,厚度为10.0~13.0m。

⑦$_{2\text{-}2}$灰黄色粉砂:含氧化铁斑点、云母,局部砂性较纯,颗粒较细,以细砂为主,密实状,低压缩性。层面高程-51.6~-55.1m,厚度为15.5~21.1m。

⑦$_3$层灰色粉砂:含云母,土质不太均匀,局部夹薄层黏土较多,密实状,低压缩性。层面高程-67.1~-74.1m,厚度为8.4~14.5m。

⑨层灰色含砾粉细砂:含云母及砾石,砂颗粒较粗,以粉细砂为主,夹较多的中粗砂及砾石,局部以中粗砂为主,密实状,低压缩性。层面高程-81.5~-85.5m,仅T2-4孔揭穿该层,厚度为38.5m。

⑩层蓝灰~草黄色黏土:含铁锰质结核和钙质胶结物,硬塑,中等~低压缩性,仅T2-4孔揭穿该层,层面高程-120.0m,厚度大于40m。

2)试桩桩位布置

PM336墩试桩(主通航孔)布置见图6.2-2。

PM241墩试桩(副通航孔)布置见图6.2-3。

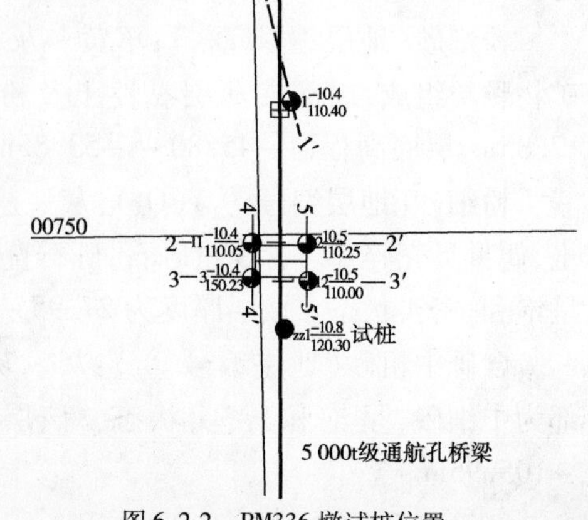

图6.2-2　PM336墩试桩位置

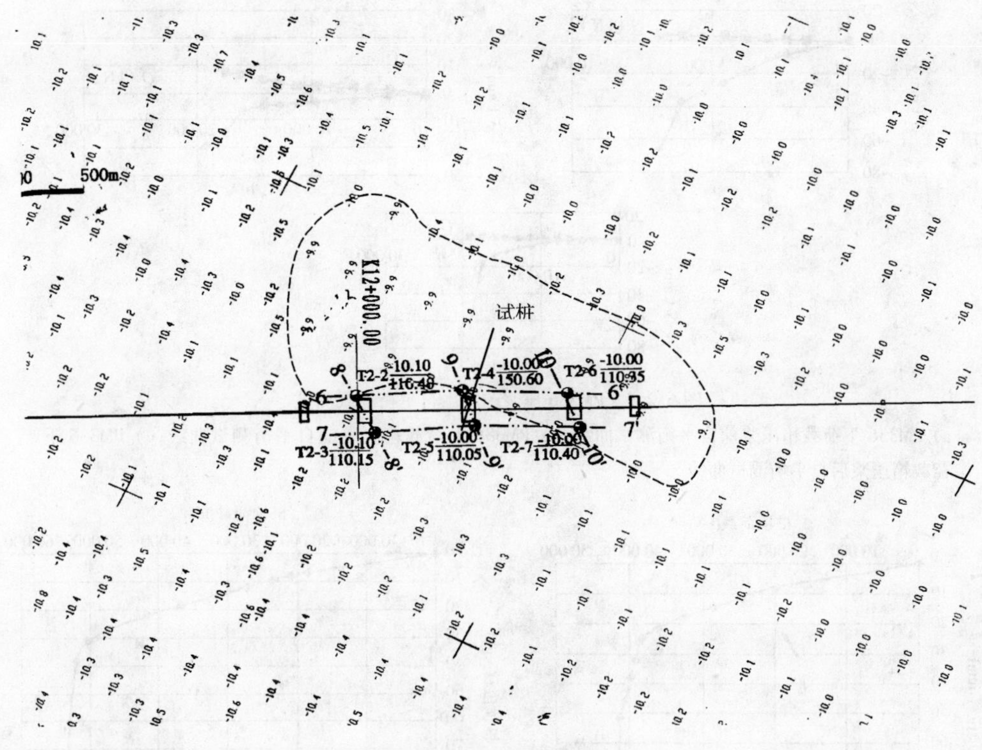

图 6.2-3　PM241 墩试桩位置

3) 试桩概况

试桩概况见表 6.2-1。

试桩情况一览表　　　　表 6.2-1

编组	试桩位置	预估极限承载力（kN）	荷载箱距桩端距离（m）	设计桩径（m）	设计桩长（m）	桩端持力层	数量	参考钻孔
F	主通航孔 PM336	2×24 000（上）① 2×24 000（下）②	46（上）① 2（下）②	2.5	110	⑪$_1$ 层粉细砂	1	No.4
E	副通航孔 PM241	2×30 000	38	2.5	110	⑨层灰色含砾粉细砂	1	T2-5

注：①（上）表示上荷载箱；
　　②（下）表示下荷载箱。

6.2.2　试桩结果分析

试桩 PM336 压浆前后由自平衡静载测试得到的荷载箱向上及向下的荷载—位移关系曲线见图 6.2-4，桩荷载关系曲线（等效转换曲线）见图 6.2-5，桩的极限承载力及构成见表 6.2-2。

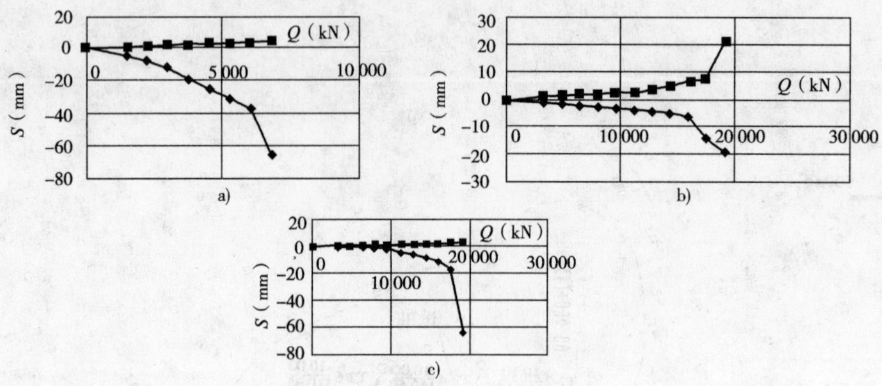

图 6.2-4 PM336 压浆前后由自平衡静载测试

a）PM336 下荷载箱压浆前自平衡测试曲线；b）PM336 上荷载箱压浆前自平衡测试曲线；c）PM336 下荷载箱压浆后自平衡测试曲线

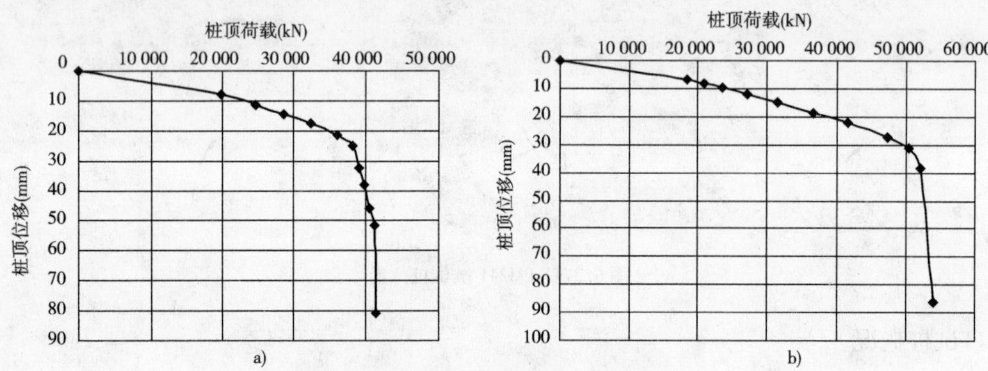

图 6.2-5 试桩 PM336 压浆前后桩荷载关系曲线

a）试桩 PM336 压浆前等效转换曲线；b）试桩 PM336 压浆后等效转换曲线

压浆量及其极限承载力提高幅度 表 6.2-2

桩　号	压浆土层	压浆量（t）	压浆前承载力（kN）	压浆后承载力（kN）	提高值（kN）	百分比（%）	备注
PM336	粉细砂	8	41 000	>52 000	>11 000	>26.8	—
PM241	含粒粉细砂	6.7	30 000	57 000	27 000	90	—

试桩 PM241 压浆前后由自平衡静载测试得到的荷载箱向上及向下的荷载—位移关系曲线见图 6.2-6，桩荷载关系曲线（等效转换曲线）见图 6.2-7，桩的极限承载力及构成见表 6.2-2，压浆前、后桩端阻力极限值见表 6.2-3。

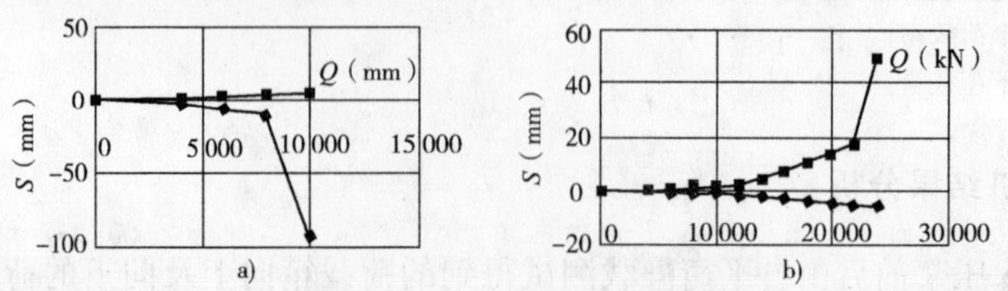

图 6.2-6 PM241 压浆前后由自平衡静载测试

a）PM241 荷载箱压浆前自平衡测试曲线；b）PM241 荷载箱压浆后自平衡测试曲线

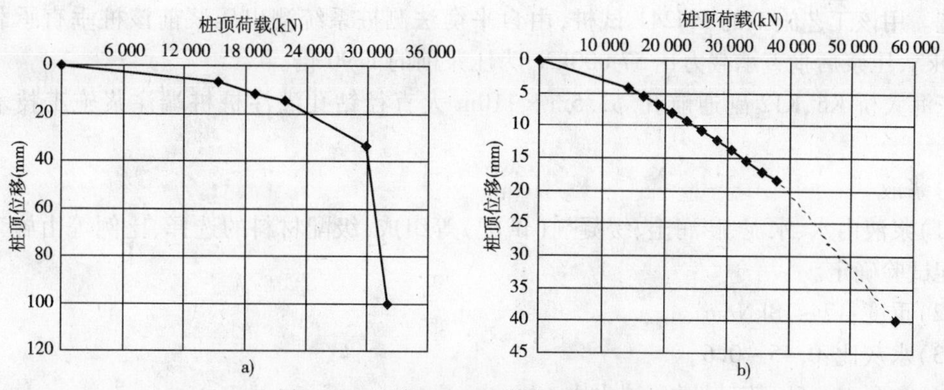

图6.2-7 试桩PM241压浆前后桩荷载关系

a)试桩PM241压浆前等效转换曲线;b)试桩PM241压浆后等效转换曲线

压浆前、后桩端阻力极限值　　表6.2-3

试桩 工况	PM336 桩端阻力(kN)	PM241 桩端阻力(kN)
压浆前	6 080	0
压浆后	17 600	>5 000

6.2.3 压浆效果分析

经过压浆前后承载力的测试可以看出,两根试桩经桩端压浆,桩承载力得到大幅度提高。桩端压浆桩承载力的提高不仅在于压浆固结了孔底沉渣和土体,起到扩底效应,而且下部桩身的桩侧泥皮和一定范围的土体也得到加固,从而使桩端承载力和侧阻力均得到提高。压浆前两根试桩下段 $Q—S$ 曲线在很小的荷载下出现陡降段,这与地质报告值有较大的偏差。后查施工记录,PM336试桩钻孔用了16d,清孔用了43h,下钢筋笼用了5d,浇注混凝土用了13h。PM241试桩开钻到混凝土浇捣完毕也用了较长时间,约19d。这样导致成孔距离浇灌混凝土的间隔时间太长,桩周泥皮、桩端沉渣厚,临空面应力松弛,既降低了侧摩阻力,也降低了桩端阻力。经桩端压浆后,试桩桩端承载力大幅度提高,从自平衡测试曲线及转换曲线可以看出,桩端压浆桩其承载性能的稳定性(承载力、沉降量)明显优于未压浆桩。压浆前、后承载力比较如表6.2-4所示。

压浆前、后承载力比较　　表6.2-4

桩　号	压浆土层	压浆量(t)	最大压浆压力(MPa)	压浆前承载力(kN)	压浆后承载力(kN)	提高值(kN)	百分比(%)
PM336	粉细砂	8	4	41 000	>52 000	>11 000	>26.8
PM241	含粒粉细砂	6.7	8	30 000	57 000	27 000	90

6.2.4 桩端压浆施工工艺

东海大桥副通航孔 ϕ25m×110m 大直径钻孔灌注桩桩端注浆施工工艺,是一例成功的注浆工艺。用该工艺施工的 PM241 试桩，由自平衡法测桩系统测出压浆前该桩垂直承载力为 30 000kN，压浆后垂直承载力达 57 000kN，为压浆前的 1.90 倍。

东海大桥 K6、K12 副通航孔 ϕ2.5m × 110m 大直径钻孔灌注桩桩端注浆施工技术要求如下。

1）浆液

（1）浆液由水、水泥、膨润土、缓凝剂（试配）等组成，级配材料的选择、比例等由施工方通过级配试验确定。

（2）重度：17 ~ 18kN/m^3。

（3）水灰比：0.45 ~ 0.6。

（4）初凝：4 ~ 6h，流动性好，泌水小。

（5）强度：7d 抗压强度不小于 5MPa；28d 抗压强度不小于 C30。

（6）浆液制备后应放置 5min 后才能使用，以消除浆液中的空气。

浆液应按每个循环使用量配置备用。使用前浆液应经过过滤，防止杂物堵塞压浆孔。

2）注浆管道

（1）注浆管道与超声波管道结合，采用 4 根 ϕ60 无缝钢管。施工时应按设计图纸的要求加工，特别是桩端管道应作加强。桩端注浆管道比钢筋笼长出 300mm，管道上留出 2 个 ϕ6mm 的注浆小孔，并用橡胶皮包裹、铁丝扎紧，防止杂质堵塞注浆孔。

（2）注浆管道的所有接口应连接牢靠，施工质量应严格把关，防止在钢筋笼运输、下放、结构混凝土浇筑过程中管道脱开。

（3）注浆管道露出桩顶的高程，由施工方根据钻孔桩平台高程等现场实际操作条件确定。注浆管道上端口设螺纹闷头封闭，下端口也需封闭。

3）压力注浆工艺

（1）裂开橡胶套管：钻孔灌注桩水下混凝土浇筑后 24 ~ 48h 内，用压力水从注浆管中压入，一般在 2 ~ 5MPa 时橡胶管裂开。当压入水的压力突然下降，表明套管已裂开并释放压力。此时应减小进水压力，以防止高压回流夹带杂质堵塞压浆孔。当管内仍存在压力水时，不能打开闸阀，以防水射出伤人。

（2）在正式压浆前保持注浆管内注满水。

（3）当钻孔灌注桩的水下混凝土龄期达到 14d 以上，桩身超声波检测完成后，开始对每根管道进行注浆，共循环两次。

（4）当邻近桩位正在钻孔时，不得进行桩端注浆施工，以防浆液穿孔。

4）压力注浆方法

（1）按每次的注浆量通过注浆管依次循环压注。

（2）进浆口压入混合水泥浆，完成一次压浆后，应均匀减压，防止压力浆倒流堵塞注浆孔。

5）每次终止压浆标准

（1）第一循环每根管道压浆量达到 700L（0.7m^3）；第二循环每根管道压浆量达到 1 300L（1.3m^3）。

（2）注浆压力达到 8MPa，稳压 10min。

凡达到以上数值之一时即终止本次压浆,移至下一管道进行压浆。

6)两次循环压浆的时间间隔

不得超过3h,两次循环的压浆顺序一致。

7)桩底终止循环压浆标准

(1)总压浆量达到8 000L($8m^3$)。

(2)所有管道压浆压力均达到8MPa。

(3)桩体总上浮1mm。

凡达到以上三者中任一数值时,则表示本桩压浆可全部结束。

最后一次压浆完毕,应经监理工程师认可。

8)资料

由专人负责记录压浆的起止时间、注入的浆量、注浆的压力,并测定各阶段桩的上浮量和总上浮量。

9)施工设备

(1)12MPa压力表2只。

(2)压浆管(橡胶软管)2套。

(3)球阀4只。

(4)制浆机ZJ-4001台。

(5)储浆罐1 000L若干。

(6)注浆泵3SNS2台(必须2台,1台备用,以防注浆时注浆泵损坏,影响注浆进行)。

(7)水准仪一架。

其他必须设备由施工方确定。

10)安全措施

施工区域设立警示牌,非工作人员严禁进入。工作人员应注意站位,严格按规程操作,防止被高压液体伤害。

6.3 杭州湾跨海大桥

6.3.1 工程概况

杭州湾跨海大桥全长36km。大桥设南、北两个航道,其中北航道桥为主跨448m的钻石型双塔双索面钢箱梁斜拉桥,南航道桥为主跨318m的A形单塔双索面钢箱梁斜拉桥。除南北航道外,其余引桥采用30~80m不等的预应力混凝土连续箱梁结构。

杭州湾跨海大桥南岸滩涂区长达9km,桥梁基础采用钻孔摩擦桩。钻孔桩数量众多,从详勘地质钻孔揭示的情况来看,地质条件较差,为满足承载力要求,钻孔桩设计桩长较长。根据调研,大桥建设指挥部决定通过试桩确定桩基承载力和桩底压浆施工工艺,合理确定桩长,为施工图优化设计提供充分的依据。桥位区地层的地质时代、岩性、埋藏条件及其物理力学特征如表6.3-1所示。

地质资料图　　表 6.3-1

土层编号	层底高程（m）	层底深度（m）	层厚（m）	岩性描述	土层分类名称	钻孔桩桩周土极限摩阻力 τ_i（kPa）
②$_1$	-0.22	2.20	2.20	亚砂土:灰黄色,顶部含少量贝壳,粉粒含量较高,稍密,饱和	亚砂土	25
②$_2$	-14.12	16.10	13.90	亚砂土:灰色,粉粒含量较高,局部相变为亚黏土,稍~中密,湿	亚砂土	35
③$_1$	-43.02	45.00	28.90	淤泥质亚黏土:灰色,具水平层理构造,层间夹薄层粉砂,饱和,28.0m 以上局部为软塑状亚黏土,40.0m 以下为流塑状亚黏土	淤泥质亚黏土	20
④$_1$	-53.52	55.50	10.50	黏土:灰色,具鳞片状构造,局部含少量腐殖物,软塑,饱和	黏土	22
⑥$_1$	-68.52	70.50	15.00	黏土:灰色,具水平层理构造,局部含少量腐殖物,软塑,饱和,62.0m 以下为软塑状亚黏土	黏土	40
⑦$_1$	-72.02	74.00	3.50	中砂:灰黄色,矿物成分以石英和长石为主,密实,湿	中砂	55
⑦$_2$	-78.82	80.80	6.80	亚黏土:灰色,具水平层理构造夹少量粉砂薄层,软~流塑,饱和,下部为硬塑,湿	亚黏土	40
⑦$_{2\text{-}1}$	-81.02	83.00	2.20	粉砂:灰色,主要矿物成分为石英和长石,充填较多黏性土,密实,中密	粉砂	50
⑧$_1$	-85.52	87.50	4.50	黏土:灰绿色,硬塑,湿	黏土	55
⑧$_2$	-88.22	90.20	3.10	黏土:灰色,硬塑,湿	黏土	40

杭州湾跨海大桥静载试验分四期进行,每期试桩的参数如表 6.3-2 所示。

静载试验试桩参数汇总表　　表 6.3-2

类型	编　号	桩径（m）	桩顶高程（m）	桩底高程（m）	有效桩长（m）	单/双荷载箱	预估加载值（kN）	地质钻孔号
一期	A1	1.5	5	-75	80	双	15 800 6 400 （桩端）	XZK328 ~ s
	A2	1.5	5	-85	90	单	13 800	XZK328 ~ s
	E	1.5	17	-84	101	单	15 800	ESK1
二期	SZ1	1.5	5.0	-85.0	90	单	3 000	XZK321
	SZ2	1.5	5.0	-85.0	90	单	3 000	XZK321
三期	144-3 号	1.5	-0.50	-87.50	87	双	上 2 × 10 000 下 2 × 7 000	XZK320
	F15-33 号	2.0	-1.00	-101.00	100	单	2 × 18 000	XZK232
四期	23 号	2.8	-0.80	-120.80	120.00	双	上 2 × 22 000 下 2 × 22 000	XZK447
	25 号	2.8	-0.80	-120.80	120.00	单	2 × 30 000	XZK448

压浆情况简介如下。

(1)一期试桩

A组试桩为2根ϕ1 500钻孔灌注桩,其中A1桩长80m,A2桩长90m,两桩相距9m,采用水上工作平台法组织施工。

桩身混凝土的级别为C30,在二次清孔完成后,进行水下混凝土灌注。因测试设备较多,采用拔球方式填充混凝土。灌注时采用ϕ262mm快速卡口导管,导管埋置深度适当,埋深控制在3~6m之间,导管提升缓慢。

各试桩的测试情况如表6.3-3所示。

各桩测试情况

表6.3-3

试桩编号	灌注混凝土日期	压浆状况	压浆时间	测试日期	测试内容
试桩A1	5.20	桩底	6.30	6.14~6.16 7.10~7.13 7.25~7.26	桩端阻力(注浆前) 桩端阻力(注浆后) 整桩承载力(注浆后)
试桩A2	5.3	无	无	6.14~6.16	整桩承载力
试桩E	6.22	无	无	7.17~7.18	整桩承载力

(2)二期试桩

SZ2试桩由宁波市交通建设工程公司施工,在杭州湾跨海大桥工程指挥部、厦门路桥监理公司的共同协助下完成整个工艺,成桩日期2003年7月27日。施工情况基本正常。

该试桩桩径1.5m,桩顶高程+5.00m,桩底高程-85.0m。采用双层钢护筒,外护筒打至高程-9.07m,内护筒打至高程-9.14m。

下荷载箱高程-83.5m,上荷载箱高程-71.5m。

SZ2先进行压浆,再测试,压浆情况如表6.3-4所示。

压浆情况汇总表

表6.3-4

管道	第一循环			第二循环			第三循环		
	时间	压力(MPa)	压浆量(L)	时间	压力(MPa)	压浆量(L)	时间	压力(MPa)	压浆量(L)
声测管1	11:09~11:17	2	500	17:19~17:28	2	500	23:42~23:51	4	380
声测管2	11:21~11:28	2	500	13:34~17:40	3	500	23:56~24:11	4	300

(3)三期试桩

三期试桩为杭州湾跨海大桥南岸南滩涂IX-B合同段,桥梁基础采用钻孔灌注桩。为验证桩基承载力和桩底压浆施工工艺,采用自平衡法进行了两根试桩的承载力试验。

①144-3号试桩

桩径1 500mm,桩顶高程-0.50m,桩底高程-87.50m,桩长87.00m,上荷载箱设于-71.50m,下荷载箱设于-85.50m,成桩日期2004年10月26日,施工过程一切正常。

②F15-33号试桩

桩径2 000mm,桩顶高程-1.00m,桩底高程-101.00m,桩长100.00m,荷载箱埋设于

-91.00m,成桩日期2005年9月23日,施工过程一切正常。

144-3号桩埋设了两荷载箱,成桩后先进行上、下荷载箱的测试,压浆完全后再进行测试,于2004年11月17日进行桩端压浆,具体情况见表6.3-5。

三期144-3号试桩压浆情况汇总表 表6.3-5

管道	第一循环			第二循环			第三循环			总压浆量(L)
	时间	压力(MPa)	压浆量(L)	时间	压力(MPa)	压浆量(L)	时间	压力(MPa)	压浆量(L)	
压浆管1	19:30~19:50	1.5	400	2:30~2:39	2.3	400	9:25~9:36	3.7	300	3 200
压浆管2	19:54~20:06	1.7	400	2:44~2:54	2.5	400	9:41~9:52	4	400	
压浆管3	20:15~20:25	1.8	300	3:00~3:11	2.8	300	10:03~10:18	4	300	

F15-33号桩埋设了单荷载箱,先压浆再进行测试,压浆详细情况见表6.3-6。

三期F15-33号试桩压浆情况汇总表 表6.3-6

管道	第一循环			第二循环			第三循环			总压浆量(L)
	时间	压力(MPa)	压浆量(L)	时间	压力(MPa)	压浆量(L)	时间	压力(MPa)	压浆量(L)	
压浆管1	21:30~21:50	3.0	900	22:00~22:15	3.2	900	22:25~22:50	3.0	900	7 000
压浆管2	03:40~03:55	3.2	900	04:10~04:30	3.2	900	04:38~05:00	3.3	900	
压浆管3	09:40~10:00	3.4	600	10:20~11:00	3.3	600	11:30~12:30	3.6	400	

(4)四期试桩

杭州湾跨海大桥南航道主墩(D13)基础采用钻孔灌注桩,根据规范和设计要求,采用自平衡法进行两根桩静荷载试验,确定压浆前后单桩承载力,验证灌注桩施工工艺和压浆效果。选择23号和25号桩进行测试。

23号试桩:桩径2 800mm,桩顶高程-0.80m,桩底高程-120.80m,上荷载箱底高程-103.30m,下荷载箱高程-117.80m,混凝土强度等级为C30。成桩日期2004年12月02日。采用四回路U形管压浆工艺,于2004年12月29日进行桩端压浆,具体情况见表6.3-7。

四期23号试桩压浆情况汇总表 表6.3-7

回路	第一循环			第二循环			第三循环		
	时间	压力(MPa)	压浆量(L)	时间	压力(MPa)	压浆量(L)	时间	压力(MPa)	压浆量(L)
回路1	09:20~09:28	1.5	1 380	14:41~14:50	2.0	1 290	21:06~21:38	3.5	4 900
回路2	09:55~10:04	1.5		15:12~15:20	2.0		21:52~22:22	3.3	
回路3	11:02~11:08	1.0		16:08~16:15	2.0		13:19~14:26	4.0	
回路4	11:31~11:39	2.2		17:17~17:24	2.1				

25号试桩:桩径2 800mm,桩顶高程-0.80m,桩底高程-120.80m,荷载箱底高程-104.80m,混凝土强度等级为C30。成桩日期2004年12月13日。采用四回路U形管压浆工艺,于2005年1月8日进行桩端压浆,具体情况见表6.3-8。

四期 25 号试桩压浆情况汇总表

表 6.3-8

回路	第一循环			第二循环			第三循环		
	时间	压力（MPa）	压浆量（L）	时间	压力（MPa）	压浆量（L）	时间	压力（MPa）	压浆量（L）
回路 1	11:36 ~ 11:43	1.0	1 780	19:41 ~ 19:48	1.5	1 490	09:04 ~ 09:25	4.1	2 780
回路 2	12:02 ~ 12:12	0.8		19:56 ~ 20:03	1.2		12:20 ~ 12:31	4.0	
回路 3	13:52 ~ 14:08	0.8		20:18 ~ 20:26	1.4		12:57 ~ 13:08	4.0	
回路 4	14:35 ~ 14:52	0.7		20:35 ~ 20:44	1.2		13:20 ~ 13:34	4.5	

6.3.2 试桩结果分析

1）一期试桩

整个测试过程正常。根据中华人民共和国交通部标准《公路桥涵施工技术规范》（JTJ 041—2000）附录 B“试桩试验办法”和江苏省地方标准《桩承载力自平衡测试技术规范》（DB32/T 291—1999），综合分析实测各试桩，结果如表 6.3-9 所示。

各试桩实测结果

表 6.3-9

试桩编号	试桩 A1（下）（注浆前）	试桩 A1（上）（注浆后）	试桩 A1（下）（注浆后）	试桩 A2	试桩 E
预定加载值（kN）	2 × 3 200	2 × 16 000	2 × 6 400	2 × 16 000	2 × 16 000
最终加载值（kN）	2 × 2 800	2 × 11 000	2 × 5 600	2 × 12 000	2 × 11 000
荷载箱处向上位移（mm）	8.58	10.13	4.58	27.92	11.21
残余位移（mm）	5.58	4.97	2.13	20.05	6.25
上部桩土体系弹性变形（mm）	3.00	5.16	2.45	7.87	4.96
荷载箱处向下位移（mm）	47.11	114.96	21.77	119.49	97.16
残余位移（mm）	27.16	74.14	16.23	80.26	60.73
下部桩土体系弹性变形（mm）	19.95	40.82	5.54	39.23	36.43
桩顶向上位移（mm）	0.96	4.07	2.38	7.29	4.78
残余位移（mm）	0.47	2.56	1.09	3.01	2.94
上端桩压缩变形（mm）	7.62	6.06	2.20	20.63	6.43
极限承载力（kN）	> 17 810			17 640	> 17 480

试桩 A1 注浆前后测试结果表明：注浆后桩端阻力得到有效提高，注浆后的桩端阻力极限值（5 200kN）为注浆前的桩端阻力极限值（2 600kN）的 2 倍；注浆后下段桩的桩侧摩阻力也有所提高。注浆前、后加载后桩端阻力与桩端位移的变化关见图 6.3-1。

根据精确转换法，试桩 A1、A2、E 自平衡测试法结果向传统方法结果的转换曲线分别如图

6.3-2a)、图6.3-2b)和图6.3-2c)所示。根据转换曲线，将桩顶位移40mm，对应荷载作为极限值，判断试桩A1、A2、E承载力分别为18 700kN、19 000kN、19 200kN，两种承载力判断方法结论基本一致。

2）二期试桩

SZ2压浆后由自平衡静载测试得到的荷载箱向上及向下的荷载—位移关系曲线见图6.3-3，桩荷载关系曲线（等效转换曲线）见图6.3-4，桩的极限承载力及构成见表6.3-10。

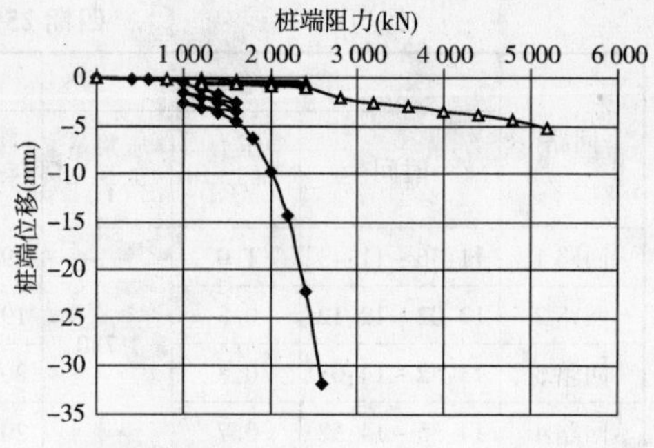

图6.3-1　试桩A1注浆前、后桩端阻力—位移曲线

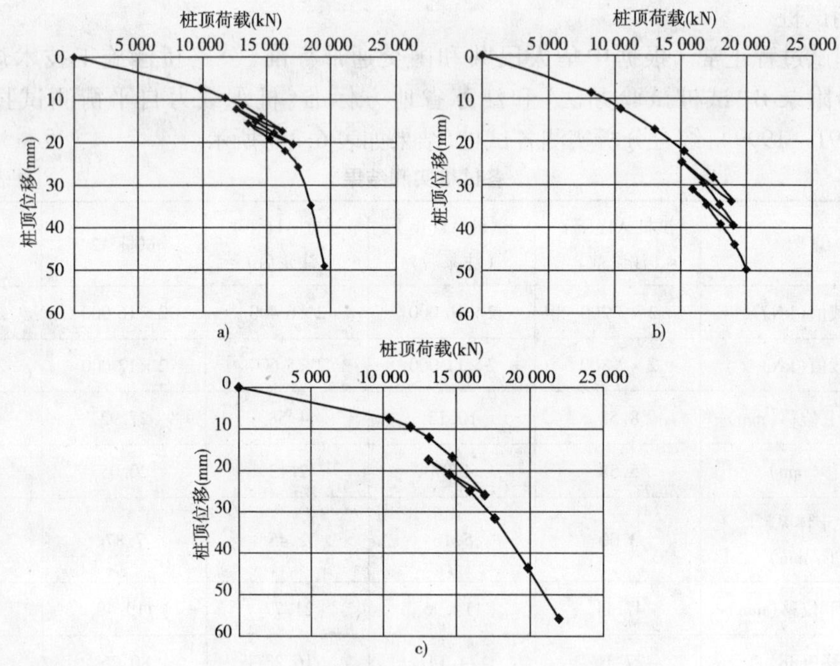

图6.3-2　试桩A1、A2和E精确转换曲线

a)试桩A1精确转换曲线；b)试桩A2精确转换曲线；c)试桩E精确转换曲线

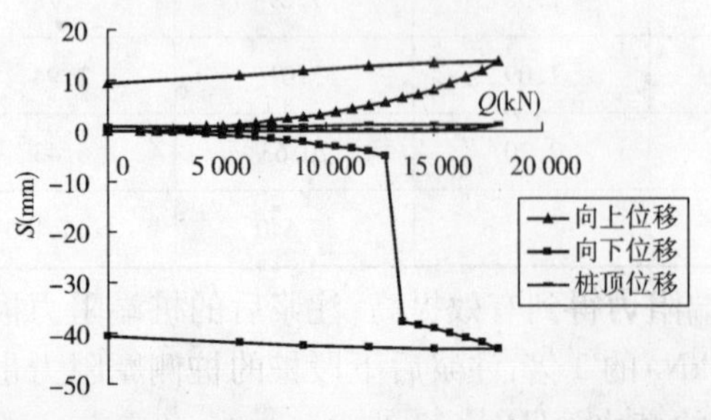

图6.3-3　SZ2试桩(压浆后)上荷载箱自平衡测试曲线图

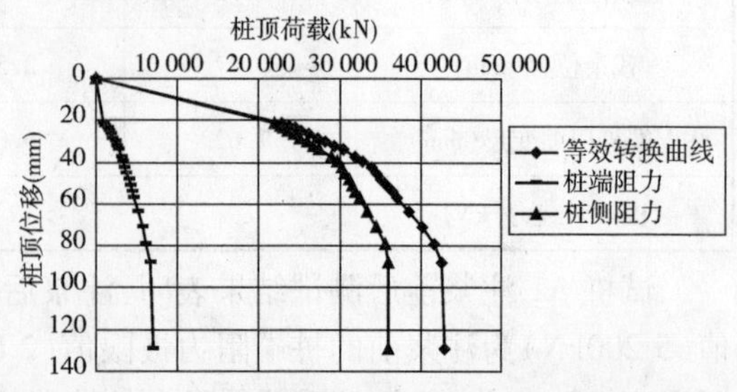

图6.3-4　SZ2试桩(压浆后)桩荷载关系曲线

SZ2 试桩等效转换结果 表 6.3-10

桩身范围	+5.00 ~ -85.00m		
极限承载力(kN)	42 567	承载力(kN)	33 012
相应位移(mm)	87.77	相应位移(mm)	40.00
极限桩端阻力(kN)	6 580 (15.46%)	相应桩端阻力(kN)	3 316 (10.04%)
极限总侧摩阻(kN)	35 987 (84.54%)	相应总侧摩阻(kN)	29 696 (89.96%)

(1)极限承载力

采用等效转换方法,根据已测得的各土层摩阻力—位移曲线,转换至桩顶(+5.00m),等效转换曲线如图 6.3-5 所示,等效转换曲线为陡变型。转换结果如表 6.3-11 所示,取陡变点所对应的荷载为极限承载力。

等效转换曲线对应桩顶位移为 40mm 的荷载情况如表 6.3-11 所示。

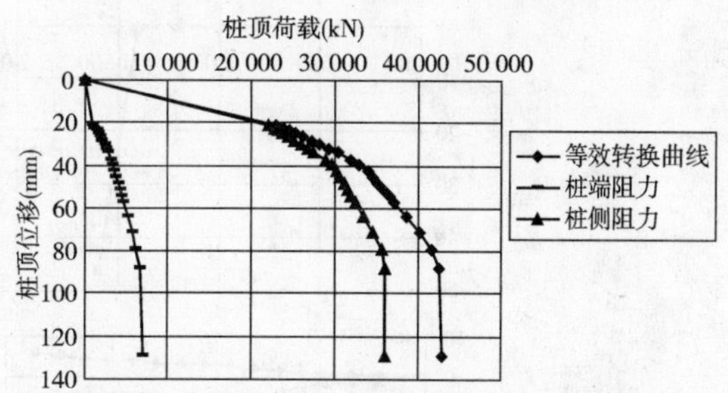

图 6.3-5 SZ2 试桩等效转换曲线

SZ2 试桩等效转换结果 表 6.3-11

桩身范围	+5.00 ~ -85.00m		
极限承载力(kN)	42 567	承载力(kN)	33 012
相应位移(mm)	87.77	相应位移(mm)	40.00
极限桩端阻力(kN)	6 580 (15.46%)	相应桩端阻力(kN)	3 316 (10.04%)
极限总侧摩阻(kN)	35 987 (84.54%)	相应总侧摩阻(kN)	29 696 (89.96%)

SZ2 试桩极限承载力取等效转换方法计算结果,极限承载力为 42 567kN,相应的位移为 87.77mm。

(2)分层岩土摩阻力

SZ2 试桩的分层岩土摩阻力情况如表 6.3-12 所示。

SZ2 试桩各岩土层摩阻力 表 6.3-12

地层编号	岩土层名	深度(m)	地质报告摩阻力值(kPa)	实测摩阻力极限值(kPa)	对应位移值(mm)
②$_2$	亚砂土	-9.07 ~ -14.60	35	30.66	8.20
③$_1$	淤泥质亚黏土	-14.60 ~ -36.20	20	29.43	8.48
③$_2$	亚黏土	-36.20 ~ -46.80	25	52.06	9.33
④$_1$	黏土	-46.80 ~ -57.00	22	47.29	10.33
⑥$_1$	黏土	-57.00 ~ -66.20	45	95.64	11.63
⑦$_1$	细砂	-66.20 ~ -76.30	55	192.25	13.48
⑦$_2$	亚黏土	-76.30 ~ -81.40	45	164.26	3.93
⑦$_{2-1}$	细砂	-81.40 ~ -83.50	50	290.8	3.74

(3)桩端承载力

SZ2 试桩的桩端阻力—位移曲线为陡变型，取陡变点即第 13 级加载值为极限承载力。桩端极限承载力(包括 1.5m 桩侧摩阻力)为 6 580kN，相应位移为 42.66mm。

3)三期试桩

144-3 号、F15-33 号试桩压浆前后由自平衡静载测试得到的荷载箱向上及向下的荷载—位移关系曲线见图 6.3-6，桩荷载关系曲线(等效转换曲线)见图 6.3-7，试桩自平衡规程分析结果见表 6.3-13。

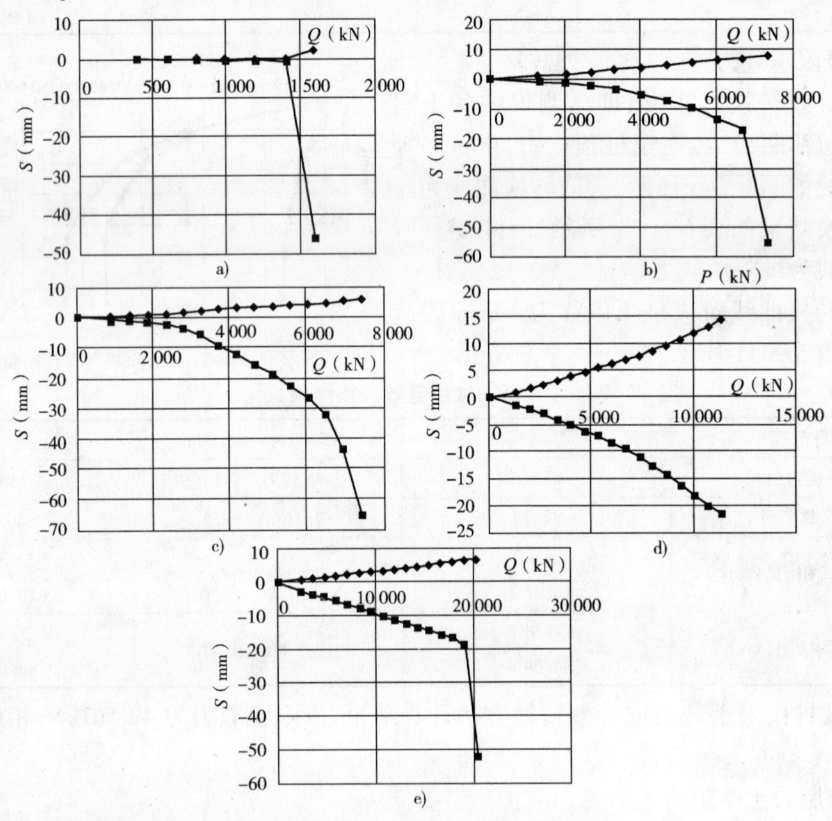

图 6.3-6　144-3 号、F15-33 号试桩压浆前后向上及向下的荷载—位移关系曲线

a)144-3 号试桩压浆前下荷载箱测试曲线；b)144-3 号试桩压浆前上荷载箱测试曲线；c)144-3 号试桩压浆后下荷载箱测试曲线；d)144-3 号试桩压浆后下荷载箱测试曲线；e)F15-33 号试桩压浆后下测试曲线

各试桩自平衡规程分析结果　　表 6.3-13

试桩编号	上部桩的实测极限承载力 $Q_{u上}$(kN)	下部桩的实测极限承载力 $Q_{u下}$(kN)	上部桩段长度(m)	上部桩有效自重(kN)	上部桩侧摩阻力修正系数 γ	单桩竖向抗压极限承载力 Q_u(kN)
144-3 号试桩(压浆前)	7 370	8 100	71.00	1 818	0.8	(7 370 - 1 818)/0.8 + 8 100 = 15 040
144-3 号试桩(压浆后)	11 390	18 760	7 100	1 818	0.8	(11 390 - 1 818)/0.8 + 18 760 = 30 725
F15-33 号试桩(压浆后)	20 400	19 200	90.00	4 098	0.8	(20 400 - 4 098)/0.8 + 19 200 = 39 577.5

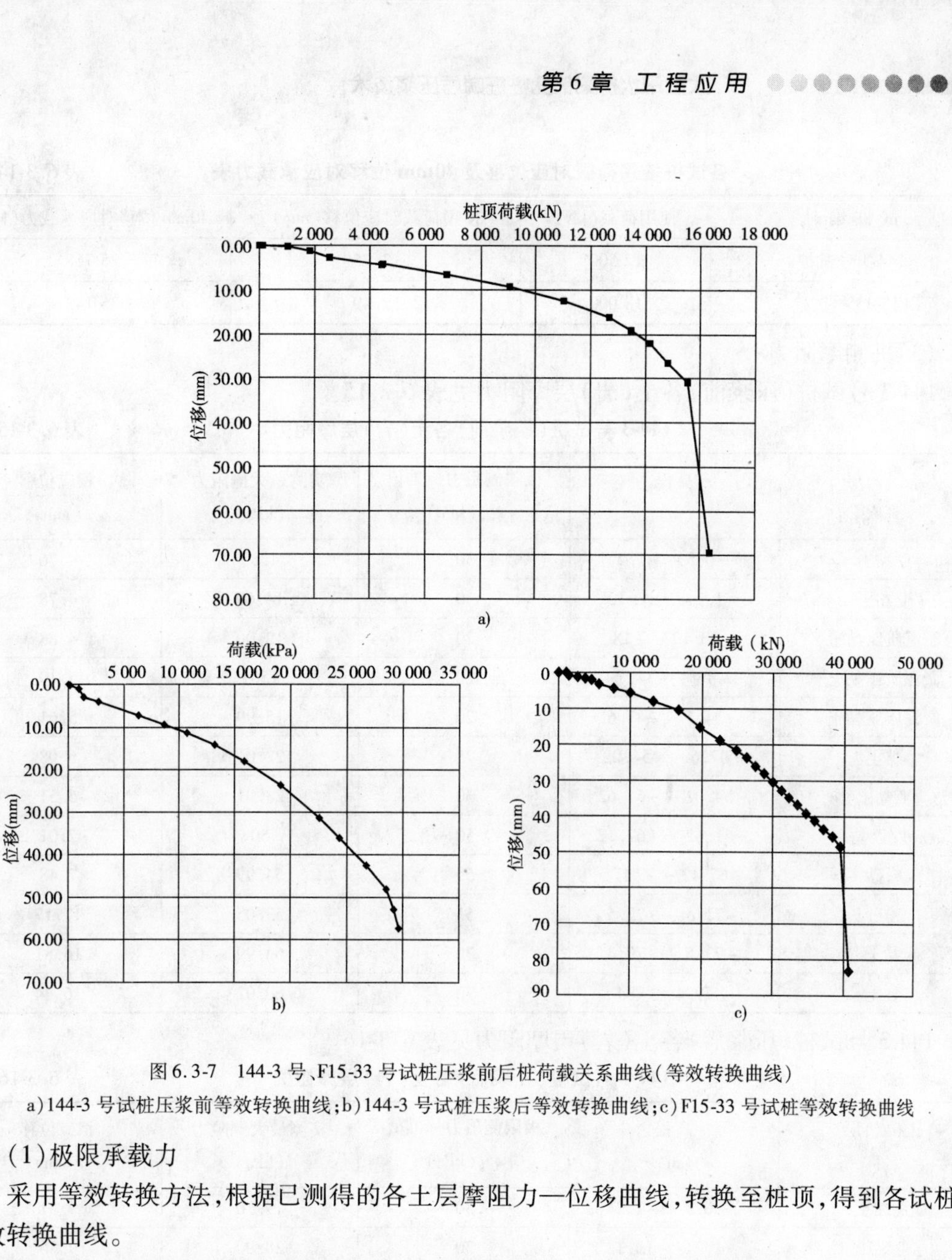

图 6.3-7 144-3 号、F15-33 号试桩压浆前后桩荷载关系曲线(等效转换曲线)

a)144-3 号试桩压浆前等效转换曲线;b)144-3 号试桩压浆后等效转换曲线;c)F15-33 号试桩等效转换曲线

(1)极限承载力

采用等效转换方法,根据已测得的各土层摩阻力—位移曲线,转换至桩顶,得到各试桩的等效转换曲线。

144-3 号试桩极限承载力取等效转换方法计算结果。压浆前,极限承载力为 15 547kN,相应的位移为 30.99mm;压浆后,极限承载力为 31 043kN,相应的位移为 98.14mm。

F15-33 号试桩当加载到最后一级时,曲线发生陡变,桩破坏,取其前一级加载所对应的荷载值为桩极限承载力。其极限承载力为 39 504kN,相应的位移为 48.57mm。

(2)使用荷载对应的位移及 40mm 位移对应的承载力

见图 6.3-8 及表 6.3-14。

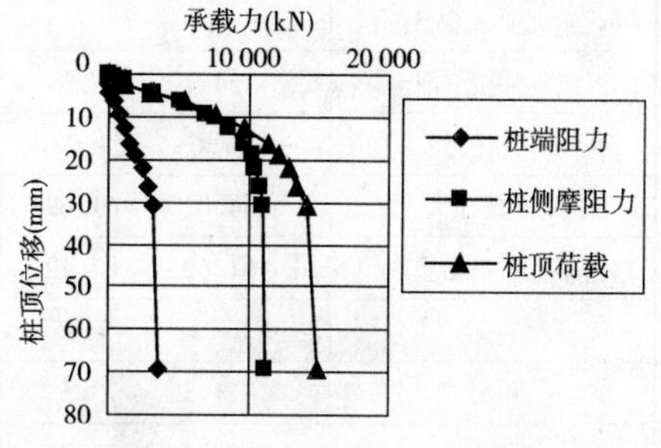

图 6.3-8 承载力—位移曲线

各试桩使用荷载对应位移及 40mm 位移对应承载力表　　表 6.3-14

试桩编号	使用荷载(kN)	使用荷载对应位移(mm)	40mm 位移对应承载力(kN)
144-3 号试桩	12 500	13.25	25 768
F15-33 号试桩	18 000	12.49	35 142

(3)桩侧摩阻力

144-3 号试桩(压浆前)各土(岩)层摩阻力见表 6.3-15。

144-3 号试桩(压浆前)各土(岩)层摩阻力　　表 6.3-15

土(岩)层名称	高程(m)	极限侧阻力标准值 q_{sik}(kPa)	实测最大侧阻力(kPa)	相应位移(mm)
亚黏土	-0.5 ~ -1.2	30	4.85	4.76
亚黏土	-1.2 ~ -13.12	30	14.60	4.78
淤泥质亚黏土	-13.12 ~ -18	20	12.00	4.88
淤泥质亚黏土	-18 ~ -34.7	20	15.1	5.10
淤泥质亚黏土	-34.7 ~ -47.6	20	15.99	5.61
黏土	-47.6 ~ -54.02	25	22.01	6.08
亚黏土	-54.02 ~ -61.62	30	28.01	6.51
粉砂/亚黏土	-61.62 ~ -67.12	50	50	7.01
粉砂	-67.12 ~ -71.5	55	54.99	7.48
粉砂	-71.5 ~ -73.5	55	53.05	17.17
黏土	-73.5 ~ -79.4	70	63.99	16.81
黏土	-79.4 ~ -84	70	60.02	16.44

144-3 号试桩(压浆后)各土(岩)层摩阻力见表 6.3-16。

144-3 号试桩(压浆后)各土(岩)层摩阻力　　表 6.3-16

土(岩)层名称	高程(m)	极限侧阻力标准值 q_{sik}(kPa)	实测最大侧阻力(kPa)	相应位移(mm)
亚黏土	-0.5 ~ -1.2	30	19.70	9.31
亚黏土	-1.2 ~ -13.12	30	28.00	9.36
淤泥质亚黏土	-13.12 ~ -18	20	21.48	9.54
淤泥质亚黏土	-18 ~ -34.7	20	23.51	9.95
淤泥质亚黏土	-34.7 ~ -47.6	20	26.99	10.84
黏土	-47.6 ~ -54.02	25	35.00	11.65
亚黏土	-54.02 ~ -61.62	30	42.50	12.38
粉砂/亚黏土	-61.62 ~ -67.12	50	64.01	13.20
粉砂	-67.12 ~ -71.5	55	73.98	13.95
粉砂	-71.5 ~ -73.5	55	73.95	21.37
黏土	-73.5 ~ -79.4	70	159.01	20.76
黏土	-79.4 ~ -84	70	209.99	20.25

F15-33 号试桩(压浆后)各土(岩)层摩阻力见表 6.3-17。

F15-33 号试桩(压浆后)各土(岩)层摩阻力　　表 6.3-17

土(岩)层名称	高程 (m)	极限侧阻力标准值 q_{sik}(kPa)	实测最大侧阻力 (kPa)	相应位移 (mm)
亚砂土	-1.00 ~ -3.09	30	31.21	1.11
亚砂土	-3.09 ~ -18.09	30	31.31	1.29
淤泥质亚黏土	-18.09 ~ -29.00	20	20.81	1.46
淤泥质亚黏土	-29.00 ~ -39.00	20	21.02	1.71
淤泥质亚黏土	-39.00 ~ -50.69	20	21.01	1.92
淤泥质黏土	-50.69 ~ -59.09	25	26.16	2.03
淤泥质黏土	-59.09 ~ -69.09	25	26.21	2.84
细砂	-69.09 ~ -74.59	60	62.79	3.64
黏土、亚黏土	-74.59 ~ -80.59	70	73.14	4.37
黏土、亚黏土	-80.59 ~ -88.29	70	73.25	5.42
黏土、亚黏土	-88.29 ~ -90.99	70	73.03	6.36
黏土、亚黏土	-90.99 ~ -99.49	70	97.76	51.44
黏土、亚黏土	-99.49 ~ -101.00	70	196.17	50.65

(4)桩端阻力

各试桩的桩端承载力情况如表 6.3-18 及图 6.3-9 和图 6.3-10 所示。

各试桩桩端阻力汇总表　　表 6.3-18

桩　　号	桩端承载力(kN)	相应位移(mm)
144-3 号试桩(压浆前)	1600①	46.18
144-3 号试桩(压浆后)	7470①	65.44
F15-33 号试桩	13330.00	17.02

注:①144-3 号试桩桩端承载力指下荷载箱以下部分的承载力,包括了 2m 的桩侧摩阻力和桩端阻力。

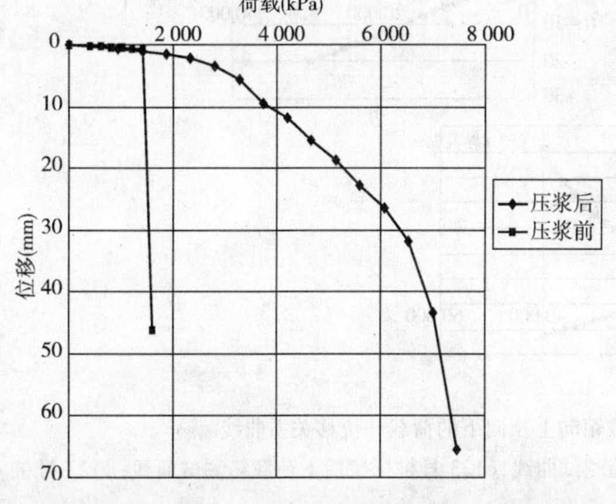

图 6.3-9　144-3 号试桩压浆前后桩端阻力—位移曲线

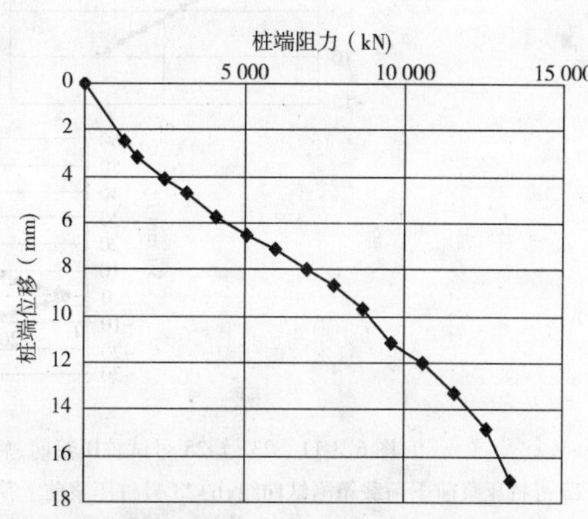

图 6.3-10　F15-33 号试桩桩端阻力—位移曲线

4）四期试桩

23号、25号试桩压浆前、后由自平衡静载测试得到的荷载箱向上及向下的荷载—位移关系曲线见图6.3-11，桩荷载关系曲线（等效转换曲线）见图6.3-12，桩的极限承载力及构成见表6.3-19。

试桩自平衡规程分析结果 表6.3-19

试桩编号	上部桩的实测极限承载力 $Q_{u上}$（kN）	下部桩的实测极限承载力 $Q_{u下}$（kN）	上部桩段长度（m）	上部桩有效自重（kN）	上部桩侧摩阻力修正系数 γ	单桩竖向抗压极限承载力 Q_u（kN）
23号（压浆前）	29 320	36 260②	102.50	9 151	0.8	（29 320－9 151）/0.8＋36 260＝61 471
23号（压浆后）	29 320	43 460②	102.50	9 151	0.8	（29 320－9 151）/0.8＋43 460＝68 671
25号（压浆后）	40 000	40 000	104.00	9 280	0.8	（40 000－9 280）/0.8＋40 000＝78 400

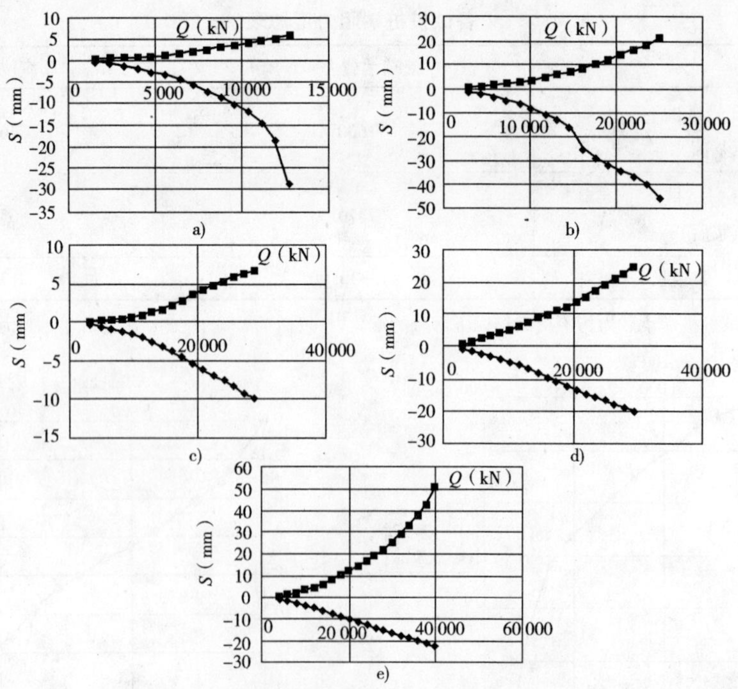

图6.3-11 23号、25号试桩压浆前、后荷载箱向上及向下的荷载—位移关系曲线

a)23号桩压浆前下荷载箱测试曲线；b)23号桩压浆前上荷载箱测试曲线；c)23号桩压浆后下荷载箱测试曲线；d)23号桩压浆后上荷载箱测试曲线；e)25号桩压浆后荷载箱测试曲线

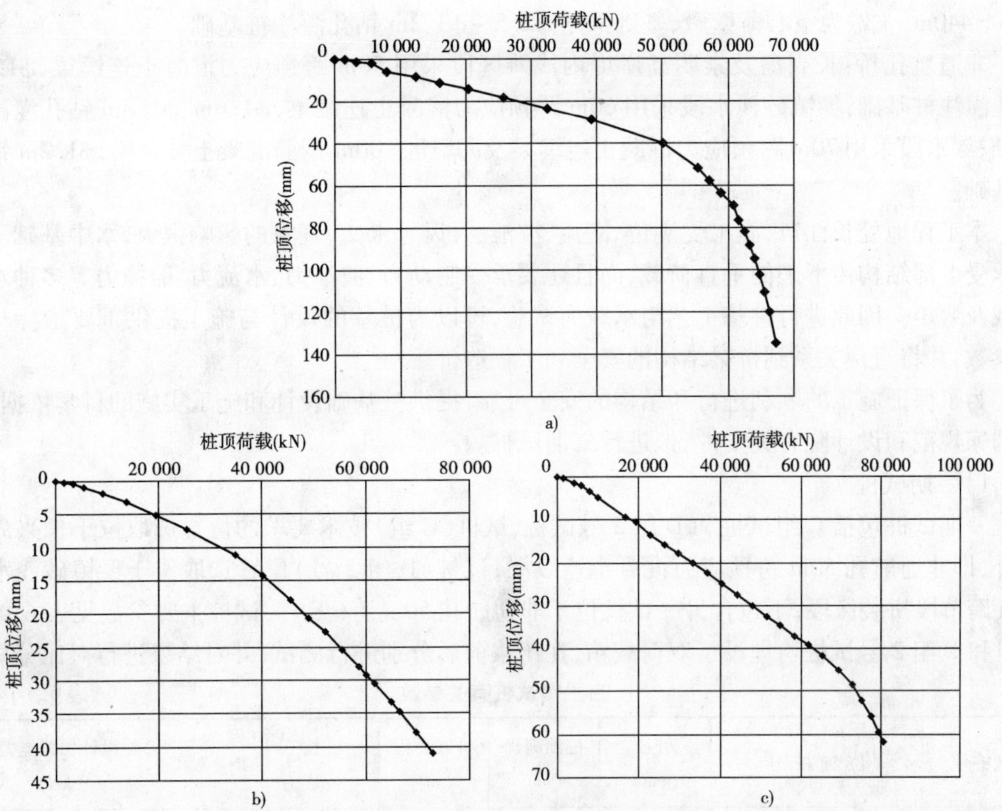

图6.3-12 23号、25号试桩压浆前、后桩荷载关系曲线(等效转换曲线)

a)23号试桩(压浆前)等效荷载—位移曲线;b)25号试桩(压浆后)等效荷载—位移曲线;c)25号试桩(压浆后)等效荷载—位移

6.4 上海沪崇苏通道上海长江大桥

6.4.1 工程概况

崇明越江通道工程位于上海市东部,工程范围南起上海市浦东新区外高桥东的五号沟,规划五洲大道—远东大道立交,跨越长江口的南港,经长兴岛中部新开港及陆域,跨越长江口的北港,至崇明陈家镇奚家港西,全长约25.5km。其中南港水域宽度约6.87km,长兴岛陆域宽度约3.946km,北港水域宽度约8.451km,崇明岛陆域接线长4.802km。

上海长江大桥工程范围从长兴岛桩号E8+770.00至崇明岛桩号E25+320.016,全长16.55km(跨江部分长约8.5km),长兴岛大堤至崇明岛大堤之间水域全长8.5km,非通航孔总长约6.62km,占全部水上段的78%,两侧引桥陆上段总长约1.1km,全桥设一个主通航孔和一个辅通航孔。

主通航孔桥方案为主跨730m的双塔斜拉桥方案,两边跨各设一个辅助墩,跨径组合110m+240m+730m+240m+110m=1 430m,主塔为"人"字形索塔,基础采用$\phi2.5\sim\phi3.2$m钻孔灌注桩基础。辅通航孔桥方案为预应力混凝土连续梁桥,跨径组合80m+140m+140m+

80m = 440m，主墩为空心薄壁墩，基础采用 $\phi2.5\sim\phi3.2$m 钻孔灌注桩基础。

非通航孔桥：长兴岛及崇明岛岸堤内浅滩区段采用 50m 跨预应力混凝土连续梁，$\phi1.8$m 钻孔灌注桩基础；堡镇砂浅水段采用 60m 跨预应力混凝土连续梁，$\phi1.6$m、$\phi1.8$m 钻孔灌注桩基础；深水段采用 70m 跨预应力混凝土连续梁及高墩区 100m 钢筋混凝土叠合梁，$\phi1.2$m 钢管桩基础。

本工程地处长江口，施工受潮位、潮流、波浪、大风等水文、气象的影响很大，水中基础不仅要承受上部结构传下来的垂直荷载，而且还要承受制动力、波浪力、水流力、船撞力等多种水平荷载及弯矩。因此进行桩基工艺与承载力试验，可以为桩基的设计与施工提供重要指标与合理参数，并将直接关系到桥梁结构的安全和工程造价。

为了保证施工的顺利进行和结构的安全可靠，提供桩基础设计和施工实施的科学依据，根据国家规范和设计院有关文件，拟进行二期试桩。

1）一期试桩

一期试桩包括 C 组试桩和 D 组 2 号试桩，试桩（C 组）技术要求的位置选取位于长兴岛大堤外，即非通航孔 50m 跨预应力混凝土连续梁；试桩（D 组 2 号）位置选取位于堡镇砂浅水段 60m 跨节段拼装区段，不包含另一试桩位于非通航孔 50m 跨（堡）。试桩主要参数见表 6.4-1。C 组和 D 组 2 号试桩均埋设了双荷载箱，在压浆前后分别进行测试，并对结果进行对比分析。

自平衡试桩有关参数

表 6.4-1

试桩号	位置桩号	桩径（cm）	桩顶高程（m）	桩底高程（m）	桩长（m）	参考钻孔	设计加载能力（kN）
C 组试桩 1	PM18 号（长兴）	180	1.65	−75.35	77.00	CQ013	上箱：2×18 000kN 下箱：2×22 000kN
D 组 2 号试桩	PM81 号	160	1.65	−84.75	86.40	XK106	上箱：2×16 000kN 下箱：2×20 000kN

勘探深度范围内的地层按其岩性、地质时代、成因类型及物理力学性质指标上的差异，可分为 15 个工程地质（亚）层，自上而下分述如下。

①$_1$ 层填土，层面高程 3.11 ~ 3.60m，以黏性土为主，含碎石及植物根茎，主要分布在崇明岛近岸处，厚度 0.00 ~ 1.60m。

①$_2$ 层江底淤泥，层面高程 0.80 ~ 1.40m，含有机质，夹粉细砂及黏性土团块，主要分布在近崇明岛浅滩区，厚度 0.00 ~ 5.20m，辅通航区段受水流冲刷作用而变薄或缺失。

②$_3$ 层灰黄 ~ 灰色砂质粉土，层面高程 −11.00 ~ −3.60m，稍密状，含少量氧化铁条纹及少量粉砂、薄层黏性土，主要分布于本区段两端，厚度变化较大（最大厚约 16.8m），在中间深槽区受切割变薄或缺失，该层在一定的水动力作用下易产生流砂和管涌现象。

④层灰色淤泥质黏土层，本区段沿线遍布，层面高程 −15.90 ~ −10.60m，流塑状，高压缩性，易触变和流变，厚度为 4.70 ~ 15.50m，夹少量薄层粉砂及少量贝壳碎屑。

⑤$_{1\text{-}1}$层灰色黏土，本区段沿线遍布，层面高程 −30.00 ~ −18.40m，厚度 4.00 ~ 13.30m，夹少量薄层粉砂，含少量未全腐蚀的植物残余，局部段含沼气，软塑状。

⑤$_{1\text{-}2}$层灰色粉质黏土夹粉土，本区段沿线遍布，软塑状，层面高程 −39.90 ~ −30.50m，厚

度5.60～14.30m,含少量钙质结核及贝壳碎屑,底部砂性较重,辅通航孔区中间段含较多沼气。

⑦$_1$ 层灰色砂质粉土,中密～密实状,层面高程－46.30～－39.20m,厚度14.80～31.70m,含云母,夹少量细砂、薄层黏性土,其中局部段夹厚5.00～22.40m的⑦$_{1t}$层可塑～软塑状的透镜体灰色粉质黏土夹粉土。

⑦$_2$ 层灰色粉砂,密实状,层面高程－70.70～－56.90m,厚度0.00～4.50m,夹少量薄层黏性土,含少量腐殖质、云母屑,在本区近崇明岛段缺失。

⑨$_1$ 层灰色砂质粉土与粉质黏土互层,中密～密实(可塑～软塑),层面高程－73.20～－60.90m,厚度0.00～11.50m,含少量砾石,土性变化较大。

⑨$_2$ 层灰黄～灰色含砾粉细砂层,沿线均有分布,密实状,层面高程－79.30～－72.20m。厚度变化较大,局部未钻穿。局部段夹有厚0.80～1.90m、可塑～硬塑状的透镜体状灰～灰绿色粉质黏土(⑨$_{2t}$层)。

⑪层灰色含砾粉砂,密实状,层面高程－101.20～－96.60m,层厚35.20～38.90m,具层理,含云母屑。夹薄层黏性土,含少量中粗砂及砾,局部段夹有厚0.80～8.30m、可塑～硬塑状的透镜体状灰褐色粉质黏土(⑪$_t$层);

⑫层灰绿～草黄色粉质黏土,硬塑状,层面高程－138.50～－134.10m,具层理,含较多贝壳碎屑、氧化铁条纹及钙质结核。本次勘察仅辅通航区主墩处部分控制性孔揭露该层,至高程－141.40m未穿该层。

2)二期试桩

二期试桩包括D组试桩和G组试桩。试桩D组技术要求的位置选取位于崇明岛大堤外,即非通航孔50m跨预应力混凝土连续梁与堡镇砂浅水段60m跨节段拼装区段;试桩G组位置选取位于副通航孔主墩。D组、G组试桩主要参数见表6.4-2。D组和G组试桩均埋设了双荷载箱,压浆前后均进行了测试,并对结果进行对比分析。

自平衡试桩有关参数

表6.4-2

试桩号	位置桩号	桩径(cm)	桩顶高程(m)	桩底高程(m)	桩长(m)	参考钻孔	设计加载能力(kN)
D组试桩	PM120号(崇明)	160	1.6	－80.355	81.955	XK159	上箱:2×16 000 下箱:2×20 000
G组试桩	PM114号(副通航孔主墩)	250～320	－14.70	－109.850	95.150	XK154	上箱:2×40 000 下箱:2×40 000

6.4.2 试桩结果分析

1)一期试桩

C组试桩压浆前后荷载箱的测试曲线见图6.4-1,D组2号桩压浆前后荷载箱测试曲线如图6.4-2所示。

C组试桩压浆前后的桩顶承载力、桩端承载力和桩侧摩阻力转换曲线如图6.4-3所示,D组2号试桩压浆前后的桩顶承载力、桩端承载力和桩侧摩阻力转换曲线如图6.4-4所示。

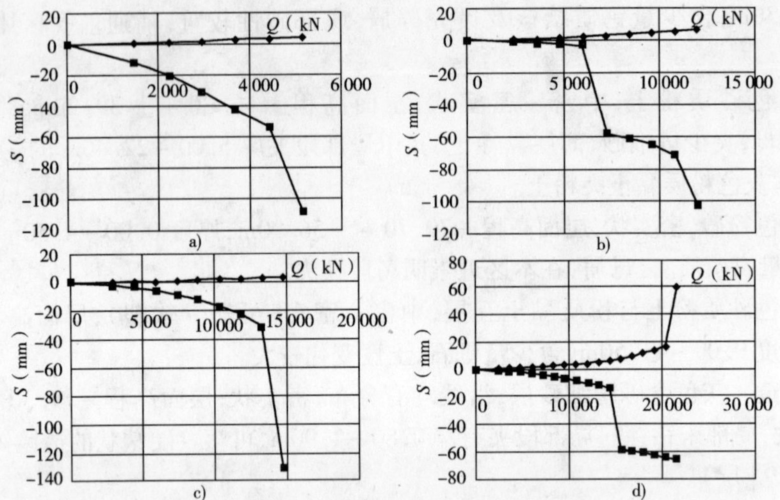

图 6.4-1　C 组试桩压浆前、后荷载箱压浆前后测试曲线

a)压浆前下荷载箱测试曲线；b)压浆前上荷载箱测试曲线；c)压浆后下荷载箱测试曲线；d)压浆后上荷载箱测试曲线

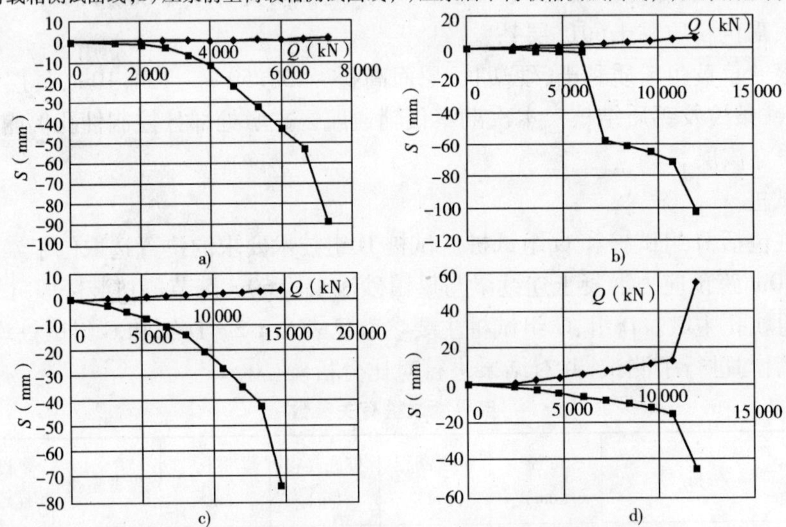

图 6.4-2　D 组 2 号试桩压浆前后荷载箱压浆前后测试曲线

a)压浆前下荷载箱测试曲线；b)压浆前上荷载箱测试曲线；c)压浆后下荷载箱测试曲线；d)压浆后下荷载箱测试曲线

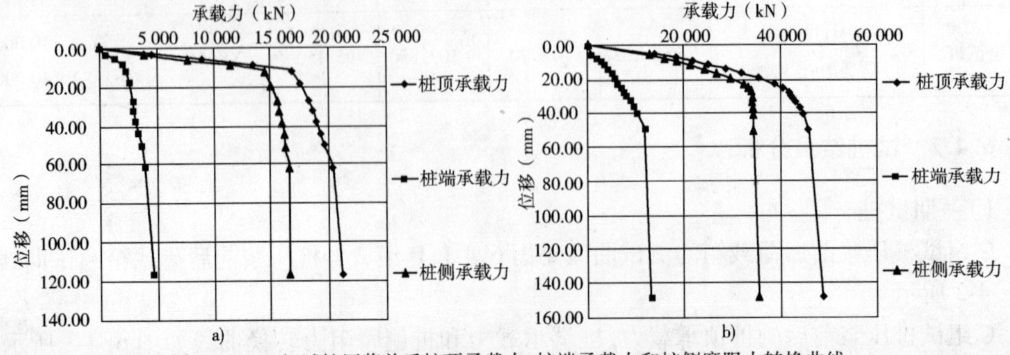

图 6.4-3　C 组试桩压浆前后桩顶承载力、桩端承载力和桩侧摩阻力转换曲线

a)压浆前；b)压浆后

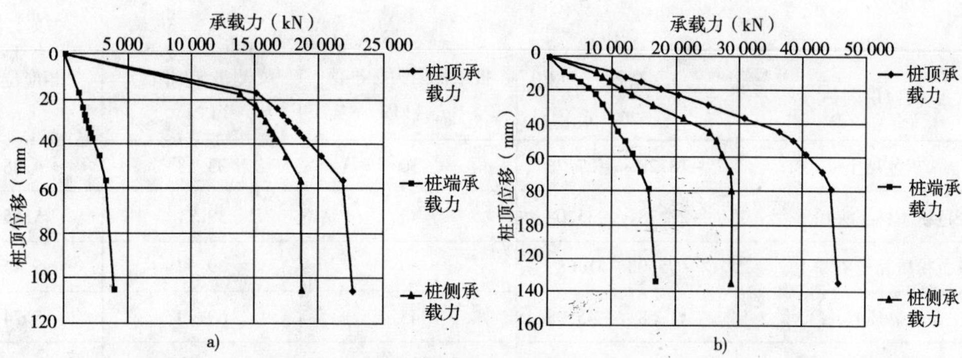

图6.4-4 D组2号试桩压浆前后桩顶承载力、桩端承载力和桩侧摩阻力转换曲线

a)压浆前；b)压浆后

(1)极限承载力

采用等效转换方法，根据已测得的各土层摩阻力—位移曲线，转换至桩顶，得到各试桩等效转换曲线。

C组试桩压浆前等效转换曲线为陡变型，如图6.4-3a)所示，取最大位移处对应的荷载为极限承载力。

C组试桩压浆后等效转换曲线为陡变型，如图6.4-3b)所示，取陡变点所对应的荷载为极限承载力。

D组2号试桩压浆前等效转换曲线为陡变型，如图6.4-4a)所示，取陡变点对应的荷载为极限承载力。

D组2号试桩压浆后等效转换曲线为陡变型，如图6.4-4b)所示，取陡变点对应的荷载为极限承载力。

试桩极限承载力取等效转换方法计算结果：

C组试桩(压浆前)极限承载力为20 448kN，相应的位移为61.25mm。

C组试桩(压浆后)极限承载力为46 128kN，相应的位移为49.02mm。

D组2号试桩(压浆前)极限承载力为21 430kN，相应的位移为53.27mm。

D组2号试桩(压浆后)极限承载力为44 460kN，相应的位移为76.32mm。

(2)桩侧摩阻力

①C组试桩

C组试桩压浆前后各土(岩)层摩阻力见表6.4-3和表6.4-4。

C组试桩(压浆前)各土(岩)层摩阻力 表6.4-3

土(岩)层名称	高程(m)	极限侧阻力标准值 q_{sik}(kPa)	实测最大侧阻力(kPa)	相应位移(mm)
灰黄~灰色砂质粉土	1.65~0.02	30	25.78	4.57
灰黄~灰色砂质粉土	0.02~-12.58	30	26.04	4.60
灰黄~灰色砂质粉土	-12.58~-14.78	30	29.48	4.69
灰色淤泥质黏土	-14.78~-18.28	20	24.31	4.73

续上表

土(岩)层名称	高程(m)	极限侧阻力标准值 q_{sik}(kPa)	实测最大侧阻力(kPa)	相应位移(mm)
灰色黏土	-18.28 ~ -27.78	30	33.58	4.88
灰色粉质黏土夹粉土	-27.78 ~ -35.08	40	38.71	5.15
灰色粉质黏土夹粉土	-35.08 -41.68	40	39.32	5.45
灰色砂质粉土	-41.68 ~ -45.98	45	69.29	5.74
灰色粉砂	-45.98 ~ -52.35	75	69.54	6.10
灰色粉砂	-52.35 -54.15	75	57.74	2.52
灰色粉砂	-54.15 ~ -64.08	75	56.98	2.33
灰色砂质粉土与粉质黏土互层	-64.08 ~ -71.38	65	47.23	2.18
灰黄~灰色含砾粉细砂	-71.38 ~ -72.35	65	47.87	2.17
灰黄~灰色含砾粉细砂	-72.35 ~ -74.35	60	48.91	10.97

C组试桩(压浆后)各土(岩)层摩阻力 表6.4-4

土(岩)层名称	高程(m)	极限侧阻力标准值 q_{sik}(kPa)	实测最大侧阻力(kPa)	相应位移(mm)
灰黄~灰色砂质粉土	1.65 ~0.02	30	45.77	13.14
灰黄~灰色砂质粉土	0.02 ~ -12.58	30	48.27	13.20
灰黄~灰色砂质粉土	-12.58 ~ -14.78	30	50.77	13.36
灰色淤泥质黏土	-14.78 ~ -18.28	20	41.08	13.45
灰色黏土	-18.28 ~ -27.78	30	60.29	13.71
灰色粉质黏土夹粉土	-27.78 ~ -35.08	40	67.94	14.20
灰色粉质黏土夹粉土	-35.08 ~ -41.68	40	77.37	14.74
灰色砂质粉土	-41.68 ~ -45.98	75	97.82	15.27
灰色粉砂	-45.98 ~ -52.35	75	105.07	15.89
灰色粉砂	-52.35 ~ -54.15	75	109.99	13.25
灰色粉砂	-54.15 ~ -64.08	75	114.34	12.77
灰色砂质粉土与粉质黏土互层	-64.08 ~ -71.38	65	146.11	12.34
灰黄~灰色含砾粉细砂	-71.38 ~ -72.35	65	151.01	12.28
灰黄~灰色含砾粉细砂	-72.35 ~ -74.35	65	155.54	31.30

②D组2号试桩

D组2号试桩压浆前后各土(岩)层摩阻力见表6.4-5和表6.4-6。

D组2号试桩(压浆前)各土(岩)层摩阻力 表6.4-5

土(岩)层名称	高程 (m)	极限侧阻力标准值 q_{sik}(kPa)	实测最大侧阻力 (kPa)	相应位移 (mm)
灰黄~灰色砂质粉土	1.65~-4.9	30	29.61	7.46
灰黄~灰色砂质粉土	-4.9~-16.7	30	29.59	7.61
灰色淤泥质粉土	-16.7~-24.9	20	19.98	7.97
灰色黏土	-24.9~-32	30	29.88	8.39
灰色粉质黏土夹粉土	-32~-39.9	40	39.82	8.94
灰色砂质粉土	-39.9~-46.15	45	43.07	9.60
灰色砂质粉土	-46.15~-53.15	45	44.36	10.36
灰色砂质粉土	-53.15~-60.15	45	44.46	11.32
灰色砂质粉土	-60.15~-61.75	45	58.59	11.99
灰色砂质粉土	-61.75~-66.7	45	74.52	54.59
灰色砂质粉土与粉质黏土互层	-66.7~-73.9	65	74.93	54.03
灰黄~灰色含砾粉细砂	-73.9~-81.75	60	68.35	53.63
灰黄~灰色含砾粉细砂	-81.75~-83.75	60	71.77	68.93

D组2号试桩(压浆前)各土(岩)层摩阻力 表6.4-6

土(岩)层名称	高程 (m)	极限侧阻力标准值 q_{sik}(kPa)	实测最大侧阻力 (kPa)	相应位移 (mm)
灰黄~灰色砂质粉土	1.65~-4.9	30	31.58	9.45
灰黄~灰色砂质粉土	-4.9~-16.7	30	32.33	9.61
灰色淤泥质粉土	-16.7~-24.9	20	26.54	10.01
灰色黏土	-24.9~-32	30	33.95	10.49
灰色粉质黏土夹粉土	-32~-39.9	40	45.66	11.11
灰色砂质粉土	-39.9~-46.15	45	47.93	11.86
灰色砂质粉土	-46.15~-53.15	45	54.13	12.73
灰色砂质粉土	-53.15~-60.15	45	60.83	13.83
灰色砂质粉土	-60.15~-61.75	45	73.69	14.61
灰色砂质粉土	-61.75~-66.7	45	95.02	13.58
灰色砂质粉土与粉质黏土互层	-66.7~-73.9	65	149.78	12.55
灰黄~灰色含砾粉细砂	-73.9~-81.75	60	170.85	11.83
灰黄~灰色含砾粉细砂	-81.75~-83.75	60	179.39	35.97

(3)桩端承载力

各试桩的桩端承载力情况如表6.4-7所示,C组和D组2号试桩桩顶40mm位移下各试桩承载力及荷载分担情况汇总见表6.4-8和表6.4-9。

C 组和 D 组 2 号试桩桩端承载力汇总表　　表 6.4-7

桩　号	桩端承载力(kN)	相应位移(mm)
C 组试桩(压浆前)	3 948	53.64
C 组试桩(压浆后)	11 830	31.30
D 组 2 号试桩(压浆前)	3 968	70.06
D 组 2 号试桩(压浆后)	16 957	91.46

注:以上试桩桩端承载力指下荷载箱以下部分的承载力,D 组 2 号试桩包括下荷载箱以下 2.5m 的桩侧摩阻力和桩端阻力,C 组试桩包括下荷载箱以下 3m 的桩侧摩阻力和桩端阻力。

C 组试桩桩顶 40mm 位移下各试桩承载力及荷载分担情况汇总表　　表 6.4-8

试桩编号 / 工况	C 组试桩(压浆前)		C 组试桩(压浆后)	
	数值	比例	数值	比例
桩侧阻力(kN)	15 975	83.60%	34 252	76.63%
桩端阻力(kN)	3 133	16.40%	10 451	23.37%
桩顶荷载(kN)	19 108	—	44 707	—

D 组 2 号试桩桩顶 40mm 位移下各试桩承载力及荷载分担情况汇总表　　表 6.4-9

试桩编号 / 工况	D 组 2 号试桩(压浆前)		D 组 2 号试桩(压浆后)	
	数值	比例	数值	比例
桩侧阻力(kN)	17 897	83.5%	29 644	64.4%
桩端阻力(kN)	3 533	16.5%	15 816	35.6%
桩顶荷载(kN)	21 430	—	44 460	—

2)二期试桩

D 组试桩压浆前后荷载箱的测试曲线见图 6.4-5,G 组试桩压浆前后荷载箱测试曲线如图 6.4-6 所示。

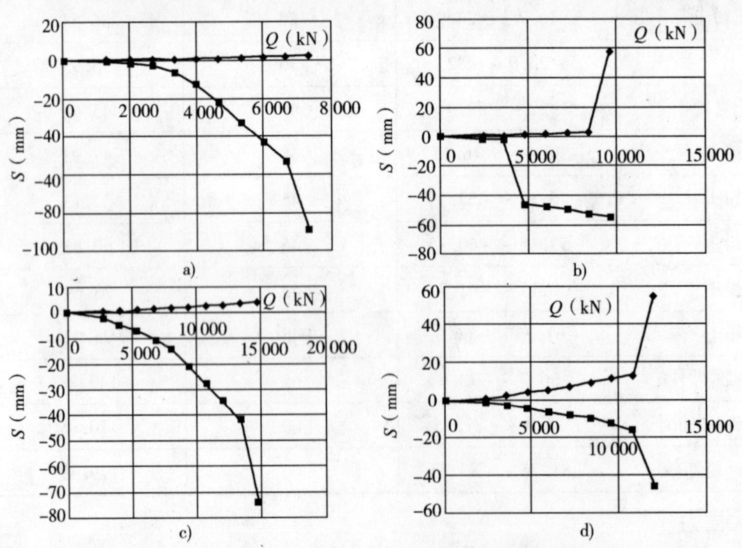

图 6.4-5　D 组试桩压浆前后荷载箱测试曲线

a)压浆前下荷载箱;b)压浆前上荷载箱;c)压浆后下荷载箱;d)压浆后上荷载箱

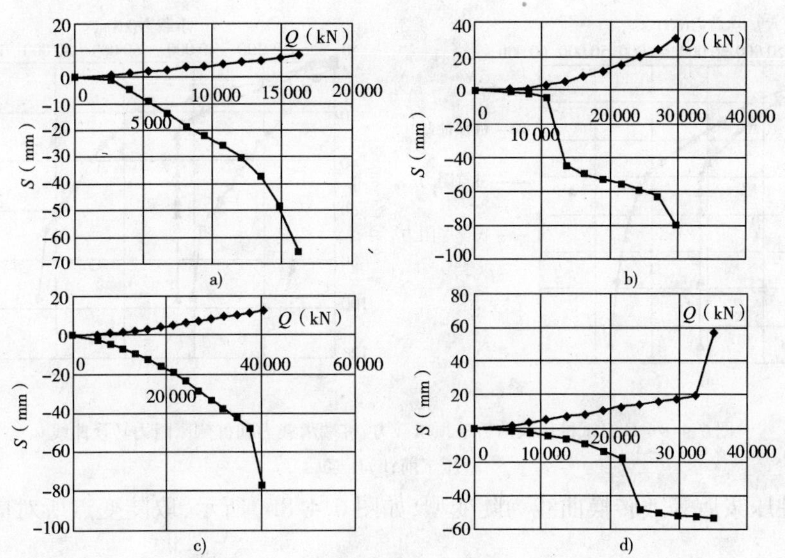

图6.4-6 G组试桩压浆前后荷载箱测试曲线

a)压浆前下荷载箱;b)压浆前上荷载箱;c)压浆后下荷载箱;d)压浆后上荷载箱

D组试桩压浆前后的桩顶承载力、桩端承载力和桩侧摩阻力转换曲线如图6.4-7所示,G组试桩压浆前后的桩顶承载力、桩端承载力和桩侧摩阻力转换曲线如图6.4-8所示。

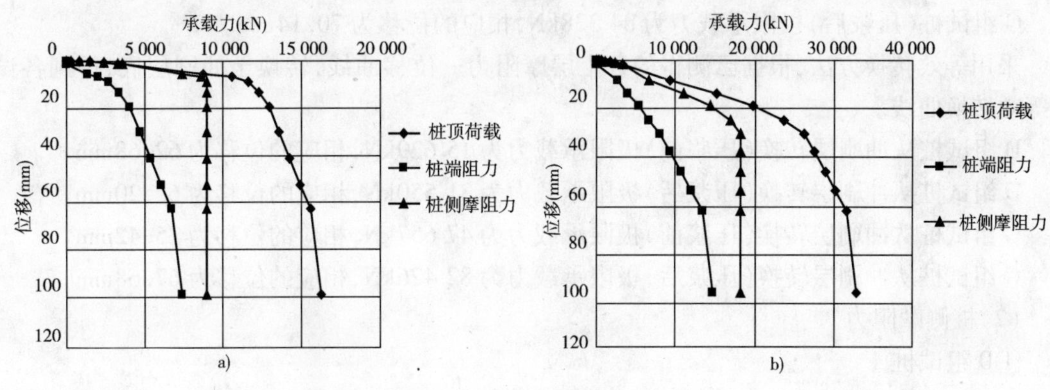

图6.4-7 D组试桩压浆前后桩顶承载力、桩端承载力和桩侧摩阻力转换曲线

a)压浆前;b)压浆后

(1)极限承载力

采用等效转换方法,根据已测得的各土层摩阻力—位移曲线,转换至桩顶,得到各试桩等效转换曲线。

D组试桩压浆前等效转换曲线为陡变型,如图6.4-7a)所示,取陡变点所对应的荷载为极限承载力。

D组试桩压浆后等效转换曲线为陡变型,如图6.4-7b)所示,取陡变点所对应的荷载为极限承载力。

G组试桩压浆前等效转换曲线为缓变型,如图6.4-8a)所示,取最大位移处对应的荷载为极限承载力。

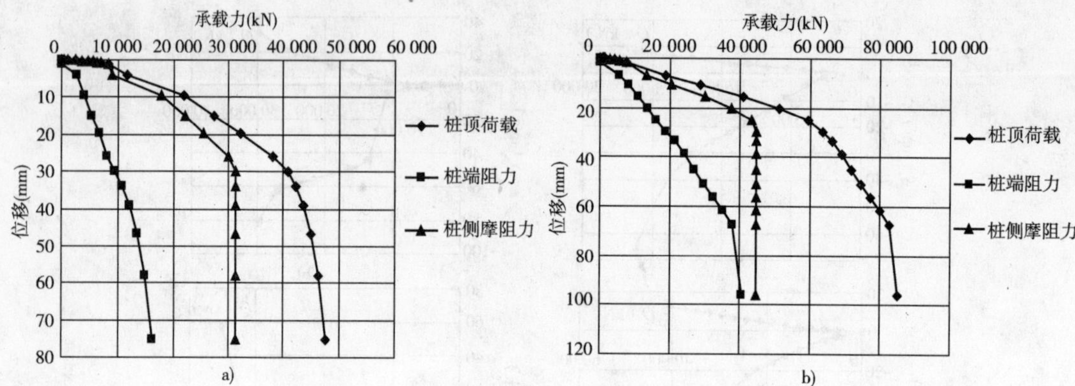

图6.4-8　G组试桩压浆前后桩顶承载力、桩端承载力和桩侧摩阻力转换曲线

a)压浆前；b)压浆后

G组试桩压浆后等效转换曲线为陡变型，如图6.4-8b)所示，取陡变点所对应的荷载为极限承载力。

试桩极限承载力取等效转换方法计算结果：

D组试桩(压浆前)极限承载力为16 393kN，相应的位移为64.71mm。

D组试桩(压浆后)极限承载力为32 695kN，相应的位移为66.04mm。

G组试桩(压浆前)极限承载力为49 225kN，相应的位移为76.91mm。

G组试桩(压浆后)极限承载力为84 338kN，相应的位移为70.14mm。

采用等效转换方法，根据已测得的各土层摩阻力—位移曲线，转换至冲刷层底，得到各试桩等效转换曲线。

D组试桩从冲刷层转换(压浆前)极限承载力为15 629kN，相应的位移为62.68mm。

D组试桩从冲刷层转换(压浆后)极限承载力为31 550kN，相应的位移为62.20mm。

G组试桩从冲刷层转换(压浆前)极限承载力为47 657kN，相应的位移为75.42mm。

G组试桩从冲刷层转换(压浆后)极限承载力为82 426kN，相应的位移为67.68mm。

(2)桩侧摩阻力

①D组试桩

D组试桩压浆前后各土(岩)层摩阻力见表6.4-10和表6.4-11。

D组试桩(压浆前)各土(岩)层摩阻力　　表6.4-10

土(岩)层名称	高程(m)	极限侧阻力标准值 q_{sik}(kPa)	实测最大侧阻力(kPa)	相应位移(mm)	推荐设计值(kPa)
灰黄～灰色砂质粉土	1.6～-1.5	30	19.69	1.66	13.89
灰黄～灰色砂质粉土	-1.5～-12.79	30	21.49	1.70	15.69
灰色淤泥质粉土	-12.79～-19.39	20	15.39	1.84	9.59
灰色黏土	-19.39～-31.59	30	21.59	2.07	15.79
灰色粉质黏土夹粉土	-31.59～-42.89	40	32.48	2.52	26.68
灰色砂质粉土	-42.89～-55	65	52.47	3.23	46.67
灰色砂质粉土	-55～-56.89	65	30.88	1.09	30.88

续上表

土(岩)层名称	高程(m)	极限侧阻力标准值 q_{sik}(kPa)	实测最大侧阻力(kPa)	相应位移(mm)	推荐设计值(kPa)
灰色粉质黏土夹粉土	-56.89~-64.89	45	28.39	0.92	28.39
灰色砂质粉土与粉质黏土互层	-64.89~-75.69	65	29.78	0.71	29.78
灰黄~灰色含砾粉细砂	-75.69~-77.855	90	50.38	0.64	50.38

D组试桩(压浆前)各土(岩)层摩阻力 表6.4-11

土(岩)层名称	高程(m)	极限侧阻力标准值 q_{sik}(kPa)	实测最大侧阻力(kPa)	相应位移(mm)	推荐设计值(kPa)
灰黄~灰色砂质粉土	1.6~1.5	30	24.24	10.46	18.44
灰黄~灰色砂质粉土	-1.5~-12.79	30	30.48	10.51	24.68
灰色淤泥质粉土	-12.79~-19.39	20	28.69	10.71	22.89
灰色黏土	-19.39~-31.59	30	31.08	11.05	25.28
灰色粉质黏土夹粉土	-31.59~-42.89	40	38.88	11.71	33.08
灰色砂质粉土	-42.89~-55	65	59.57	12.67	53.77
灰色砂质粉土	-55~-56.89	65	97.55	15.56	97.55
灰色粉质黏土夹粉土	-56.89~-64.89	45	73.56	15.04	73.56
灰色砂质粉土与粉质黏土互层	-64.89~-75.69	65	105.75	14.37	105.75
灰黄~灰色含砾粉细砂	-75.69~-77.855	90	107.93	14.20	107.93

②G组试桩

G组试桩压浆前后各土(岩)层摩阻力见表6.4-12和表6.4-13。

G组试桩(压浆前)各土(岩)层摩阻力 表6.4-12

土(岩)层名称	高程(m)	极限侧阻力标准值 q_{sik}(kPa)	实测最大侧阻力(kPa)	相应位移(mm)	推荐设计值(kPa)
灰色淤泥质黏土	-14.7~-16.2	20	26.39	27.65	14.79
灰色淤泥质黏土	-16.2~-28.2	20	27.29	27.70	15.69
灰色黏土	-28.2~-39.7	30	46.18	27.89	34.58
灰色粉质黏土夹粉土	-39.7~-45.7	40	55.37	28.13	43.77
灰色砂质粉土	-45.7~-49.85	65	76.36	28.33	64.76
灰色砂质粉土	-49.85~-54.7	65	77.26	28.62	68.20
灰色粉质黏土夹粉土	-54.7~-70.7	45	61.67	29.64	52.61
灰色粉砂/灰色砂质粉土与粉质黏土互层	-70.7~-73.2	75	87.46	30.75	78.40
灰色粉砂/灰色砂质粉土与粉质黏土互层	-73.2~-79	65	40.88	4.06	40.88
灰黄~灰色含砾粉细砂	-79~-89.7	60	32.28	3.74	32.28
灰黄~灰色含砾粉细砂	-89.7~-99.7	60	32.58	3.44	32.58
灰色含砾粉砂	-99.7~-106.85	100	65.28	3.30	65.28

G 组试桩(压浆前)各土(岩)层摩阻力 表 6.4-13

土(岩)层名称	高程(m)	极限侧阻力标准值 q_{sik}(kPa)	实测最大侧阻力(kPa)	相应位移(mm)	推荐设计值(kPa)
灰色淤泥质黏土	-14.7 ~ -16.2	20	29.39	16.03	17.79
灰色淤泥质黏土	-16.2 ~ -28.2	20	30.78	16.08	19.18
灰色黏土	-28.2 ~ -39.7	30	50.27	16.28	38.67
灰色粉质黏土夹粉土	-39.7 ~ -45.7	40	61.17	16.55	49.57
灰色砂质粉土	-45.7 ~ -49.85	65	80.86	16.76	69.26
灰色砂质粉土	-49.85 ~ -54.7	65	80.66	17.08	71.60
灰色粉质黏土夹粉土	-54.7 ~ -70.7	45	69.76	18.19	60.70
灰色粉砂/灰色砂质粉土与粉质黏土互层	-70.7 ~ -73.2	75	91.55	19.40	82.49
灰色粉砂/灰色砂质粉土与粉质黏土互层	-73.2 ~ -79	65	83.76	17.48	83.76
灰黄~灰色含砾粉细砂	-79 ~ -89.7	60	79.56	16.84	79.56
灰黄~灰色含砾粉细砂	-89.7 ~ -99.7	60	80.86	16.31	80.86
灰色含砾粉砂	-99.7 ~ -106.85	100	84.55	16.11	84.55

(3)桩端承载力

各试桩的桩端承载力情况如表 6.4-14 所示,D 组和 G 组试桩桩顶 40mm 位移下各试桩承载力及荷载分担情况汇总见表 6.4-15 和表 6.4-16。

D 组试桩桩端承载力汇总表 表 6.4-14

桩　　号	桩端承载力(kN)	相应位移(mm)
D 组试桩(压浆前)	6 700	52.76
D 组试桩(压浆后)	13 400	41.88
G 组试桩(压浆前)	14 850	48.34
G 组试桩(压浆后)	37 800	47.55

注:以上试桩桩端承载力指下荷载箱以下部分的承载力,包括 3m 的桩侧摩阻力和桩端阻力。

D 组试桩桩顶 40mm 位移下各试桩承载力及荷载分担情况汇总表 表 6.4-15

工况 \ 试桩编号	D 组试桩(压浆前)		D 组试桩(压浆后)	
	数值	比例	数值	比例
桩侧阻力(kN)	9 693	65.2%	19 295	67.8%
桩端阻力(kN)	5 183	34.8%	9 175	32.2%
桩顶荷载(kN)	14 876	—	28 470	—

G 组试桩桩顶 40mm 位移下各试桩承载力及荷载分担情况汇总表 表 6.4-16

试桩编号 / 工况	G 组试桩(压浆前)		G 组试桩(压浆后)	
	数值	比例	数值	比例
桩侧阻力(kN)	33 024.60	73.3%	46 538.05	66.1%
桩端阻力(kN)	12 005.86	26.7%	23 819.32	33.9%
桩顶荷载(kN)	45 030.46	—	70 357.37	—

(4)压浆对比

D 组和 G 组试桩压浆前后各试桩的桩端阻力对比曲线和等效转换对比曲线如图 6.4-9 ~ 图 6.4-12 所示。

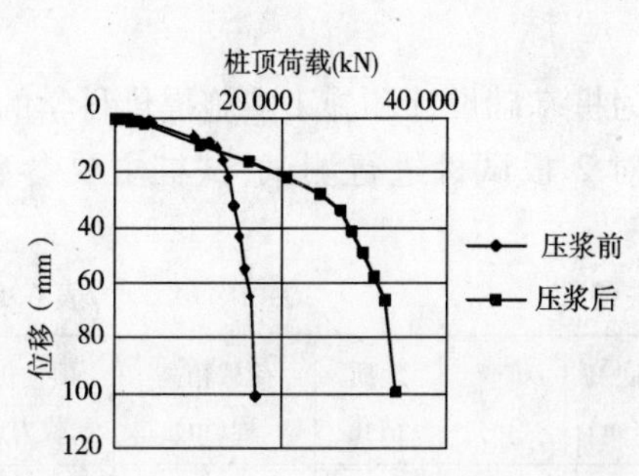

图 6.4-9 D 组试桩压浆前后等效转换对比曲线

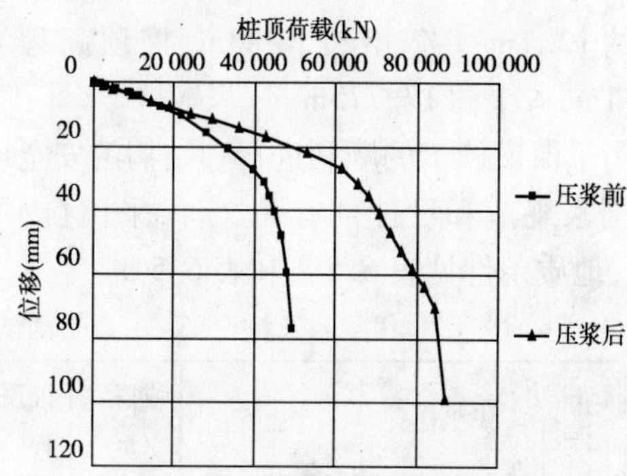

图 6.4-10 G 组试桩压浆前后换对比曲线

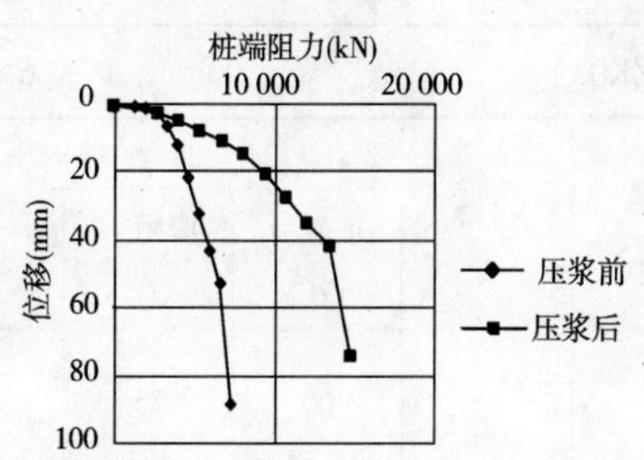

图 6.4-11 D 组试桩压浆前后桩端阻力—位移对比曲线

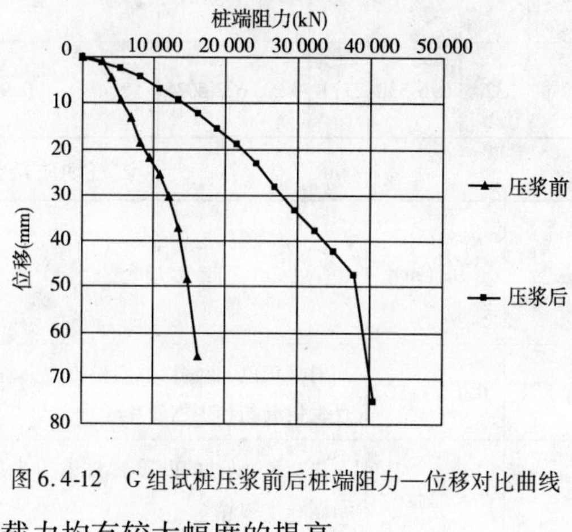

图 6.4-12 G 组试桩压浆前后桩端阻力—位移对比曲线

由对比曲线可知,压浆后桩端承载力和桩承载力均有较大幅度的提高。

D 组试桩压浆后桩端承载力提高了 100%,极限承载力提高了 99.4%;G 组试桩压浆后桩端承载力提高了 133.3%,极限承载力提高了 71.3%,压浆效果显著。

6.5 印尼 Suramadu 大桥

6.5.1 工程概况

Suramadu 大桥位于印度尼西亚东爪哇省 Madura 海峡上,连接泗水市和马都拉岛,全长

5.4km。大桥桥跨组成为堤道桥(Causeway,40.25m + 35 × 40.5m) + 引桥(Approach bridge,40m + 7 × 80m + 72m) + 主桥(Main bridge,192m + 434m + 192m) + 引桥(Approach bridge,72m + 7 × 80m + 40m) + 堤道桥(Causeway,44 × 40.5m + 40.25m),全桥共103个墩位和两个桥台。桥面纵坡设有0.5%、1%、2%、3%、4%,其中Approach bridge最大桥面纵坡为4%,Main bridge最大纵坡为1%。

1)主桥

主桥P46墩中心桩号为K2 + 321.5,P47墩中心桩号为K2 + 755.5,采用大直径钻孔灌注桩群桩基础。每个墩为56根直径为ϕ2.4m的钻孔桩,桩基平面采用梅花形布置,桩中心的最小间距为6m。P46墩桩长81m,桩顶高程 -0.5m,桩底高程 -81.5m,护筒底高程为 -31.1m,入土约12.1m;P47墩桩长83m,桩顶高程 -0.99m,桩底高程 -83.99m,护筒底高程为 -33.1m,入土约17.775m。

为了保证施工的顺利进行和结构的安全可靠,为桩基础设计和施工实施提供科学的依据,根据国家规范和设计部有关文件,采用自平衡法对2根试桩进行测试,试桩主要参数见表6.5-1,地质条件见表6.5-2和表6.5-3。

自平衡试桩有关参数 表6.5-1

桩号	试桩编号	X坐标	Y坐标	桩径(m)	桩顶高程(m)	桩底高程(m)	桩长(m)	地质钻孔	荷载箱高程(m)	预估极限承载力(kN)
P46桩	28	696 473.444	9 205 191.415	2.4	-0.5	-81.5	81	zk03	上 -47.5	上 2×21 000
									下 -78.5	下 2×12 000
P47桩	32	696 530.2171	9 205 622.5074	2.4	-0.99	-83.99	83	zk08	上 -53.49	上 2×21 000
									下 -80.99	下 2×12 000

试桩地质条件(P46/ZK03) 表6.5-2

层号	深度(m)	岩土描述	标惯 N63.5	重度 γ	推荐值		
					承载力 [σ]	摩阻力 τ_j	压缩模量 E_s
1	0.1~1.10	黑暗灰色、非常松散的粉质砂土,含有少量珊瑚和生物碎片等	—	—	60	25	3
2	1.10~5.50	浅灰色、坚硬的砂质黏土,含有少量珊瑚和生物碎等	36~71	—	500	75	21
3	5.50~15.0	黑暗灰色、非常密实的粗砂,次圆状,含有珊瑚和生物碎片	26~72	13.6~20.3	450	60~80	20
4	15.0~17.0	暗灰色、非常软的砂质粉土,含有少量黏土和生物碎片	1	13.6	450	60	25
5	17.0~30.0	暗灰色、密实~非常密实的粗粒砂土,含有少量石英质砾砂和生物碎片	>26 多数>50	13.6~20.3	450	75	22
6	30.0~90.0	暗灰色、坚硬~非常坚硬的粉质黏土,含有细砂、生物碎片	9~50 多数>15	13.6~20.3	350~400	45	14

试桩地质条件(P46/ZK08)　　表6.5-3

层号	深度(m)	岩土描述	标惯 N63.5	重度 γ	推荐值		
					承载力 $[\sigma]$	摩阻力 τ_j	压缩模量 E_s
1	0~9.0	绿暗灰色、非常软的黏土(淤泥),易移动,高塑		14.8~19.7	40~50	20	2
2	9.0~11.0	绿暗灰色、中硬的砂质黏土	7	—	150	40	10
3	11.0~11.55	暗灰色、硬的砂质黏土	—	—	350	55	15
4	11.55~13.0	灰棕色、坚硬~非常坚硬的砂质粉土,含有少量钙质砾石和生物碎片	49	2.01	200	45~50	31
5	13.0~16.0	棕灰色、坚硬~非常坚硬的黏质粉土,含有少量钙质砾石和生物碎片	48~59	17.4	500	60	30
6	16.0~23.0	棕灰色、坚硬的砂质粉土,部分为黏土具胶结	52~48	17.3	500	65	23
7	23.0~34.5	暗灰色、硬~坚硬的黏质粉土,含有少量细砂、具胶结	>34多数 >45	15.74~16	500	60	24
8	34.5~41.55	暗灰色、硬~坚硬的黏质粉土,具有膨胀性	>41		550	60	27
9	41.55~100.0	黑灰色、坚硬~非常坚硬的黏质粉土,含有少量细砂、具胶结	13~50多数 >20	14.4~16.8	450	60	17

P46-28试桩的基本情况和成桩日期:

桩径2 500mm,桩顶高程-0.5m,桩底高程-81.5m,上荷载箱底高程-47.5m,下荷载箱底高程-78.5m,混凝土强度等级为C30,成桩日期为2006年3月29日。

P47-32试桩的基本情况和成桩日期:

桩径2 500mm,桩顶高程-0.99m,桩底高程-83.99m,上荷载箱底高程-53.49m,下荷载箱底高程-80.99m,混凝土强度等级为C30,成桩日期为2006年5月12日。

2)引桥

对引桥43号桩、40号桩、45号桩、48号桩和56号桩5根桩进行了测试。

试桩的基本情况如下。

试桩43:桩长88.061m,桩顶高程-0.990m,桩底高程-89.051m,桩底钢筋笼高程-24.678m。

试桩40:桩长81.061m,桩顶高程-0.990m,桩底高程-82.047m,桩底钢筋笼高程-26.497m。

试桩45:桩长80.708m,桩顶高程-0.990m,桩底高程-81.698m,桩底钢筋笼高程-26.490m。

试桩48:桩长86.224m,桩顶高程-0.990m,桩底高程-87.214m,桩底钢筋笼高程

-31.496m。

试桩 56:桩长 73.16m,桩顶高程 -0.990m,桩底高程 -87.214m,桩底钢筋笼高程 -29.503m。

根据相关要求和地质信息,试桩的参数如表 6.5-4 所示。

引桥试桩参数　　表 6.5-4

试桩编号	桩号	桩径(m)	桩顶高程(m)	桩底高程(m)	桩长(m)	地质钻孔	荷载箱高程	预估极限承载力(kN)
SZA	43	1.8	-0.990	-89.051	88.061	H43	上 -56.0 下 -83.0	26 760
SZE	40	1.8	-0.990	-82.047	81.057	H40	上 -51.0 下 -77.0	24 620
SZB	45	2.2	-0.990	-81.698	80.708	H45	上 -50.0 下 -77.0	30 820
SZC	48	2.2	-0.990	-87.214	86.224	H48	上 -53.50 下 -83.0	28 800
SZD	56	1.8	-0.990	-74.15	73.160	H56	上 -44.0 下 -70.0	20 360

6.5.2 试桩结果分析

1)主桥

46 号试桩压浆前后荷载箱测试曲线如图 6.5-1 所示,47 号试桩压浆前后荷载箱测试曲线如图 6.5-2 所示。

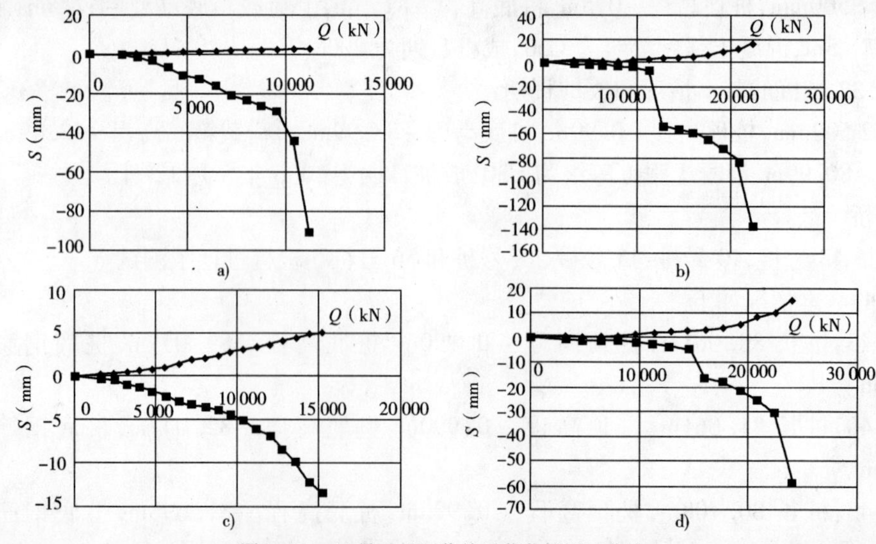

图 6.5-1　46 号试桩压浆前后荷载箱测试曲线

a)压浆前下荷载箱;b)压浆前上荷载箱;c)压浆后下荷载箱;d)压浆后上荷载箱

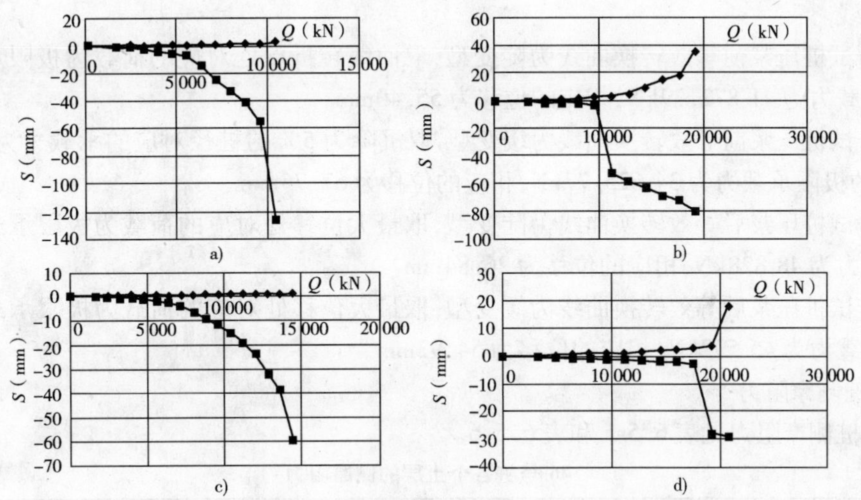

图6.5-2 47号试桩压浆前后荷载箱测试曲线

a)压浆前下荷载箱;b)压浆前上荷载箱;c)压浆后下荷载箱;d)压浆后上荷载箱

46号、47号试桩压浆前后桩顶承载力、桩端承载力和桩侧摩阻力转换曲线如图6.5-3所示。

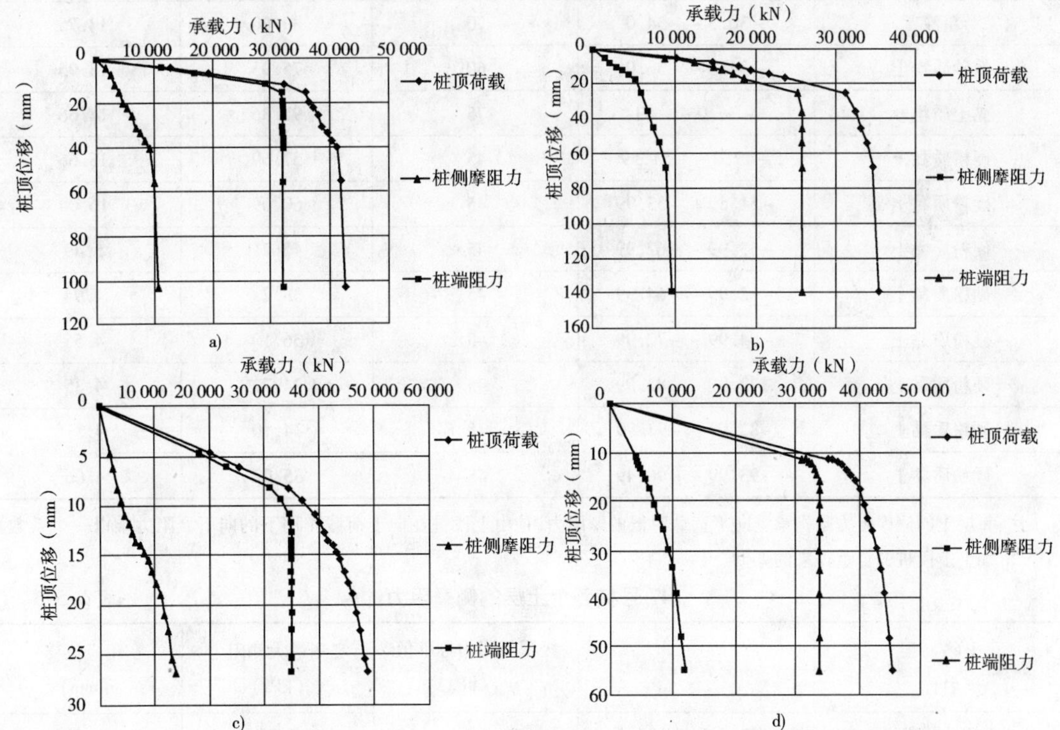

图6.5-3 46号、47号试桩压浆前后桩顶承载力、桩端承载力和桩侧摩阻力转换曲线

a)46号桩压浆前;b)47号桩压浆前;c)46号桩压浆后;d)47号桩压浆后

(1)极限承载力

采用等效转换方法,根据已测得的各土层摩阻力－位移曲线,转换至桩顶,得到各试桩等

效转换曲线。

46 号试桩压浆前等效转换曲线为陡变型，取曲线转折点处对应的荷载为极限承载力；桩的极限承载力为 41 872.79kN，相应的位移为 55.40mm。

47 号试桩压浆前等效转换曲线为缓变型，取沉降为 5% 的桩径对应的承载力为极限承载力；试桩的极限承载力为 34 625.77kN，相应的位移为 67.75mm。

46 号试桩压浆后等效转换曲线为陡变型，取最大位移处对应的荷载为极限承载力；桩的极限承载力为 48 828kN，相应的位移为 26.84mm。

47 号试桩压浆后等效转换曲线为缓变型，取最大位移处对应的荷载为极限承载力；试桩的极限承载力为 45 592kN，相应的位移为 54.92mm。

（2）桩侧摩阻力

两试桩侧摩阻力见表 6.5-5 和表 6.5-6。

46 号桩各个土层的侧摩阻力 表 6.5-5

土（岩）层名称	高程（m）	极限侧阻力标准值 q_{sik}（kPa）	实测最大侧阻力（kPa）	相应位移（mm）
黏土质松砂/硬砂质黏土	−19.0 ~ −24.5	25/75	69.45	13.37
粗沙	−24.5 ~ −30.5	70	87.22	13.52
粗沙	−30.5 ~ −34.0	70	89.60	13.75
软砂质粉土	−34.0 ~ −36.0	60	75.93	13.95
黏土质粗砂	−36.0 ~ −49	75	97.36	14.66
硬粉质黏土	−49.0 ~ −51.59	45	57.69	15.66
硬粉质黏土	−51.59 ~ −53.99	45	60.09	16.04
硬粉质黏土	−53.99 ~ −62.99	45	40.21	5.49
硬粉质黏土	−62.99 ~ −64.99	45	38.23	4.94
硬粉质黏土	−64.99 ~ −72.99	45	36.10	4.55
硬粉质黏土	−72.99 ~ −82.99	45	34.71	4.35
硬粉质黏土	−82.99 ~ −93.99	45	34.10	4.31
硬粉质黏土	−93.99 ~ −96.49	45	35.02	4.06

注：每层土的侧摩阻力是指承受向下荷载时候的摩阻力，是由上段桩在向上荷载作用下的向下摩阻力乘以一个系数再加上上段桩的自重得来的。

47 号桩各个土层的侧摩阻力 表 6.5-6

土（岩）层名称	高程（m）	极限侧阻力标准值 q_{sik}（kPa）	实测最大侧阻力（kPa）	相应位移（mm）
高塑性软黏土	−15.325 ~ −24.5	20	3.06	1.08
高塑性软黏土/中硬砂质黏土	−24.5 ~ −26.68	20/40	38.75	1.17
硬粘质粉土/硬砂质粉土	−26.68 ~ −28.5	45	36.02	1.22
硬黏质粉土	−28.5 ~ −31.5	40/60	44.92	1.28

续上表

土(岩)层名称	高程(m)	极限侧阻力标准值 q_{sik}(kPa)	实测最大侧阻力(kPa)	相应位移(mm)
硬黏质粉土/硬砂质粉土	-31.5 ~ -33.1	60/55	48.16	1.35
硬砂质粉土	-33.1 ~ -38.5	55	54.61	1.51
硬黏质粉土	-38.5 ~ -50	60	52.92	2.05
硬粉质黏土	-50 ~ -57.05	60	52.80	2.87
硬黏质粉土	-57.05 ~ -60.99	60	53.18	3.46
硬黏质粉土	-60.99 ~ -62.59	60	40.26	2.54
硬黏质粉土	-62.59 ~ -72.99	60	45.69	1.93
硬黏质粉土	-72.99 ~ -80.99	60	55.36	1.14
硬黏质粉土	-80.99 ~ -90.59	60	63.58	0.59
硬黏质粉土	-90.59 ~ -98.59	60	69.94	0.27
硬黏质粉土	-98.59 ~ -100.99	60	75.80	0.20
硬黏质粉土	-100.99 ~ -103.49	60	80.34567	0.21

注:每层土的侧摩阻力是指承受向下荷载时候的摩阻力,是由上段桩在向上荷载作用下的向下摩阻力乘以一个系数再加上上段桩的自重得来的。

(3)桩端阻力

各桩的桩端阻力见表6.5-7。

压浆前后两桩的桩端阻力　　表6.5-7

桩号		桩端阻力(kN)	对应的位移(mm)
46	压浆前	9 800.94	43.72
	压浆后	13 817	13.47
47	压浆前	8 913.18	54.93
	压浆后	12 067	38.64

(4)承载力特性

两根桩的轴力,在工作荷载下的位移如表6.5-8所示,自平衡规程分析结果如表6.5-9所示。

两桩压浆前后在工作荷载下的桩顶位移　　表6.5-8

桩号	桩顶荷载(kN)	桩顶位移(mm)	
		压浆前	压浆后
46	15 000	7.72	2.93
47	14 500	14.04	4.72

46号、47号桩压浆前后自平衡规程分析结果 表6.5-9

工况	桩号	46		47	
		数值	比例	数值	比例
压浆前	桩侧摩擦力(kN)	32 072	76.59%	25 713	74.26%
	桩端阻力(kN)	9 801	23.41%	8 913	25.74%
	桩顶荷载(kN)	41 873	—	34 626	—
压浆后	桩侧摩擦力(kN)	35 011	71.70%	33 525	73.53%
	桩端阻力(kN)	13 817	28.30%	12 067	26.47%
	桩顶荷载(kN)	48 828	—	45 592	—

2)引桥

引桥试桩压浆前后荷载箱测试曲线如图6.5-4所示。

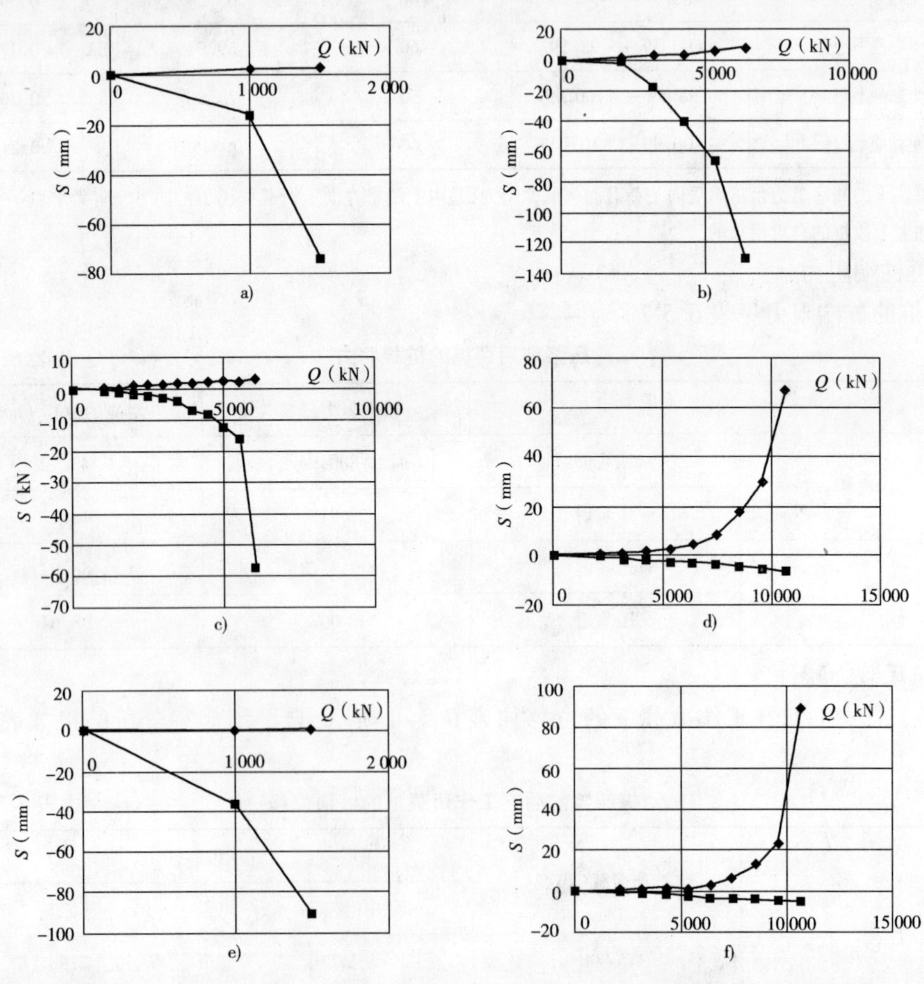

图 6.5-4

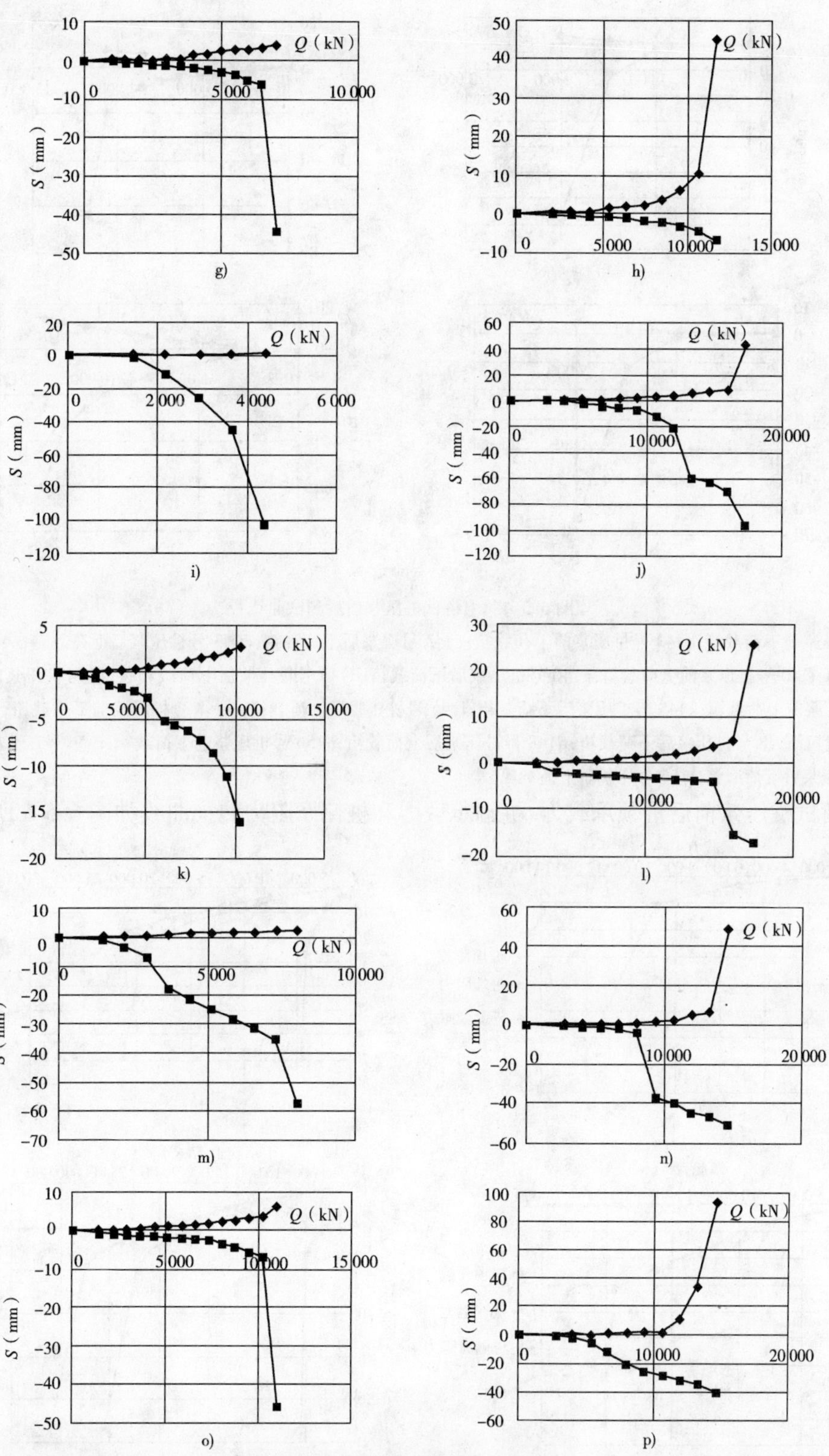

图 6.5-4

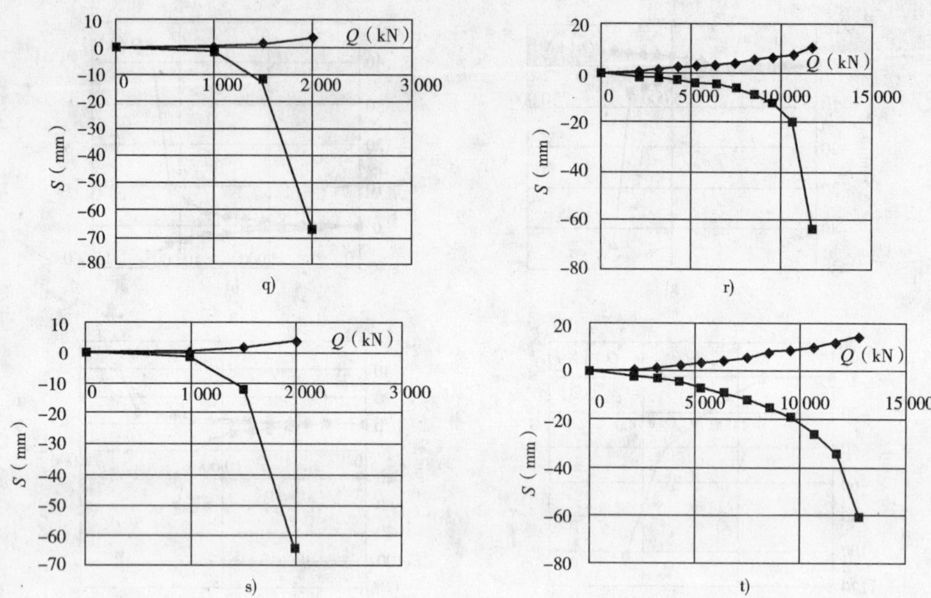

图 6.5-4　引桥试桩压浆前后测试曲线

a)43 号桩压浆前下荷载箱；b)43 号桩压浆前上荷载箱；c)43 号压浆后下荷载箱；d)43 号桩压浆后上荷载箱；e)40 号桩压浆前下荷载箱；f)40 号桩压浆前上荷载箱；g)40 号桩压浆后下荷载箱；h)40 号桩压浆后上荷载箱；i)45 号桩压浆前下荷载箱；j)45 号桩压浆前上荷载箱；k)45 号桩压浆后下荷载箱；l)45 号桩压浆后上荷载箱；m)48 号桩压浆前下荷载箱；n)48 号桩压浆前上荷载箱；o)48 号桩压浆后下荷载箱；p)48 号桩压浆后上荷载箱；q)56 号桩压浆前下荷载箱；r)56 号压浆前上荷载箱；s)56 号桩压浆后下荷载箱；t)56 号压浆后上荷载箱

引桥试桩压浆前后桩顶承载力、桩端承载力和桩侧摩阻力转换曲线如图 6.5-5 所示。

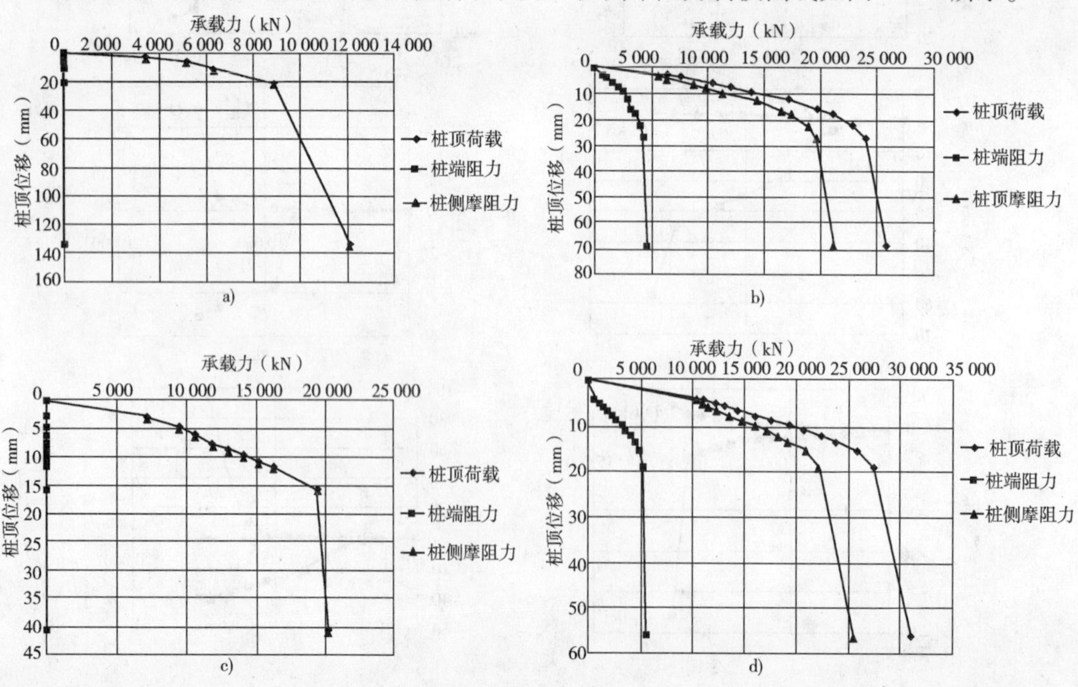

图　6.5-5

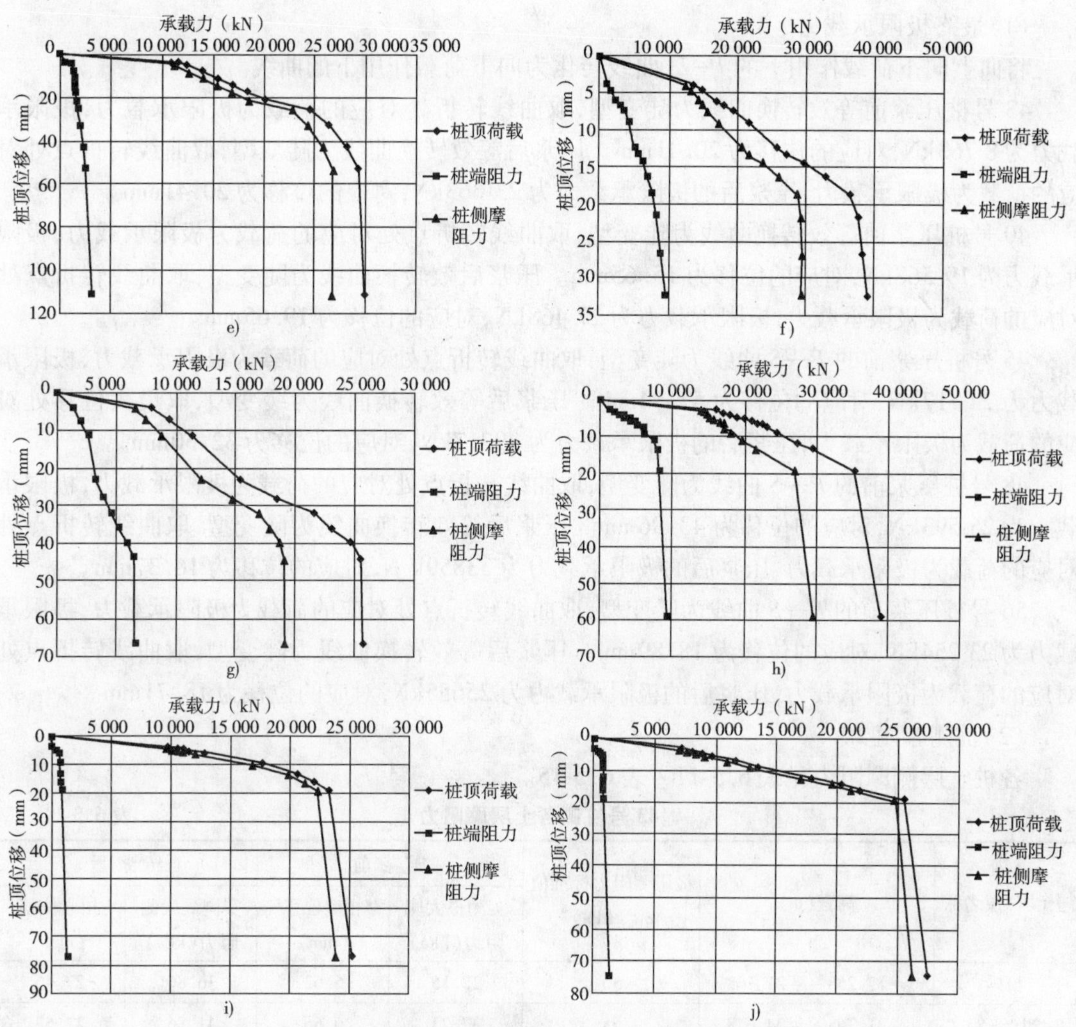

图 6.5-5 引桥试桩压浆前后桩顶承载力、桩端承载力和桩侧摩阻力转换曲线

a)43 号桩压浆前;b)43 号桩压浆后;c)40 号桩压浆前;d)40 号桩压浆后;e)45 号桩压浆前;f)45 号桩压浆后;g)48 号桩压浆前;h)48 号桩压浆后;i)56 号桩压浆前;j)56 号桩压浆后

引桥的 5 根桩自平衡规程分析结果表 6.5-10。

引桥 5 根桩自平衡规程分析结果 表 6.5-10

工况 \ 桩号		43		40		45		48		56	
		数值	比例	数值	比例	数值	比例	数值	比例	数值	比例
压浆前	桩侧摩擦力(kN)	8 763	100%	19 568	100%	26 603	89.52%	18 422	72.0%	22 344	96.1%
	桩端阻力(kN)	0	0	0	0	3 114	10.48%	7 171	28.0%	910	3.9%
	桩顶荷载（kN）	8 763	—	19 568	—	29 717	—	25 593	—	23 254	—
压浆后	桩侧摩擦力(kN)	19 340	81.73%	21 946	79.96%	39 717	75.88%	24 340	71.9%	24 868	96.9%
	桩端阻力(kN)	4 323	18.27%	5 504	20.04%	9 580	24.12%	9 519	28.1%	787	3.1%
	桩顶荷载（kN）	23 663	—	27 468	—	30 137	—	33 859	—	25 655	—

(1)最终极限承载力

将向上向下荷载作用下的 P—S 曲线转化为向下荷载作用下的曲线。

43 号桩压浆前等效转换曲线为陡变型,取曲线转折处对应的荷载为极限承载力,极限承载力为 8 763kN,对应的位移为 20.41mm。压浆后等效转换曲线为陡变型,取曲线转折点处对应的荷载为极限承载力,压浆后的极限承载力为 23 663kN,对应的位移为 20.41mm。

40 号桩压浆前等效转换曲线为陡变型,取曲线转折点处对应的荷载为极限承载力,极限承载力为 19 568kN,对应的位移为 15.65mm。压浆后效转换曲线为陡变型,取曲线转折点处对应的荷载为极限承载力,极限承载力为 27 468kN,对应的位移为 19.65mm。

45 号桩压浆前的 P—S 曲线为陡变型,取曲线转折点处对应的荷载为极限承载力,极限承载力为 29 717kN,对应的位移为 52.84mm。压浆后等效转换曲线为缓变型,取最大位移处对应的荷载为极限承载力,压浆后的极限承载力为 39717kN,对应的位移为 32.50mm。

48 号桩压浆前的 P—S 曲线为陡变型,取曲线转折点处对应的荷载为极限承载力,极限承载力为 25 593kN,对应的位移为 43.96mm。压浆后等效转换曲线为陡变型,取曲线转折点处对应的荷载为极限承载力,压浆后的极限承载力为 33859k N,对应的位移为 16.37mm。

56 号桩压浆前的 P—S 曲线为陡变型,取曲线转折点处对应的荷载为极限承载力,极限承载力为 23 254kN,对应的位移为 18.89mm。压浆后等效转换曲线为陡变型,取曲线转折点处对应的荷载为极限承载力,压浆后的极限承载力为 25655kN,对应的位移为 18.71mm。

(2)桩侧摩阻力

各桩土层侧摩阻力见表 6.5-11 ~ 表 6.5-15。

43 号桩侧各土层摩阻力 表 6.5-11

土(岩)层名称	高程(m)	极限侧阻力标准值 q_{sik}(kPa)	压浆前		压浆后	
			实测最大侧阻力(kPa)	相应位移(mm)	实测最大侧阻力(kPa)	相应位移(mm)
粉砂	-17.268 ~ -21.768	50	22.15	6.62	36.86	27.46
粗/细砂	-21.768 ~ -24.678	55	27.25	6.66	41.86	27.52
粗/细砂	-24.678 ~ -32.268	55	26.83	6.76	41.75	27.66
高塑性硬黏土	-32.268 ~ -37.768	50	22.19	6.94	36.93	27.94
砂土	-37.768 ~ -44.518	55	27.13	7.16	42.25	28.30
砂土	-44.518 ~ -51.268	55	26.42	7.47	42.74	28.80
粉砂	-51.268 ~ -54	50	22.27	7.74	37.24	29.23
粉砂	-54 -56	50	36.85	7.88	37.53	29.46
粉砂	-56 ~ -57.518	50	27.78	40.35	55.86	6.31
黏土	-57.518 ~ -64.268	60	31.55	40.19	65.47	5.88
高塑性黏土	-64.268 ~ -70.268	60	30.76	40.01	66.25	5.35
高塑性黏土	-70.268 ~ -75.5	60	25.33	39.90	75.36	5.02
高塑性黏土	-75.5 ~ -81	65	24.17	39.85	75.74	4.84
高塑性黏土	-81 ~ -83	65	24.72	39.84	75.66	4.79
高塑性黏土	-83 ~ -86.99	65	25.96	71.02	79.44	15.79

40号桩侧各土层摩阻力　　表6.5-12

土(岩)层名称	高程(m)	极限侧阻力标准值 q_{sik}(kPa)	压浆前		压浆后	
			实测最大侧阻力(kPa)	相应位移(mm)	实测最大侧阻力(kPa)	相应位移(mm)
砂,中密~密实	-13.886~-19.386	45	30.56	20.91	30.97	8.37
密砂	-19.386~-22.766	50	40.94	20.98	41.73	8.43
密砂	-22.766~-30.286	50	40.43	21.15	43.84	8.57
密砂	-30.286~-34.286	50	54.51	21.43	58.60	8.80
硬黏土	-34.286~-41.500	65	45.45	21.82	53.64	9.12
密砂	-41.500~-49.000	55	45.61	22.47	54.13	9.69
硬黏土	-49.000~-51.000	55	66.57	22.99	54.14	10.15
密砂	-51.000~-53.000	55	45.55	5.10	72.86	6.72
密砂,密实~致密	-53.000~-59.786	55	72.43	4.59	72.12	6.26
密砂,密实~致密	-59.786~-62.886	55	77.87	4.13	83.51	5.84
密实的粉砂	-62.886~-69.000	55	71.28	3.82	83.91	5.55
硬黏土	-69.000~-75.000	60	71.22	3.57	83.12	5.32
硬砂质黏土	-75.000~-79.990	55	72.64	32.74	84.24	5.27

45号桩侧各土层摩阻力　　表6.5-13

土(岩)层名称	高程(m)	极限侧阻力标准值 q_{sik}(kPa)	压浆前		压浆后	
			实测最大侧阻力(kPa)	相应位移(mm)	实测最大侧阻力(kPa)	相应位移(mm)
粉质黏土	-18.261~-24.711	50	55.96	5.97	49.37	2.88
黏土/粗~细砂	-24.711~-28.461	45~50	54.29	6.13	42.62	3.01
中塑性黏土	-28.461~-32.261	60	68.39	6.31	72.34	3.15
粗~细砂	-32.261~-39.261	60	68.29	6.68	72.93	3.45
粗~细砂	-39.261~-46.261	60	68.69	7.34	72.96	4.00
高塑性黏土	-46.261~-50.00	60	68.57	7.98	71.92	4.55
高塑性黏土	-50.00~-52.50	60	64.59	20.59	76.96	3.90
高塑性黏土	-52.50~-59.761	60	65.45	20.16	77.17	3.44
高塑性黏土	-59.761~-67.261	60	65.61	19.68	76.97	2.92
高塑性黏土	-67.261~-74.761	60	65.10	19.41	80.16	2.62
高塑性黏土	-74.261~-77.00	50	53.25	19.35	85.44	2.55
高塑性黏土	-77.00~-79.99	50	55.91	42.43	89.71	15.67

48 号桩侧各土层的摩阻力 表 6.5-14

土(岩)层名称	高程(m)	极限侧阻力标准值 q_{sik}(kPa)	压浆前		压浆后	
			实测最大侧阻力(kPa)	相应位移(mm)	实测最大侧阻力(kPa)	相应位移(mm)
黏质粉土	-14.375 ~ -23.275	20	18.65	4.92	19.66	32.81
黏质粉土	-23.275 ~ -26.375	20	19.48	5.01	19.72	32.89
黏质粉土	-26.375 ~ -35.375	50	54.69	5.16	54.44	33.02
黏质粉土	-35.375 ~ -44.375	50	55.08	5.56	54.47	33.38
黏质粉土	-44.375 ~ -51.000	50	54.83	6.10	54.65	33.86
黏质粉土	-51.000 ~ -56.00	50	54.24	6.49	62.65	34.20
黏质粉土	-56.00 ~ -64.50	50	38.33	4.28	63.18	34.33
黏质粉土	-64.50 ~ -72.500	50	39.17	4.01	66.36	33.93
黏质粉土	-72.500 ~ -80.500	50	39.86	3.71	66.73	33.49
黏质粉土 ~ 黏土	-80.50 ~ -85.99	50	41.28	3.54	68.25	33.24

56 号桩侧各土层摩阻力 表 6.5-15

土(岩)层名称	高程(m)	极限侧阻力标准值 q_{sik}(kPa)	压浆前		压浆后	
			实测最大侧阻力(kPa)	相应位移(mm)	实测最大侧阻力(kPa)	相应位移(mm)
黏土	-10.903 ~ -15.893	25	29.65	8.40	12.27	35.86
黏土	-15.893 ~ -20.903	25	29.67	8.49	12.36	34.59
粉砂	-20.903 ~ -25.903	55	78.53	8.63	12.52	84.73
粉质黏土	-25.903 ~ -32.903	60 ~ 65	64.17	8.97	12.88	69.93
粉质黏土	-32.903 ~ -40.903	60 ~ 65	69.12	9.64	13.59	74.16
粉质黏土	-40.903 ~ -44.00	60 ~ 65	69.74	10.32	14.31	74.86
粉质黏土	-44.00 ~ -45.00	60 ~ 65	75.94	19.87	34.19	69.12
粉质黏土	-45.00 ~ -49.00	55 ~ 65	75.25	19.56	33.87	72.95
粉质黏土	-49.00 ~ -55.00	55 ~ 65	73.26	19.05	33.31	76.32
粉质黏土	-55.00 ~ -61.00	55 ~ 65	72.02	18.61	32.81	81.02
粉质黏土	-61.00 ~ -70.00	55 ~ 65	70.83	18.30	32.45	85.54
粉质黏土	-70.00 ~ -71.403	55 ~ 65	74.37	10.03	34.07	10.42
粉砂	71.403 ~ -72.990	65	81.81	8.93	37.48	9.04

(3)桩端阻力

引桥各试桩的桩端阻力见表 6.5-16。

引桥各试桩的桩端阻力 表 6.5-16

桩号	压浆前		压浆后	
	桩端极限承载力(kN)	相应的位移(mm)	桩端极限承载力(kN)	相应的位移(mm)
43	0	69.53	4 323	16.13
40	0	86.35	5 504	44.10
45	2 512	44.61	9 580	21.40
48	7 171	57.06	9 519	45.22
56	910	11.51	787	11.53

(4)承载特性

引桥各试桩极限承载承载力的大小和组成比例如表 6.5-17 所示,在使用荷载作用下的桩顶位移如表 6.5-18 所示。

引桥各试桩极限承载力的大小和组成的比例 表 6.5-17

桩号	工况	压浆前			压浆后		
		桩侧摩阻力	桩端阻力	桩顶荷载	桩侧摩阻力	桩端阻力	桩顶荷载
43	数值(kN)	8 763	0	8 763	19 340	4 323	23 663
	百分比	100%	0	—	81.73%	18.27%	—
40	数值(kN)	19 568	0	19 568	21 946	5 504	27 468
	百分比	100%	0	—	79.96%	20.04%	—
45	数值(kN)	26 603	3 114	29 717	39 717	9 580	30 137
	百分比	89.52%	10.48%	—	75.88%	24.12%	—
48	数值(kN)	18 422	7 171	25 593	24 340	9 519	33 859
	百分比	72.00%	28.00%	—	71.90%	28.10%	—
56	数值(kN)	22 344	910	23 254	24 868	787	25 655
	百分比	96.10%	3.90%	—	96.90%	3.10%	—

引桥各试桩使用荷载作用下的桩顶位移 表 6.5-18

桩号	压浆前		压浆后	
	桩顶荷载(kN)	桩顶位移(mm)	桩顶荷载(kN)	桩顶位移(mm)
43	13 380	164.96(预测值)	13 380	8.23
40	12 310	8.02	12 310	5.16
45	15 410	5.44	15 410	5.00
48	14 400	20.14	14 400	7.09
56	10 180	4.34	10 180	5.61

第7章 结论与展望

7.1 结论

本书通过对大型深水钻孔灌注桩桩端后压浆技术相关理论和工程实例的分析研究，得到以下结论：

(1)通过对国内外文献及应用情况和最新研究成果的调研以及对已有试验结果的统计分析，在已有研究成果的基础上，对桩端后压浆承载力的原理进行了系统的分析。

(2)在已有估算公式的基础上，通过收集到的后压浆大直径钻孔灌注桩实测资料，以桩端持力层为分类，进行归纳统计，得出后压浆大直径钻孔灌注桩的承载力估算公式，并给出相应的沉降计算方法。

(3)通过室内注浆模拟试验，从5个方面进行了研究：饱和与非饱和土注浆效果；不同注浆压力下注浆机理、注浆效果；固化物强度随时间的发展变化规律；注浆添加剂；不同外界条件下注浆效果。

(4)对桩端后压浆施工工艺及压浆效果检测进行了系统的总结和提升。

(5)通过工程实例验证了钻孔灌注桩桩端后压浆的有效性，分析了桩周土层性质、桩长、桩径、浆液的类型、压浆量、压浆压力等因素对桩端后压浆桩承载力的影响，得出了后压浆提高承载力的机理。根据压浆后桩的试验数据，深入分析了压浆对桩侧摩阻力及桩端阻力的影响，给出了超长大直径桩的承载特性。

(6)采用有限元方法分析桩端后压浆对超长钻孔灌注桩承载性能的影响，得出桩端固结体参数与桩端承载力的关系，并结合试验数据进行反分析，得到压浆后土层参数及摩阻力变化情况。

(7)结合桩端后压浆技术在大型深水钻孔灌注桩工程中的应用，对压浆前后的荷载传递性状进行了研究，对实际压浆效果进行了分析。

7.2 展望

随着桩端后压浆技术在大型深水钻孔灌注桩中应用的日益增多，后压浆的理论体系和施工技术有待完善。由于水平和时间的限制，本文的研究还有待进一步深入，主要体现在以下几个方面。

1)进一步优化后压浆施工工艺

后压浆技术，看起来简单，实际具有相当高的技术含量，只有工艺合理，措施得当，管理严格，施工精心，才能得到预期的效果；否则，将会造成压浆管被堵，压浆装置被包裹，地面冒浆及地下窜浆等质量事故。进一步优化压浆管路，使压浆管路可靠、高效、可多次循环压浆；建立起一套有效的桩底后压浆施工工艺和检验标准。

2)采用数值算法模拟桩端压浆机理

压浆桩涉及桩、土及浆液之间的相互作用,而桩、土、浆液三者之间的应力变形是非线性的,再加上材料本身的非均质性极其复杂的边界条件,使得用传统数值方法来模拟桩端压浆,与实际工程有很大的差别,失去了理论指导意义,故须寻求新的数值算法来模拟桩端压浆机理。有限元法非常适于处理非线性、非均质和复杂边界计算等问题,很适宜对压浆后桩土作用进行模拟。因此,可用该方法来建立桩侧摩阻力和桩端阻力计算模型,深入了解后压浆桩端的机理。

3)分析后压浆桩端群桩效应

当基础为群桩时,存在群桩效应。压浆后对群桩效应的影响及如何在设计中利用桩端后压浆桩的群桩效应,需进行深入的研究分析。

4)后压浆桩沉降计算

桩端压浆后,浆液进入桩端周围土层,和土体混合,改变了桩端周围土层的性质。在相同荷载作用下,后压浆桩较未压浆桩沉降小,但沉降量的量化计算须进一步深入研究。

5)后压浆效果耐久性问题

后压浆桩桩端持力层为浆液和土体的混合体,在压力、地下水及地下温度作用下,性质可能发生变化,从而引发了考虑后压浆桩的耐久性问题。

附　录

附录1　总承载力数据统计

试桩名称	桩长（m）	桩径（mm）	压浆前承载力（kN）	压浆后承载力（kN）	持力土层
哈尔滨哈西基地试桩工程	8	600	960	1 620	粉质黏土
某工程试桩(1)	26.5	650	2 813.5	3 900	粉质黏土
某工程试桩(2)	39.5	700	4 568.9	6 000	黏土
某工程试桩(3)	22	650	2 413.2	3 127	粉质黏土
杭州湾跨海大桥1号	87	1 500	15 547	31 043	黏土
杭州湾跨海大桥23号	120	800	67 233	72 909	亚黏土
武汉怡景花园试桩(1)	41.6	800	8 600	10 290	粉质黏土
武汉怡景花园试桩(2)	41.6	800	9 000	10 320	粉质黏土
武汉怡景花园试桩(3)	41.6	800	9 200	10 350	粉质黏土
无锡通江大道试桩	47	1 200	8 262.8	14 671.2	粉质黏土
上海长江大桥F组62号试桩	104.85	2 500 ~ 3 000	57 170	98 919	粉质黏土
某高层住宅施工区试桩	44	800	6 600	8 000	粉砂
太原市某高层试桩	24.6	800	3 785	8 500	粉土与角砾夹层
某高速公路运输服务中心工程试桩(1)	—	600	2 159	3 419	粉砂
某高速公路运输服务中心工程试桩(2)	—	600	2 159	3 497	粉砂
某高速公路运输服务中心工程试桩(3)	—	600	2 159	3 438	粉砂
某高速公路运输服务中心工程试桩(4)	—	600	2 159	3 415	粉砂
某高速公路运输服务中心工程试桩(5)	—	600	2 159	3 306	粉砂
某高速公路运输服务中心工程试桩(6)	—	600	2 159	3 333	粉砂
某高速公路运输服务中心工程试桩(7)	—	600	2 159	3 444	粉砂
某高速公路运输服务中心工程试桩(8)	—	600	2 159	3 484	粉砂
郑州东北部某试桩工程	44.6	800	6 000	8 400	粉土
苏通大桥试桩S2	69	1 500	16 000	28 000	粉砂
苏通大桥试桩S3	69	1 500	16 000	32 000	粉砂
苏通大桥试桩N3	76	1 800	24 400	40 900	粉砂

续上表

试桩名称	桩长（m）	桩径（mm）	压浆前承载力（kN）	压浆后承载力（kN）	持力土层
苏通大桥试桩 SZ4	125	2 500	59 638	100 538	粉砂
苏通大桥试桩 NⅡ-2	58.9	1 200	14 037	20 805	粉砂
苏通大桥试桩 NⅡ-3	63.6	1 500	17 629	28 349	粉砂
灌河特大桥 22 号试桩	96	2 500	45 348	64 765	粉砂
武汉市福星广场工程试桩(1)	40	800	4 500	>6 000	细粉砂层
武汉市福星广场工程试桩(2)	40	800	4 500	>6 650	细粉砂层
天津保税区国贸大厦(1)	46	600	4 800	6 700	粉细砂
天津保税区国贸大厦(2)	65	800	8 000	10 000	粉细砂
武汉某工程试桩 W4-2	46	800	3 375	8 580	粉细砂
武汉某工程试桩 W4-3	46.1	800	4 200	11 220	粉细砂
苏通大桥试桩 S1	84	1 500	24 000	37 500	细砂
东海大桥 PM336	110	2 500	41 000	>52 000	粉细砂
东海大桥 PM241	110	2 500	30 000	57 000	含砾粉细砂
上海江山大厦试桩	70	800	10 000	12 000	粉细砂
上海长江大桥 F 组 61 号试桩	107.85	2 500 ~ 3 000	55 260	109 937	含砾粉砂
上海长江大桥 D 组试桩	81.955	1 600	16 939	32 695	含砾粉细砂
上海长江大桥 G 组试桩	95.15	2 500 ~ 3 200	49 225	84 338	含砾粉砂
太原华吉大厦试桩工程(1)	28	700	9 000	13 000	中砂层
太原华吉大厦试桩工程(2)	30	700	9 000	11 000	中砂层
汉口某工程试桩	41	800	4 700	>8 100	中砂夹粉细砂
哈尔滨再就业中心(1)	8	800	1 600	2 800	中砂
哈尔滨再就业中心(2)	8	800	1 600	2 600	中砂
哈尔滨再就业中心(3)	8	800	1 600	2 500	中砂
武汉刑侦科技楼试桩	25	600	2 600	4 536	细中砂
太原金岗国际商务中心	24	800	4 500	8 500	中砂层
汕头市广播电视中心三期主楼试桩(1)	50.6	900	5 600	>7 200	粗砂
汕头市广播电视中心三期主楼试桩(2)	50.6	1 000	6 400	>8 400	粗砂
汕头市广播电视中心三期主楼试桩(3)	50.4	1 000	6 400	>8 400	粗砂
富阳某大厦试桩(1)	28	900	2500	5 120	中粗砂层
富阳某大厦试桩(2)	29	1 000	2 800	5 812	中粗砂层
武汉柴林大厦试桩(1)	44	800	3 100	6 600	砂砾层
武汉柴林大厦试桩(2)	44	800	3 400	6 600	砂砾层

续上表

试桩名称	桩长（m）	桩径（mm）	压浆前承载力（kN）	压浆后承载力（kN）	持力土层
武汉柴林大厦试桩(3)	44	800	47 00	6 600	砂砾层
拦河工程试桩	13.6	800	2 100	3 000	砾砂
潮州市长江印刷厂试桩工程	42.5	700	2914	5 400	砾砂层
福州市龙泉大厦试桩(1)	60	800	7 850.8	11 000	砾砂
福州市龙泉大厦试桩(2)	60	800	7 850.8	11 500	砾砂
福州市龙泉大厦试桩(3)	60	800	7 850.8	11 500	砾砂
揭阳市某工程试桩(1)	43	800	3 000	7 500	砾砂
揭阳市某工程试桩(2)	47	1 000	4 200	10 000	砾砂
武汉某工程试桩 W13-2	40.65	800	4 190	9 675	砾中砂层
齐齐哈尔市第一医院门诊楼试桩	8	600	1 000	1 600	圆砾
福州盆地某工程试桩	—	900	8 000	>11 000	卵石
杨凌国际会展工程 A 型试桩	11.8	810	3 980	6 150	砂卵石
杨凌国际会展工程 B 型试桩	11.4	600	2 410	3 610	砂卵石
湖北省农委综合楼试桩	31	600	3 590	7 048	卵石圆砾
福州市五四路试桩(1)	35.7	800	5 174	7 300	卵石混轻砂质黏土
福州市五四路试桩(2)	35.8	800	5 099	7 300	卵石混轻砂质黏土
福州市五四路试桩(3)	36.1	800	5 574	7 300	卵石混轻砂质黏土
福州市五四路试桩(4)	36.4	800	5 404	7 300	卵石混轻砂质黏土
武汉汉正街高层住宅(1)	45	800	5 500	>9 200	砾石
武汉汉正街高层住宅(2)	45	800	5 500	>9 200	砾石
武汉汉正街高层住宅(3)	45	800	5 500	>8 900	砾石
福州市某工地试桩(1)	26 ~ 33	900	7 300	8 530	卵石混轻质黏土
福州市某工地试桩(2)	26 ~ 33	800	4 500	7 300	卵石混轻质黏土
华中科技大学基础教学实验楼试桩(1)	—	800	6 500	12 000	卵石
华中科技大学基础教学实验楼试桩(2)	—	800	6 500	12 000	卵石
华中科技大学基础教学实验楼试桩(3)	—	800	6 500	12 000	卵石
某工地试桩(1)	38	800	3 250	5 000	卵石
某工地试桩(2)	38	800	3 250	5 000	卵石
某工地试桩(3)	38	800	3 250	5 000	卵石
某工地试桩(4)	35.5	800	5 400	9900	卵石
某工地试桩(5)	35.5	800	5 400	9 000	卵石
某工地试桩(6)	35.5	800	5 400	9 900	卵石
某工地试桩(7)	35.5	800	5 400	9 900	卵石
杭州德胜路 PM6-2	48.5	1 000	9 080.4	13 058.6	卵石

续上表

试桩名称	桩长（m）	桩径（mm）	压浆前承载力（kN）	压浆后承载力（kN）	持力土层
杭州德胜路 PM9-2	47	1 200	11 224.1	18 144.1	卵石
河西大厦 93 号试桩	71.5	1 000	9 075	10 000	卵石
河西大厦 38 号试桩	71.5	1 000	9 076	10 000	卵石
河西大厦 105 号试桩	69.9	800	5 450	7 400	卵石
河西大厦 146 号试桩	70.4	800	5 450	7 400	卵石
石家庄某工地 P50-4 试桩	60	1 500	27 216	38 100	卵石
石家庄某工地 P51-21 试桩	60	1 500	26 610	36 900	卵石
杭州钱江新城城市主阳台 1 号试桩	43	2 500	23 626	40 589	卵石
杭州钱江新城城市主阳台 2 号试桩	51	2 500	28 022	52 400	卵石
杭州钱江新城城市主阳台 3 号试桩	37	2 500	20 836	28 360	卵石
杭州钱江新城城市主阳台 8 号试桩	47	2 500	25 824	34 455	卵石
杭州钱江新城城市主阳台 11 号试桩	44.3	2 000	16 634	26 915	卵石
杭州钱江新城城市主阳台 12 号试桩	37.5	2 000	12 197	19 488	卵石
杭州钱江新城城市主阳台 13 号试桩	44.5	2 000	16 634	31 100	卵石
杭州长途电信大楼 S1 试桩	40	1 500	14 000	18 630	卵石

附录2 端阻提高系数数据统计

持力层	工程及试桩编号	桩径（m）	注浆压力（MPa）	桩长（m）	压浆前端阻力（kN）	压浆后端阻力（kN）	变位（mm）	增强系数 β_{ps}
细砂	苏通大桥一期试桩 S1	1.5	2.5	84	2 200	13 000	40	5.91
	苏通大桥二期试桩 SZ2	2.5	7~8	125	8 007	14 656	54.9	1.83
	苏通大桥三期试桩 C2-SZ6	2.5	4	126	13 425	33 085	31.49	2.46
	杭州湾四期试桩工程 25 号	2.8	4.5	120	8 959	28 182	22.38	—
	东海大桥试桩工程 PM336	2.5	<4	110	6 080	17 600		2.89
	东海大桥试桩工程 PM241	2.5	<8	110	0	>5 000		—
	新郑黄河特大桥试桩工程试 4	2.2	2	62	5 100	8 408		1.65
粉砂	苏通大桥一期试桩 S2	1.5	2.5	69	2 702.36	6 200	40	2.3
	苏通大桥一期试桩 S3	1.5	3	69	300	8 000	40	26.7
	苏通大桥二期试桩 SZ4	2.5	5.7	125	8 485	33 375	73.23	3.93
	苏通大桥三期试桩 C1-SZ2	2.5	6.5	114	7 419	36312	22.88	4.89
	苏通大桥四期试桩 NII-2	1.2	4.6	58.9	1 818	4 583	10.65	2.53
	苏通大桥四期试桩 NII-3	1.5	4.6	63.6	2 517	7 717	20.82	3
	杭州湾四期试桩工程 23 号	2.8	4.5	120	21 600	28 800	9.99	1.33
	灌河特大桥 22 号试桩	2.5	9	65	8 000	>16 500	21.5	2.06
	沪崇苏通道上海长江大桥 G 组试桩	2.5~3.2	6	95.15	14 850	37 800	47.55	2.55
	沪崇苏通道上海长江大桥 F 组 61 号试桩	2.5~3.0	7.5	107.85	4 050	43 200	51.29	10.67
粗砂	苏通大桥一期试桩 N3	1.8	3	76	2 850	10 460	40	3.67
	苏通大桥二期试桩 SZ3	2.5	6.5	106	11 450.01	30 761	38.76	2.69
中砂	苏通大桥三期试桩 C2-SZ7	2.5	2.7	117	10 028.77	38 571	28.96	3.85
黏土	杭州湾大桥二期试桩 SZ2	1.5	4	90	1 591.14	6 580	87.77	4.14
	杭州湾三期 1 号试桩	1.5	1.5~4	87	1 600	7 470	65.44	4.67
	灌河特大桥 23 号试桩	2.5	5	95	4 710	6 225	10.26	1.35
	杭州湾三期 2 号试桩	2	1.5~4	100	5 765	13 330	17.02	2.31
	郑州市某试桩工程	0.8	4.6	>2	461	1 332	-	2.89
	无锡江海路段通江大道工程	1.2	2.5	47	817.15	4 932	31.78	6.04
	沪崇苏通道上海长江大桥 F 组 62 号试桩	2.5~3.0	3.7	104.85	12 150	37 800	48.83	3.11
粉细砂	天津保税区国贸大厦试桩工程	0.8	5.6	—	857	2 064	—	2.41
	上海江山大厦试桩工程	0.8	7	—	865	1 171	—	1.35
	沪崇苏通道上海长江大桥 D 组试桩	1.6	8	81.955	6 700	13 400	41.88	2
卵石	杭州德胜快速路工程试桩 PM6-2	1	4.5	—	2 080	4 720	18.21	2.27
	杭州德胜快速路工程试桩 PM9-2	1.2	4.7	—	2 996	6 846	11.61	2.28

附录3　桩侧摩阻力提高系数数据统计

土层名	工程及试桩编号	桩径（m）	桩长（m）	注浆压力（MPa）	土层高程（m）	压浆前侧阻力（kN）	压浆后侧阻力（kN）	变位（mm）	β_{si}
淤泥质亚黏土	苏通大桥一期试桩 S1	1.5	84	2.5	-7.2～-17.9	20	35	40	1.75
	苏通大桥一期试桩 S2	1.5	69	2.5	0.5～-0.7	-20	30	40	1.5
	苏通大桥一期试桩 S2	1.5	69	2.5	-6.8～-15.8	-20	40	40	2
	苏通大桥一期试桩 S3	1.5	69	3	-6.8～-15.8	20	40	40	2
	苏通大桥一期试桩 N3	1.8	76	3	-10.3～-15.8	30	40	40	1.33
	苏通大桥三期试桩 C1-SZ2	2.5	114	6.5	-53.64～-59.14	-20	31.49	24.24	1.57
	苏通大桥三期试桩 C2-SZ7	2.5	117	2.7	-27.30～-42.64	-35	49.26	18.37	1.41
	苏通大桥三期试桩 C2-SZ7	2.5	117	2.7	-42.64～-46.64	-20	28.27	18.76	1.41
	苏通大桥三期试桩 C2-SZ6	2.5	126	4	-46.1～-50.3	-30	43.33	15.13	1.4
	杭州湾大桥二期试桩 SZ2	1.5	90	4	-14.60～-36.20	20	29.43	8.48	1.47
	杭州湾三期 1 号试桩	1.5	87	1.5～4	-13.12～-18	12	21.48	9.54	1.79
	杭州湾三期 1 号试桩	1.5	87	1.5～4	-18～-34.7	15.1	23.51	9.95	1.56
	杭州湾三期 1 号试桩	1.5	87	1.5～4	-34.7～-47.6	15.99	26.99	10.84	1.69
	杭州湾三期 2 号试桩	2	100	1.5～4	-50.69～-59.09	-25	26.16	2.03	1.05
	杭州湾三期 2 号试桩	2	100	1.5～4	-59.09～-69.09	-25	26.21	2.84	1.05
	杭州湾四期 23 号试桩	2.8	120	4.5	-28.52～-47.12	9.7	11.36	21.76	1.17
	杭州德胜快速路工程试桩 PM6-2	1	48.5	—	-0.54～-5.14	15	16.09	2.64	1.07
	杭州德胜快速路工程试桩 PM9-2	1.2	47	—	-5.83～-12.83	15	25.69	1.94	1.71
	沪崇苏通道上海长江大桥 G 组试桩	2.5～3.2	95.15	6	-14.7～-16.2	26.39	29.39	16.03	1.11
	沪崇苏通道上海长江大桥 G 组试桩	2.5～3.2	95.15	6	-16.2～-28.2	27.29	30.78	16.08	1.13
	沪崇苏通道上海长江大桥 F 组 61 号试桩	2.5～3	107.85	7.5	-2.0～-20.0	24.78	27.39	13.81	1.11
	沪崇苏通道上海长江大桥 F 组 62 号试桩	2.5～3	104.85	3.7	-2.0～-20.0	20.39	23.89	28.24	1.17

续上表

土层名	工程及试桩编号	桩径（m）	桩长（m）	注浆压力（MPa）	土层高程（m）	压浆前侧阻力（kN）	压浆后侧阻力（kN）	变位（mm）	β_{si}
亚黏土	苏通大桥一期试桩 S1	1.5	84	2.5	4 ~ -1.4	15	40	40	2.67
	苏通大桥一期试桩 S2	1.5	69	2.5	3.2 ~ 0.5	20	30	40	1.5
	苏通大桥一期试桩 S2	1.5	69	2.5	-15.8 ~ -27.3	20	70	40	3.5
	苏通大桥一期试桩 S1	1.5	84	2.5	-17.9 ~ -25.5	25	40	40	1.6
	苏通大桥一期试桩 S3	1.5	69	3	-15.8 ~ -27.3	20	70	40	3.5
	苏通大桥一期试桩 N3	1.8	76	3	2.2 ~ 0.6	20	35	40	1.75
	苏通大桥一期试桩 N3	1.8	76	3	-34.3 ~ -43.7	50	85	40	1.7
	苏通大桥二期试桩 SZ2	2.5	125	7.8	3.75 ~ -0.55	-36.69	44.75	28.72	1.22
	苏通大桥二期试桩 SZ3	2.5	106	6.5	2.4 ~ -1.7	-35	46.51	17.89	1.33
	苏通大桥二期试桩 SZ3	2.5	106	6.5	-78.55 ~ -87.4	-40	73.33	26.92	1.83
	苏通大桥二期试桩 SZ4	2.5	125	5 - 7	-78.55 ~ -87.4	-40	35.75	38.28	0.89
	苏通大桥三期试桩 C1-SZ2	2.5	114	6.5	-40.94 ~ -46.24	-40	62.88	23.32	1.57
	苏通大桥三期试桩 C2-SZ6	2.5	126	4	-19.38 ~ -46.1	-29	36.5		1.26
	苏通大桥四期试桩 NII-2	1.2	58.9	4.6	-14.23 ~ -21.63	-30	42.69	7.77	1.42
	苏通大桥四期试桩 NII-2	1.2	58.9	4.6	-36.23 ~ -42.23	-35	59.08	11.12	1.69
	苏通大桥四期试桩 NII-2	1.2	58.9	4.6	-42.23 ~ -53.03	-35	82.9	11.76	2.37
	杭州湾大桥二期试桩 SZ2	1.5	90	4	-36.20 ~ -46.80	-25	52.06	9.33	2.08
	杭州湾大桥二期试桩 SZ2	1.5	90	4	-76.30 ~ -81.40	-45	164.26	3.93	3.65
	杭州湾三期 1 号试桩	1.5	87	1.5 ~ 4	-0.5 ~ -1.2	4.85	19.7	9.31	4.06
	杭州湾三期 1 号试桩	1.5	87	1.5 ~ 4	-1.2 ~ -13.12	14.6	28	9.36	1.92
	杭州湾三期 1 号试桩	1.5	87	1.5 ~ 4	-54.02 ~ -61.62	28.01	42.5	12.38	1.52
	杭州湾四期 23 号试桩	2.8	120	4.5	-75.32 ~ -79.12	62.82	59.89	22.72	0.95
	杭州湾四期 23 号试桩	2.8	120	4.5	-86.72 ~ -92.12	66.97	68.06	23.53	1.02
	杭州湾四期 23 号试桩	2.8	120	4.5	-115.72 ~ -117.8	115.05	115.05	67.77	1
	杭州湾四期 25 号试桩	2.8	120	4.5	-84.75 ~ -90.15	-63	67.09	48.96	1.06
	杭州湾四期 25 号试桩	2.8	120	4.5	-75.35 ~ -84.75	-60	65.97	48.23	1.1
	杭州湾四期 25 号试桩	2.8	120	4.5	-101.15 ~ -104.15	-80	90.87	50.85	1.14
	灌河特大桥 22 号试桩	2.5	96	5	-16.72 ~ -23.47	33.68	35.58	15.09	1.06
	黄河特大桥 S4 试桩	2.2	62	2	-44.78 ~ -47.89	80	89.2		1.12
	黄河特大桥 S4 试桩	2.2	62	2	-47.89 ~ -49.89	80	177.17		2.21
	黄河特大桥 S4 试桩	2.2	62	2	-49.89 ~ -53.78	80	189.7		2.37
	黄河特大桥 S5 试桩	2.2	62	2	-44.36 ~ -47.88	80	117.38		1.47
	黄河特大桥 S5 试桩	2.2	62	2	-47.88 ~ -49.88	80	217.54		2.72
	黄河特大桥 S5 试桩	2.2	62	2	-49.88 ~ -53.36	80	174.82		2.18
	灌河特大桥 23 号试桩	2.5	95	5	-41.65 ~ -53.20	70	96.74	9.6	1.38
	杭州德胜快速路工程试桩 PM6-2	1	48.5	4.6	-5.14 ~ -11.64	20	20.59	2.76	1.03
	杭州德胜快速路工程试桩 PM6-2	1	48.5	4.6	-11.64 ~ -17.64	20	20.39	2.98	1.02

续上表

土层名	工程及试桩编号	桩径（m）	桩长（m）	注浆压力（MPa）	土层高程（m）	压浆前侧阻力(kN)	压浆后侧阻力(kN)	变位(mm)	β_{si}
粉质黏土	杭州德胜快速路工程试桩 PM6-2	1	48.5	4.6	-17.64 ~ -20.64	32	33.09	3.21	1.03
	杭州德胜快速路工程试桩 PM6-2	1	48.5	4.6	-20.64 ~ -24.64	55	56.47	3.45	1.03
	杭州德胜快速路工程试桩 PM6-2	1	48.5	4.6	-24.64 ~ -28.64	60	59.67	3.82	0.99
	杭州德胜快速路工程试桩 PM6-2	1	48.5	4.6	-28.64 ~ -33.04	40	42.38	4.33	1.06
	杭州德胜快速路工程试桩 PM9-2	1.2	47	3.8	-5.83 ~ -12.83	15	25.69		1.71
	杭州德胜快速路工程试桩 PM9-2	1.2	47	3.8	-12.83 ~ -18.13	20	26.49	2.15	1.32
	杭州德胜快速路工程试桩 PM9-2	1.2	47	3.8	-18.13 ~ -24.63	20	28.39	2.44	1.42
	杭州德胜快速路工程试桩 PM9-2	1.2	47	3.8	-24.63 ~ -28.93	60	73.06	2.81	1.22
	杭州德胜快速路工程试桩 PM9-2	1.2	47	3.8	-28.93 ~ -33.93	62	79.06	3.29	1.28
	杭州德胜快速路工程试桩 PM9-2	1.2	47	3.8	-33.93 ~ -38.13	62	80.26	3.93	1.29
亚黏土	东海大桥试桩工程 PM336	2.5	110	<4	-90.7 ~ -101.7	40.13	67.25	1.12	1.68
	沪崇苏通道上海长江大桥 F 组 61 号试桩	2.5 ~ 3.0	107.85	7.5	-59.65 ~ -70.8	58.77	64.47	17.14	1.1
	沪崇苏通道上海长江大桥 F 组 61 号试桩	2.5 ~ 3.0	107.85	7.5	-70.8 ~ -75.5	96.45	102.35	53.4	1.06
	沪崇苏通道上海长江大桥 F 组 61 号试桩	2.5 ~ 3.0	107.85	7.5	-75.5 ~ -78.0	97.85	103.75	54.09	1.06
	沪崇苏通道上海长江大桥 F 组 61 号试桩	2.5 ~ 3.0	107.85	7.5	-78.0 ~ -86.0	103.75	165.22	23.97	1.59
	沪崇苏通道上海长江大桥 F 组 61 号试桩	2.5 ~ 3.0	107.85	7.5	-86.0 ~ -96.5	102.85	161.42	22.58	1.6
	沪崇苏通道上海长江大桥 F 组 62 号试桩	2.5 ~ 3.0	104.85	3.7	-39.3 ~ -43.45	45.77	54.81	28.75	1.2
	沪崇苏通道上海长江大桥 F 组 62 号试桩	2.5 ~ 3.0	104.85	3.7	-76.0 ~ -81	109.64	180.58	34.26	1.65
	沪崇苏通道上海长江大桥 F 组 62 号试桩	2.5 ~ 3.0	104.85	3.7	-81 ~ -90.2	106.75	182.01	34.51	1.71
	沪崇苏通道上海长江大桥 F 组 62 号试桩	2.5 ~ 3.0	104.85	3.7	-90.2 ~ -98.2	110.54	188	35.22	1.7
	沪崇苏通道上海长江大桥 F 组 62 号试桩	2.5 ~ 3.0	104.85	3.7	-98.2 ~ -103.85	120.24	190.3	36.11	1.58
	无锡江海路段通江大道工程	1.2	47	2.5	-31.14 ~ -36.14	-40	45.48	25.21	1.14
	无锡江海路段通江大道工程	1.2	47	2.5	-38.06 ~ -38.64	-60	79.49	32.62	1.32
	无锡江海路段通江大道工程	1.2	47	2.5	-38.64 ~ -41.44	-50	67.27	32.35	1.35

续上表

土层名	工程及试桩编号	桩径（m）	桩长（m）	注浆压力（MPa）	土层高程（m）	压浆前侧阻力（kN）	压浆后侧阻力（kN）	变位（mm）	β_{si}
亚黏土与粉砂互层	苏通大桥一期试桩 S1	1.5	84	2.5	-25.5 ~ -32.4	30	50	40	1.67
	苏通大桥一期试桩 S1	1.5	84	2.5	-32.4 ~ -38.9	40	70	40	1.75
	苏通大桥一期试桩 S2	1.5	69	2.5	-27.3 ~ -36.3	-30	70	40	2.33
	苏通大桥一期试桩 S2	1.5	69	2.5	-50.27 ~ -56.1	99.06	107.98	40	1.09
	苏通大桥一期试桩 S3	1.5	69	3	-27.3 ~ -36.3	30	70	40	2.67
	苏通大桥一期试桩 S3	1.5	69	3	-50.27 ~ -56.1	99.06	88.85	40	0.9
	苏通大桥一期试桩 N3	1.8	76	3	-43.7 ~ -48.2	55	90	40	1.64
	苏通大桥一期试桩 N3	1.8	76	3	-48.2 ~ -57.18	75	94.81	40	1.26
	苏通大桥一期试桩 N3	1.8	76	3	-57.18 ~ -62.3	55.97	92.96	40	1.66
	杭州湾三期 1 号试桩	1.5	87	1.5 ~ 4	—	50	64.01	13.2	1.28
	苏通大桥四期试桩 NII-3	1.5	63.6	4.6	-32.53 ~ -44.38	40	68.68	7.98	1.72
	黄河特大桥 S4 试桩	2.2	62	2	-13.78 ~ -22.88	35	60		1.71
亚砂土	黄河特大桥 S4 试桩	2.2	62	2	-30.98 ~ -35.78	65	80		1.23
	黄河特大桥 S5 试桩	2.2	62	2	-13.36 ~ -22.46	35	60		1.71
	黄河特大桥 S5 试桩	2.2	62	2	-30.56 ~ -35.36	65	80		1.23
粉砂	苏通大桥一期试桩 S1	1.5	84	2.5	-1.4 ~ -7.2	15	35	40	2.33
	苏通大桥一期试桩 S1	1.5	84	2.5	-38.9 ~ -48.7	55	80	40	1.45
	苏通大桥一期试桩 S2	1.5	69	2.5	-0.7 ~ -6.8	-20	40	40	2
	苏通大桥一期试桩 S2	1.5	69	2.5	-36.3 ~ -45.3	-40	90	40	2.25
	苏通大桥一期试桩 S2	1.5	69	2.5	-45.3 ~ -50.27	-50	90	40	1.8
	苏通大桥一期试桩 S2	1.5	69	2.5	-56.1 ~ -60.17	-101.16	107.01	40	1.06
	苏通大桥一期试桩 S2	1.5	69	2.5	-62.27 ~ -64.3	-107.81	102.59	40	0.95
	苏通大桥一期试桩 S3	1.5	69	3	-36.3 ~ -45.3	40	100	40	2.5
	苏通大桥一期试桩 S3	1.5	69	3	-45.3 ~ -50.27	50	100	40	2
	苏通大桥一期试桩 S3	1.5	69	3	-56.1 ~ -60.17	101.16	111.22	40	1.1
	苏通大桥一期试桩 S3	1.5	69	3	-62.27 ~ -64.3	107.81	73.72	40	0.68
	苏通大桥一期试桩 S3	1.5	69	3	-0.7 ~ -6.8	20	40	40	2
	苏通大桥一期试桩 N3	1.8	76	3	0.6 ~ -10.3	20	35	40	1.75
	苏通大桥一期试桩 N3	1.8	76	3	-15.8 ~ -23.8	40	50	40	1.25
	苏通大桥一期试桩 N3	1.8	76	3	-23.8 ~ -27.9	40	55	40	1.38
	苏通大桥一期试桩 N3	1.8	76	3	-27.9 ~ -34.3	50	85	40	1.7
	苏通大桥二期试桩 SZ2	2.5	125	7.8	-46.10 ~ -56.65	-50	60.48	31.58	1.21
	苏通大桥二期试桩 SZ2	2.5	125	7.8	-116.35 ~ -121	-60	142.26	33.4	2.37
	苏通大桥二期试桩 SZ3	2.5	106	6.5	-89.95 ~ -94.4	-60	85.59	29.77	1.43

续上表

土层名	工程及试桩编号	桩径(m)	桩长(m)	注浆压力(MPa)	土层高程(m)	压浆前侧阻力(kN)	压浆后侧阻力(kN)	变位(mm)	β_{si}
	苏通大桥二期试桩 SZ4	2.5	125	5～7	-89.95～-94.4	-60	54.59	37.62	0.91
	苏通大桥三期试桩 C1-SZ2	2.5	114	6.5	-103.49～-107.50	-60	131.29	23.51	2.19
	苏通大桥三期试桩 C2-SZ7	2.5	117	2.7	-46.64～-60.04	-50	84.27	19.33	1.68
	苏通大桥三期试桩 C2-SZ7	2.5	117	2.7	-82.94～-90.24	-55	92.56	23.83	1.68
	苏通大桥四期试桩 NII-2	1.2	58.9	4.6	2.27～-14.23	-35	38.59	7.3	1.02
	苏通大桥四期试桩 NII-2	1.2	58.9	4.6	-21.63～-36.23	-45	67.62	9.16	1.5
	苏通大桥四期试桩 NII-2	1.2	58.9	4.6	-53.03～-56.5	-55	132.4	10.83	2.41
	苏通大桥四期试桩 NII-2	1.2	58.9	4.6	-3.03～-9.03	-30	21.17	6.3	0.76
	苏通大桥四期试桩 NII-3	1.5	63.6	4.6	-18.93～-32.53	-45	45.44	6.89	1.01
	苏通大桥四期试桩 NII-3	1.5	63.6	4.6	-60.53～-63.50	-55	120.53	21.02	2.19
	杭州湾三期 1 号试桩	1.5	87	1.5～4	-67.12～-71.5	54.99	73.98	13.95	1.34
粉砂	杭州湾三期 1 号试桩	1.5	87	1.5～4	-71.5～-73.5	53.05	73.95	21.37	1.39
	杭州湾四期 23 号试桩	2.8	120	4.5	-92.12～-97.92	69.97	71.91	24.02	1.03
	杭州湾四期 25 号试桩	2.8	120	4.5	-90.15～-101.15	-65	70.28	49.91	1.08
	灌河特大桥 22 号试桩	2.5	96	5	-92.37～-96.00	62.95	111.33	22.32	1.77
	灌河特大桥 23 号试桩	2.5	95	5	-20.45～-27.65	40	49.16	8.09	1.23
	东海大桥试桩工程 PM241	2.5	110	<8	-41.5～-54	24.23	56.06	15.01	2.31
	东海大桥试桩工程 PM241	2.5	110	<8	-54～-63	37.77	67.71	15.83	1.79
	东海大桥试桩工程 PM241	2.5	110	<8	-63～-71	38.67	68.47	16.73	1.77
	东海大桥试桩工程 PM241	2.5	110	<8	-71～-72	40.92	70.04	17.31	1.71
	东海大桥试桩工程 PM241	2.5	110	<8	-72～-78	53.19	59.33	5.33	1.12
	东海大桥试桩工程 PM241	2.5	110	<8	-78～-85.5	51.18	58.79	4.57	1.15
	灌河特大桥 23 号试桩	2.5	95	5	-53.20～-73.00	55	70.21	13.25	1.28
	苏通大桥一期试桩 S1	1.5	84	2.5	-57.02～-66.32	100	78.51	40	0.78
	苏通大桥一期试桩 S1	1.5	84	2.5	-66.32～-67.32	99.19	77.02	40	0.78
	苏通大桥一期试桩 S1	1.5	84	2.5	-67.32～-72.26	81.12	109.31	40	1.35
	苏通大桥一期试桩 S1	1.5	84	2.5	-72.26～-75.1	79.33	105.28	40	1.33
	苏通大桥一期试桩 S1	1.5	84	2.5	-78.1～-78.5	80.42	112.09	40	1.39
细砂	苏通大桥一期试桩 N3	1.8	76	3	-62.3～-69.8	86.57	102.59	40	1.18
	苏通大桥二期试桩 SZ2	2.5	125	7～8	-61.2～-71.15	-55	66.52	33.52	1.21
	苏通大桥二期试桩 SZ2	2.5	125	7～8	-75.2～-81.15	-55	66.49	35.74	1.21
	苏通大桥二期试桩 SZ3	2.5	106	6.5	-46.1～-55.9	-50	57.45	21.15	1.15
	苏通大桥二期试桩 SZ3	2.5	106	6.5	-55.9～-63.8	-50	59.62	22.44	1.19
	苏通大桥二期试桩 SZ3	2.5	106	6.5	-66.4～-70.2	-55	65.26	23.87	1.87

续上表

土层名	工程及试桩编号	桩径(m)	桩长(m)	注浆压力(MPa)	土层高程(m)	压浆前侧阻力(kN)	压浆后侧阻力(kN)	变位(mm)	β_{si}
细砂	苏通大桥二期试桩 SZ4	2.5	125	5~7	-66.4~-70.2	55	55.42	13.56	1.01
	苏通大桥二期试桩 SZ4	2.5	125	5~7	-114.2~-121	55.01	157.46	45.6	2.86
	苏通大桥三期试桩 C2-SZ6	2.5	126	4	-119.9~-121	-60	168.53	31.59	2.81
	杭州湾大桥二期试桩 SZ2	1.5	90	4	-66.20~-76.30	-55	192.25	13.48	3.49
	杭州湾大桥二期试桩 SZ2	1.5	90	4	-81.40~-83.50	-50	290.8	3.74	5.82
	杭州湾三期 2 号试桩	2	100	1.5~4	-69.09~-74.59	-60	62.79	3.64	1.05
	杭州湾四期 23 号试桩	2.8	120	4.5	-59.12~-68.92	40.65	41.58	8.33	1.02
	杭州湾四期 23 号试桩	2.8	120	4.5	-97.92~-101.22	72.34	79.61	24.47	1.1
	杭州湾四期 25 号试桩	2.8	120	4.5	-57.35~-68.35	-65	52.31	46.95	0.84
	黄河特大桥 S4 试桩	2.2	62	2	-22.88~-30.98	55	80		1.45
	黄河特大桥 S4 试桩	2.2	62	2	-53.78~-60.39	90	189.7		2.11
	黄河特大桥 S5 试桩	2.2	62	2	-22.46~-30.56	55	80		1.45
	黄河特大桥 S5 试桩	2.2	62	2	-53.36~-60.38	90	174.82		1.94
	杭州德胜快速路工程试桩 PM6-2	1	48.5	—	-33.04~-39.04	65	67.37	5.11	1.04
	东海大桥试桩工程 PM336	2.5	110	<4	-101.7~-110	36.21	72.56	2.05	2
	东海大桥试桩工程 PM241	2.5	110	<8	-85.5~-96	19.15	63.43	3.56	3.31
粗砂	苏通大桥一期试桩 N3	1.8	76	3	-69.8~-72.3	127.08	137.63	40	1.08
	苏通大桥二期试桩 SZ2	2.5	125	7~8	-90.35~-92.55	-110	124.5	37.92	1.13
	苏通大桥二期试桩 SZ3	2.5	106	6.5	-75.2~-78.55	-100	138.75	25.54	1.39
	苏通大桥二期试桩 SZ3	2.5	106	6.5	-87.4~-89.95	-110	153.27	28.34	1.39
	苏通大桥二期试桩 SZ3	2.5	106	6.5	-94.4~-102	-110	235.54	57.6	2.14
	苏通大桥二期试桩 SZ4	2.5	125	5~7	-75.2~-78.55	-100	95.11	38.81	0.95
	苏通大桥二期试桩 SZ4	2.5	125	5.7	-87.4~-89.95	-110	98.11	37.84	0.89
	苏通大桥二期试桩 SZ4	2.5	125	5~7	-94.4~-102.2	-110	99.05	37.33	0.9
	东海大桥试桩工程 PM336	2.5	110	<4	-81.7~-90.7	45.15	48.23	0.51	1.07
砾砂	苏通大桥二期试桩 SZ2	2.5	125	7~8	-71.15~-75.2	-120	145.13	34.73	1.21
	苏通大桥二期试桩 SZ2	2.5	125	7~8	-95.5~-97.95	-130	151.29	37.26	1.15
	苏通大桥二期试桩 SZ2	2.5	125	7~8	-109.55~-116.35	-130	245.43	34.01	1.88
	苏通大桥二期试桩 SZ2	2.5	125	7~8	-90.35~-92.55	-130	155.48	38.46	1.2
	苏通大桥二期试桩 SZ4	2.5	125	5~7	-102.2~-106	-130	115.51	37.19	0.89
	苏通大桥二期试桩 SZ4	2.5	125	5~7	-102.2~-110.1	118	192.81	48.21	1.63
	苏通大桥三期试桩 C1-SZ2	2.5	114	6.5	-107.50~-109.0	-120	286.62	23	2.39
	杭州德胜快速路工程试桩 PM6-2	1	48.5	—	-39.04~-42.26	100	98.65	5.98	0.99
	杭州德胜快速路工程试桩 PM9-2	1.2	47	—	-38.13~-41.73	100	115.24	4.61	1.15

续上表

土层名	工程及试桩编号	桩径(m)	桩长(m)	注浆压力(MPa)	土层高程(m)	压浆前侧阻力(kN)	压浆后侧阻力(kN)	变位(mm)	β_{si}
砾砂	沪崇苏通道上海长江大桥 D 组试桩	1.6	81.955	8	-75.69 ~ -77.855	50.38	107.93	14.2	2.14
	沪崇苏通道上海长江大桥 G 组试桩	2.5 ~ 3.2	95.15	6	-79 ~ -89.7	32.28	79.56	16.84	2.46
	沪崇苏通道上海长江大桥 G 组试桩	2.5 ~ 3.2	95.15	6	-89.7 ~ -99.7	32.58	80.86	16.31	2.48
	沪崇苏通道上海长江大桥 G 组试桩	2.5 ~ 3.2	95.15	6	-99.7 ~ -106.85	65.28	84.55	16.11	1.3
	沪崇苏通道上海长江大桥 F 组 61 号试桩	2.5 ~ 3.0	107.85	7.5	-96.5 ~ -106.85	114.41	171.31	21.69	1.5
	沪崇苏通道上海长江大桥 F 组 62 号试桩	2.5 ~ 3.0	104.85	3.7	-68.65 ~ -73.5	84.76	91.25	30.98	1.08
	沪崇苏通道上海长江大桥 F 组 62 号试桩	2.5 ~ 3.0	104.85	3.7	-73.5 ~ -76.0	92.55	98.45	31.4	1.06
中砂	苏通大桥一期试桩 S1	1.5	84	2.5	-75.1 ~ -78.1	80.42	112.09	40	1.39
	苏通大桥二期试桩 SZ2	2.5	125	7 ~ 8	-97.95 ~ -109.55	-70	85.57	35.71	1.22
	苏通大桥二期试桩 SZ3	2.5	106	6.5	-63.8 ~ -66.4	-60	68.43	23.3	1.14
	苏通大桥二期试桩 SZ3	2.5	106	6.5	-70.2 ~ -75.2	-60	75.84	24.69	1.26
	苏通大桥二期试桩 SZ4	2.5	125	7 ~ 8	-70.2 ~ -75.2	-60	55.45	39.45	0.92
	苏通大桥三期试桩 C2-SZ7	2.5	114	6.5	106.84 ~ -112.0	-70	177.18	29.6	2.53
	灌河特大桥 22 号试桩	2.5	95	5	-55.07 ~ -67	91.44	95.39	17.75	1.04
	黄河特大桥 S4 试桩	2.2	62	2	-35.78 ~ -44.78	65	100		1.54
	黄河特大桥 S4 试桩	2.2	62	2	-35.36 ~ -44.36	65	100		1.54
黏土	杭州湾大桥二期试桩 SZ2	1.5	125	7 ~ 8	-46.80 ~ -57.00	-22	47.29	10.33	2.15
	杭州湾大桥二期试桩 SZ2	1.5	125	7 ~ 8	-57.00 ~ -66.20	-45	95.64	11.63	2.12
	杭州湾三期 1 号试桩	1.5	87	1.5 ~ 4	-47.6 ~ -54.02	22.01	35	11.65	1.59
	杭州湾三期 1 号试桩	1.5	87	1.5 ~ 4	-73.5 ~ -79.4	63.99	159.01	20.76	2.48
	杭州湾三期 1 号试桩	1.5	87	1.5 ~ 4	-79.4 ~ -84	60.02	209.99	20.25	3.5
	杭州湾三期 2 号试桩	2	100	1.5 ~ 4	-74.59 ~ -80.59	-70	73.14	4.37	1.04
	杭州湾三期 2 号试桩	2	100	1.5 ~ 4	-80.59 ~ -88.29	-70	73.25	5.42	1.04
	杭州湾三期 2 号试桩	2	100	1.5 ~ 4	-88.29 ~ -90.99	-70	73.03	6.36	1
	杭州湾三期 2 号试桩	2	100	1.5 ~ 4	-90.99 ~ -99.49	-70	97.76	51.44	1.4
	杭州湾三期 2 号试桩	2	100	1.5 ~ 4	-99.49 ~ -101.00	-70	196.17	50.65	2.8
	杭州湾四期 23 号试桩	2.8	120	4.5	-53.12 ~ -59.12	30.83	30.09	22	0.98

续上表

土层名	工程及试桩编号	桩径（m）	桩长（m）	注浆压力（MPa）	土层高程（m）	压浆前侧阻力（kN）	压浆后侧阻力（kN）	变位（mm）	β_{si}
黏土	杭州湾四期23号试桩	2.8	120	4.5	-68.92～-75.32	52.76	50.98	22.48	0.97
	杭州湾四期23号试桩	2.8	120	4.5	-79.12～-86.72	65.08	64.29	23.06	0.99
	杭州湾四期23号试桩	2.8	120	4.5	-101.22～-103.3	93.51	97.72	24.77	1.04
	杭州湾四期23号试桩	2.8	120	4.5	-103.3～-108.47	132.57	132.57	68.11	1
	杭州湾四期23号试桩	2.8	120	4.5	-108.47～-115.72	125.22	125.22	67.84	1
	杭州湾四期25号试桩	2.8	120	4.5	-42.45～-55.35	-35	36.03	46.28	1.03
	杭州湾四期25号试桩	2.8	120	4.5	-68.35～-75.35	-55	51.63	47.56	0.94
	杭州湾四期25号试桩	2.8	120	4.5	-104.15～-104.8	-85	92.52	51.11	1.09
	杭州湾四期25号试桩	2.8	120	4.5	-104.80～-111.7	-85	94.04	49.88	1.11
	杭州湾四期25号试桩	2.8	120	4.5	-111.7～-119.25	-85	92	48.96	1.08
	灌河特大桥22号试桩	2.5	96	5	-42.77～-49.77	80.66	86.04	16.18	1.07
	灌河特大桥23号试桩	2.5	95	5	-27.65～-32.65	-30	41.58	22.19	1.39
	灌河特大桥23号试桩	2.5	95	5	-73.00～-96.00	-75	70.68	11.96	0.94
	沪崇苏通道上海长江大桥D组试桩	1.6	81.955	8	-19.39～-31.59	21.59	31.08	11.05	1.44
	沪崇苏通道上海长江大桥G组试桩	2.5～3.2	95.15	6	-28.2～-39.7	46.18	50.27	16.28	1.09
	沪崇苏通道上海长江大桥F组61号试桩	2.5～3.0	107.85	7.5	-20.0～-32.4	38.68	41.88	14.05	1.08
	沪崇苏通道上海长江大桥F组62号试桩	2.5～3.0	104.85	3.7	-20.0～-31.9	21.29	25.29	28.4	1.19
粉土	郑州市某试桩工程	0.8	47.6	>2	-35.5～-47.60	40	69	10.85	1.73
	郑州市某试桩工程	0.8	47.6	>2	-27.65～-35.5	42	64	11.06	1.52
	沪崇苏通道上海长江大桥D组试桩	1.6	81.955	8	1.6～-1.5	19.69	24.24	10.46	1.23
	沪崇苏通道上海长江大桥D组试桩	1.6	81.955	8	-1.5～-12.79	21.49	30.48	10.51	1.42
	沪崇苏通道上海长江大桥D组试桩	1.6	81.955	8	-12.79～-19.39	15.39	28.69	10.71	1.86
	沪崇苏通道上海长江大桥D组试桩	1.6	81.955	8	-42.89～-55	52.47	59.57	12.67	1.14
	沪崇苏通道上海长江大桥D组试桩	1.6	81.955	8	-55～-56.89	30.88	97.55	15.56	3.16
	沪崇苏通道上海长江大桥G组试桩	2.5～3.2	95.15	6	-45.7～-49.85	76.36	80.86	16.76	1.06

续上表

土层名	工程及试桩编号	桩径（m）	桩长（m）	注浆压力（MPa）	土层高程（m）	压浆前侧阻力（kN）	压浆后侧阻力（kN）	变位（mm）	β_{si}
粉土	沪崇苏通道上海长江大桥 G 组试桩	2.5～3.2	95.15	6	-49.85～-54.7	77.26	80.66	17.08	1.04
	沪崇苏通道上海长江大桥 F 组 61 号试桩	2.5～3.0	107.85	7.5	-32.4～-40.15	54.27	60.37	14.38	1.11
	沪崇苏通道上海长江大桥 F 组 61 号试桩	2.5～3.0	107.85	7.5	-40.15～-49.35	64.36	68.66	14.82	1.07
	沪崇苏通道上海长江大桥 F 组 61 号试桩	2.5～3.0	107.85	7.5	-49.35～-59.65	78.36	81.36	15.7	1.04
	沪崇苏通道上海长江大桥 F 组 62 号试桩	2.5～3.0	104.85	3.7	-39.3～-43.45	45.77	54.81	28.75	1.2
	沪崇苏通道上海长江大桥 F 组 62 号试桩	2.5～3.0	104.85	3.7	-43.45～-52.3	60.87	73.32	29.07	1.21
粉细砂	天津保税区国贸大厦试桩工程	0.8	56	—	-28～-46	75	112	—	1.49
	上海江山大厦试桩工程	0.8	70	—	-51～-59	85	105.9	—	1.25
	沪崇苏通道上海长江大桥 G 组试桩	2.5～3.2	95.15	6	-79～-89.7	32.28	79.56	16.84	2.47
	沪崇苏通道上海长江大桥 G 组试桩	2.5～3.2	95.15	6	-89.7～-99.7	32.58	80.86	16.31	2.48
卵石	杭州德胜快速路工程试桩 PM6-2	1	48.5	—	-42.26～-42.3	130	130.7	6.35	1.01
	杭州德胜快速路工程试桩 PM6-2	1	48.5	—	-42.3～-44.3	130	134.43	18.61	1.03
	杭州德胜快速路工程试桩 PM6-2	1	48.5	—	-44.3～-45.3	130	138.73	18.61	1.07
	杭州德胜快速路工程试桩 PM9-2	1.2	47	—	-41.73～-42.70	130	137.43	5.09	1.06
	杭州德胜快速路工程试桩 PM9-2	1.2	47	—	-42.70～-44.70	130	147.83	12.01	1.14
	杭州德胜快速路工程试桩 PM9-2	1.2	47	—	-44.70～-45.70	130	152.32	11.7	1.17

附录 4　侧阻提高系数方程式形式数据统计

工程及试桩编号	桩径(m)	桩长(m)	注浆压力(MPa)	土层总高程(m)	土层厚度 l_i(m)	土层分布(m)	土层高程(m)	压浆前侧阻(kPa)	侧阻增强系数 β_{si}	压浆后侧阻(kPa)	变位(mm)
苏通大桥二期试桩 SZ2	2.5	125	7~8	-2.75~-46.1	1.2	淤泥质亚黏土	-8.95~-10.15	-20	β_{s1}	45.69	29.48
					5.3	亚黏土	-10.15~-15.45	-35	β_{s1}		
					18.95	亚黏土	-15.45~-34.40	-40	β_{s1}		
					1.8	亚黏土	-43.95~-47.75	-40	β_{s1}		
					9.55	亚砂土	-34.40~-43.95	-35	β_{s1}		
					6.2	粉砂	-2.75~-8.95	-40	β_{s2}		
					0.35	粉砂	-43.75~-46.10	-50	β_{s2}		
苏通大桥二期试桩 SZ2	2.5	125	7~8	-56.65~-61.20	2.4	亚砂土	-56.65~-59.05	-45	β_{s1}	62.51	32.43
					2.15	中砂	-59.05~-61.20	-60	β_{s4}		
苏通大桥二期试桩 SZ2	2.5	125	7~8	-81.15~-86.45	2.3	砾砂	-81.15~-83.45	-130	β_{s6}	112.71	36.98
					3	黏土	-83.45~-86.45	-65	β_{s1}		
苏通大桥二期试桩 SZ2	2.5	125	7~8	-86.45~-90.35	1.05	粗砂	-86.45~-87.5	-110	β_{s5}	97.69	38.1
					2.85	中砂	-87.5~-90.35	-70	β_{s4}		
苏通大桥二期试桩 SZ3	2.5	106	6.5	-1.7~-46.1	8.6	亚黏土	-8.3~-16.9	-35	β_{s1}	54.56	18.65
					12.1	亚黏土	-16.9~-29	-40	β_{s1}		
					3.15	亚黏土	-32.5~-35.65	-40	β_{s1}		
					6.7	亚黏土	-38~-44.7	-40	β_{s1}		
					1.75	亚砂土	-1.7~-3.45	-40	β_{s1}		
					4.85	粉砂	-3.45~-8.3	-40	β_{s2}		
					3.5	粉砂	-29~-32.5	-50	β_{s2}		
					2.35	粉砂	-35.65~-38	-50	β_{s2}		
					1.4	细砂	-44.7~-46.1	-50	β_{s3}		
苏通大桥二期试桩 SZ4	2.5	125	5~7	-110.1~-114.2	1.2	细砂	-110.1~-111.3	-60	β_{s3}	186.53	46.68
					2.9	粗砂	-111.3~-114.2	-110	β_{s5}		
灌河特大桥22号试桩	2.5	96	5	-7~-16.72	4.07	淤泥质黏土	-7~-11.07	-15 10.68	β_{s1}	24.33	15.01
					5.65	粉砂	-11.07~-16.72	28.48	β_{s2}		

续上表

工程及试桩编号	桩径(m)	桩长(m)	注浆压力(MPa)	土层总高程(m)	土层厚度 l_i(m)	土层分布(m)	土层高程(m)	压浆前侧阻(kPa)	侧阻增强系数 β_{si}	压浆后侧阻(kPa)	变位(mm)
灌河特大桥22号试桩	2.5	96	5	-23.47 ~ -36.57	2.1	黏土	-23.47 ~ -25.57	59.83[22]	β_{s1}	47.20	15.32
					1.1	粉砂	-25.57 ~ -26.67	38.08	β_{s2}		
					9.9	黏土	-26.67 ~ -36.57	38.08	β_{s1}		
灌河特大桥22号试桩	2.5	96	5	-36.57 ~ -42.77	3.4	亚黏土	-36.57 ~ -39.97	69.24	β_{s1}	62.16	15.75
					2.8	粉砂	-39.97 ~ -42.77	40.39	β_{s2}		
灌河特大桥22号试桩	2.5	96	5	-49.77 ~ -55.07	1.5	黏土	-49.77 ~ -51.27	99.46	β_{s1}	93.49	16.73
					3.8	粉砂	-51.27 ~ -55.07	76.50	β_{s2}		
灌河特大桥22号试桩	2.5	96	5	-67 ~ -92.37	3.27	中砂	-67 ~ -70.27	69.34	β_{s4}	101.26	24.96
					22.1	黏土	-70.27 ~ -92.37	86.67	β_{s1}		
灌河特大桥23号试桩	2.5	95	5	-14.15 ~20.45	2	亚黏土	-14.15 ~ -16.15	-35	β_{s1}	55.76	7.91
					2.2	粉砂	-16.15 ~ -18.35	-35	β_{s2}		
					2.1	亚砂土	-18.35 ~20.45	-45	β_{s1}		
灌河特大桥23号试桩	2.5	95	5	-32.65 ~ -41.65	6.5	亚黏土	-32.65 ~ -39.15	-60	β_{s1}	76.63	8.72
					2.5	粉砂	-39.15 ~ -41.65	-50	β_{s2}		
苏通大桥三期试桩 C1 - SZ2	2.5	114	6.5	-8.49 ~ -40.94	19.6	粉砂	-8.49 ~ -28.09	-35	β_{s2}	44.75	22.86
					7.91	亚黏土	-28.09 ~ -36.00	-40	β_{s1}		
苏通大桥三期试桩 C1 - SZ2	2.5	114	6.5	-46.24 ~ -53.64	2.4	粉砂	-46.24 ~ -48.64	-45	β_{s2}	64.49	23.77
					5	亚黏土	-48.64 ~ -53.64	-40	β_{s1}		
苏通大桥三期试桩 C1 - SZ2	2.5	114	6.5	-59.14 ~ -64.39	2.1	亚黏土	-59.14 ~ -61.24	-40	β_{s1}	74.26	24.71
					1.05	粉砂	-61.24 ~ -62.29	-55	β_{s2}		
					2.1	细砂	-62.29 ~ -64.39	-55	β_{s3}		
苏通大桥三期试桩 C1 - SZ2	2.5	114	6.5	-64.39 ~ -70.99	2.5	砾砂	-64.39 ~ -66.89	-110	β_{s6}	146.52	26.41
					2.05	中砂	-66.89 ~ -68.94	-60	β_{s4}		
					2.05	砾砂	-68.94 ~ -70.99	-110	β_{s6}		
苏通大桥三期试桩 C1 - SZ2	2.5	114	6.5	-70.99 ~ -80.44	4.95	细砂	-70.99 ~ -75.94	-55	β_{s3}	124.95	28.5
					2	粗砂	-75.94 ~ -77.94	-100	β_{s5}		
					2.5	细砂	-77.94 ~ -80.44	-55	β_{s3}		
苏通大桥三期试桩 C1 - SZ2	2.5	114	6.5	-80.44 ~ -95.00	4.45	砾砂	-80.44 ~ -84.89	-110	β_{s6}	135.36	30.16
					6.2	粉砂	-84.89 ~ -91.09	-55	β_{s2}		
					3.91	中砂	-91.09 ~ -95.00	-70	β_{s4}		

续上表

工程及试桩编号	桩径(m)	桩长(m)	注浆压力(MPa)	土层总高程(m)	土层厚度 l_i(m)	土层分布(m)	土层高程(m)	压浆前侧阻(kPa)	侧阻增强系数 β_{si}	压浆后侧阻(kPa)	变位(mm)
苏通大桥三期试桩 C1-SZ2	2.5	114	6.5	-95.00 ~ -103.49	2.04	细砂	-95.00 ~ -97.04	-60	β_{s3}	152.62	24.81
					6.45	中砂	-97.04 ~ -103.49	-70	β_{s4}		
苏通大桥三期试桩 C2-SZ7	2.5	117	2.7	-8.14 ~ -27.30	3.4	淤泥质亚黏土	-8.14 ~ -11.54	-15	β_{s1}	28.29	18.05
					6.15	亚黏土	-11.54 ~ -17.69	-30	β_{s1}		
					4.95	淤泥质亚黏土	-17.69 ~ -22.64	-20	β_{s1}		
					2.5	亚黏土	-22.64 ~ -25.14	-35	β_{s1}		
					2.16	淤泥质亚黏土	-25.14 ~ -27.30	-20	β_{s1}		
苏通大桥三期试桩 C2-SZ7	2.5	117	2.7	-60.04 ~ -72.94	2.6	细砂	-60.04 ~ -62.64	-35	β_{s3}	94.64	19.33
					2.5	粉砂	-62.64 ~ -65.14	-55	β_{s2}		
					4	细砂	-65.14 ~ -69.14	-50	β_{s3}		
					1.3	粗砂	-69.14 ~ -70.44	-110	β_{s5}		
					2.5	中砂	-70.44 ~ -72.94	-60	β_{s4}		
苏通大桥三期试桩 C2-SZ7	2.5	117	2.7	-72.94 ~ -82.94	8.9	粉砂	-72.94 ~ -81.84	-55	β_{s2}	104.55	22.27
					1.1	砾砂	-81.84 ~ -82.94	-120	β_{s6}		
苏通大桥三期试桩 C2-SZ7	2.5	117	2.7	-90.24 ~ -100.00	5	细砂	-90.24 ~ -95.24	-60	β_{s3}	128.23	26.69
					1.3	粗砂	-95.24 ~ -96.54	-110	β_{s5}		
					3.46	中砂	-96.54 ~ -100.00	-70	β_{s4}		
苏通大桥三期试桩 C2-SZ7	2.5	117	2.7	-96.54 ~ -106.84	5.2	中砂	-96.54 ~ -101.74	-70	β_{s4}	153.39	30.75
					1.9	细砂	-101.74 ~ -103.64	-60	β_{s3}		
					3.2	亚黏土	-103.64 ~ -106.84	-50	β_{s1}		

续上表

工程及试桩编号	桩径(m)	桩长(m)	注浆压力(MPa)	土层总高程(m)	土层厚度 l_i(m)	土层分布(m)	土层高程(m)	压浆前侧阻(kPa)	侧阻增强系数 β_{si}	压浆后侧阻(kPa)	变位(mm)
苏通大桥三期试桩 C2 - SZ6	2.5	126	4	-68.7 ~ -75.1	1.43	粗砂	-68.7 ~ -70.13	-100	β_{s5}	123.64	16.95
					1.45	细砂	-70.13 ~ -71.58	-55	β_{s3}		
					0.6	粗砂	-71.58 ~ -72.18	-100	β_{s5}		
					2.92	中砂	-72.18 ~ -75.1	-60	β_{s4}		
苏通大桥三期试桩 C2 - SZ6	2.5	126	4	-75.1 ~ -89.9	1.43	中砂	-75.1 ~ -76.53	-60	β_{s4}	81.41	18.49
					5.75	细砂	-76.53 ~ -82.28	-55	β_{s3}		
					3.3	中砂	-82.28 ~ -85.58	-60	β_{s4}		
					4.32	细砂	-85.58 ~ -89.9	-55	β_{s3}		
苏通大桥三期试桩 C2 - SZ6	2.5	126	4	-89.9 ~ -96.9	4.98	细砂	-89.9 ~ -94.88	-55	β_{s3}	86.33	20.47
					1.4	中砂	-94.88 ~ -95.48	-70	β_{s4}		
					1.42	粗砂	-95.48 ~ -96.9	-110	β_{s5}		
苏通大桥三期试桩 C2 - SZ6	2.5	126	4	-96.9 ~ -108.7	1.38	粗砂	-96.9 ~ -98.28	-110	β_{s5}	177.44	34.38
					3.4	砾砂	-98.28 ~ -101.68	-120	β_{s6}		
					2.6	亚黏土	-101.68 ~ -104.28	-60	β_{s1}		
					4.62	粉砂	-104.28 ~ -108.7	-60	β_{s2}		
苏通大桥三期试桩 C2 - SZ6	2.5	126	4	-108.7 ~ -119.9	6.58	中砂	-108.7 ~ -115.28	-70	β_{s4}	169.46	32.75

附录5 总承载力方程形式数据统计

工程名称和试桩编号	持力层	持力层 q_{pa}（kPa）	桩径（m）	桩长（m）	注浆压力（MPa）	注浆前承载力（kN）	对应注浆后承载力（kN）	桩侧土层（桩端向上 10m 以上）分布（kPa）
武汉怡景花园工程检测	卵石层	2 350	0.8	41.6	<5	8 600	10 290	2.2m 砾卵石 120kPa;12.6m 粉细砂夹中砂 70kPa; 13m 粉砂 50kPa;2.2m 粉砂夹粉土 40kPa;2.6m 粉土夹粉质黏土 38kPa;5.2m粉质黏土 30kPa;2.4m 黏土 48kPa;4.5m 粉质黏土 36kPa;2.4 粉土夹粉质黏土 45kPa
			0.8	41.6	<5	9 000	10 320	
			0.8	41.6	<5	9 200	10 350	
福建市龙泉大厦	砾砂	7 500	0.8	66	4~8	6 000	11 000	15m 砾砂 80kPa、2m 碎石 110kPa、3m 淤泥质土 25kPa、8m 黏土 50kPa;4m 砂卵石 75kPa;9m 淤泥质土 20kPa;3.5m 砂泥石层 25kPa;215m 淤泥 14kPa
			0.8	66	4~8	6 000	11 500	
汕头市某中心工程	粗砂	2 500	0.9	50	1~10	5 600	7 200	1.8m 填土;25m 淤泥 14kPa;1.5m 粉质黏土 40kPa;4.6m 粉细砂夹中砂 50kPa; 5.65m 粗砂 90kPa;7.6m 粉土淤泥 30kPa;4m 粗砂 105kPa
			1.0	50		6 400	8 400	
河西大厦商住楼试桩工程 93 号	卵石	1 400	1.0	71.5	<9	<9 075	10 000	1.2m 黏土 13kPa;11.5m 淤泥 4.5kPa;8.15m 黏土 20kPa;12.7m 粉质黏土 9kPa;4.4m 黏土 22kPa;16.4m 黏土 14kPa;6.4m 粉质黏土 16kPa; 1.4m 含黏性土粉砂 26kPa;4.08m 含黏性土粉砂卵石 35kPa;4.4m 含砾粉质黏土 20kPa;3m 卵石 45kPa
河西大厦商住楼试桩工程 105 号	卵石	1 400	1.0	71.7	<9	<9 075	10 000	
河西大厦商住楼试桩工程 38 号	卵石	1 400	0.8	69.9	<9	<5 450	7 400	
河西大厦商住楼试桩工程 146 号	卵石	1 400	0.8	70.4	<9	<5 450	7 400	
石家庄市仓安路高架道路工程 P50-4	卵石	3 000	1.5	60	>1.5	27 216	38 100	15.8m 粉质黏土 60kPa;7.7m 粗砂80kPa;23m 卵石 120kPa;6.8m 黏土 70kPa;6.7m 卵石 130kPa
石家庄市仓安路高架道路工程 P51-21	卵石	3 000	1.5	60	>1.5	26 610	36 900	0.6m 中砂 50kPa;10.9m 粉质黏土 60kPa;18.9m 粗砂 80kPa;14.6m 卵石 20kPa; 8m 卵石 20kPa;3.4m 黏土 70kPa;3.6m 卵石 130kPa

续上表

工程名称和试桩编号	持力层	持力层 q_{pa}（kPa）	桩径（m）	桩长（m）	注浆压力（MPa）	注浆前承载力（kN）	对应注浆后承载力（kN）	桩侧土层（桩端向上 10m 以上）分布（kPa）
杭州长途电信大楼 S1 试桩	卵石	5 500	1.5	40	6.0	14 000	18 630	0.2m 素填土 35kPa；1m 砂质粉土 36kPa；6.6m 粉砂 45kPa；2.4m 砂质粉土 50kPa；3.9m 粉砂 30kPa；3m 砂质粉土 16kPa；1.4m 淤泥质粉质黏土 65kPa；5.6m 粉质黏土 55kPa；3.1m 含砂粉质黏土 60kPa；1.3m 含圆砾粉细砂 115kPa；7.3m 卵砾石 90kPa；1.4m 圆砾 120kPa
杭州钱江新城城市主阳台 1 号试桩	卵石	2 300	2.5	43	—	23 626	40 589	1.75m 淤泥混粉土 8kPa；3.5m 砂质粉土 8kPa；5.9m 粉砂夹粉土 22kPa；3.2m 粉质黏土 18kPa；5.3m 淤泥质粉质黏土 10kPa；2.3m粉质黏土 24kPa，3.4m粉质黏土 26kPa；1.5m 含砂粉质黏土 22kPa；4m 圆砾 60kPa；0.7m 细砂 35kPa；11.45m卵石 70kPa
杭州钱江新城城市主阳台 2 号试桩	卵石	2 300	2.5	51	—	28 022	52 400	1.4m 淤泥混粉土 8kPa；4.5m 砂质粉土 8kPa；5.2m 粉砂夹粉土 22kPa；4.5m粉质黏土 18kPa；4.8m 淤泥质粉质黏土 10kPa；2.3m粉质黏土 24kPa；3.3m 粉质黏土 26kPa；2.3m 含砂粉质黏土 2kPa；2.3m 圆砾 60kPa；0.4m 细砂 35kPa；20m 卵石 70kPa
杭州钱江新城城市主阳台 3 号试桩	卵石	2 300	2.5	37	—	20 836	28 360	2.1m 淤泥混粉土 8kPa；5.2m 砂质粉土 8kPa；3.9m 粉砂夹粉土 22kPa；5.2m粉质黏土 18kPa；4.4m 淤泥质粉质黏土 10kPa；1.7m粉质黏土 24kPa；1.8m 粉质黏土 26kPa；2.2m 含砂粉质黏土 22kPa；0.5m 粉砂 32kPa；4.3m圆砾 60kPa；0.6m 细砂 35kPa；7.2m 卵石 70kPa

续上表

工程名称和试桩编号	持力层	持力层 q_{pa} (kPa)	桩径 (m)	桩长 (m)	注浆压力 (MPa)	注浆前承载力 (kN)	对应注浆后承载力 (kN)	桩侧土层（桩端向上10m以上）分布(kPa)
杭州钱江新城城市主阳台8号试桩	卵石	2 300	2.5	47	—	25 824	34 455	1.4m淤泥混粉土8kPa;4.5m砂质粉土8kPa;5.2m粉砂夹粉土22kPa;4.5m粉质黏土18kPa;4.8m淤泥质粉质黏土10kPa;2.3m粉质黏土24kPa;3.3m粉质黏土26kPa;2.3m含砂粉质黏土2kPa;2.3m圆砾60kPa;0.4m细砂35kPa;16m卵石70kPa
杭州钱江新城城市主阳台11号试桩	卵石	2 500	2	44.3	—	16 634	26 915	3.7m素填土0kPa;2.8m砂质粉土8kPa;2.3m砂质粉土25kPa;7.4m砂质粉土20kPa;3.3m粉砂夹粉土25kPa;4m黏质粉土18kPa;4.1m淤泥质粉质黏土10kPa;1.9m粉质黏土24kPa;3.6m粉质黏土26kPa;2m含砂粉质黏土22kPa;1.1m砾砂32kPa;2.2m砾砂40kPa;1.7m圆砾60kPa;7.15m卵石70kPa
杭州钱江新城城市主阳台12号试桩	卵石	2 500	2	37.5	—	12 197	19 488	
杭州钱江新城城市主阳台13号试桩	卵石	2 500	2	44.5	—	16 634	31 100	

参考文献

[1] 杨兴其 桩基静压试验研究. 北京:中国铁道出版社,2002.

[2] Bruce, D. A. Enhancing the performance of large diameter piles by grouting. Grouting Engineering, 1985(4).

[3] Bruce, D. A. Enhancing the performance of large diameter piles by grouting. Grouting Engineering, 1985(5).

[4] Schnitter . G. A new type of pile foundation. Schweizerische-Bauzeitung, 1961(2):13-19.

[5] Bolognesi, A. J. L. & Moretto, O. (1973): "Stage grouting perloading of large piles on sand." Proc. 8th ICSMFE, Moscow pp. 19-25.

[6] Lizzi, F. Directeur Technigue de La Societe Anonyme Fondedile. Pieu de Foundation Fondedile a "Cellule de Precharge", (Pieu F. C. P), Constuction, 1976(6):293-299.

[7] 法国专利 NO. 2331646. 一种既抗压又抗拉的桩的施工方法. 黄兴中译. 建筑技术科研情报, 1983(1):53-53.

[8] Krubasik K. Ma βnahmen zun Tragkrfterhohung an Gro β bohrpfalen. Baumashine Bautechnik, 1985(7,8).

[9] Fleming, W. G. . K. The Improvement of Pile Performance by Base Grouting. In: Proc. Instn. Civ. Engrs, 1993(8):88-93.

[10] Littlejohn, G. S. Ingle, J. L. & Dadasbilge, K. (1983): Improvement in base resistance of large diameter piles founded in silty sand ." Pro. 8th European Conference on Soil Mechanics and Foundation Engineering, Helsinki, May. pp:153-156.

[11] Stocker, M. F. (1983): "The influence of post grouting on the load bearing capacity of bored piles." Proc. 8th European Conference on Soil Mechanics and Foundation Engineering, Helsiniki, May 1983:2 ~ 12.

[12] olevskij, Yu. A. Strengthening of large-panel building by means of bore grouting of driven piles. Osnovaniya, Fundamenty i Mekhanika Gruntov, n 4, Jul-Aug, 1992:12-13.

[13] Simek, J.; Verfel, J.; Sedlecky, O.; Ocenasek, J.; Holousova, T. Improvement of the pile bearing capacity. Proceedings of the International Conference on Soil Mechanics and Foundation Engineering, v 2, 1989:1031-1034.

[14] P. Byrne, J. H. Strydom, W. DuPreez The performance of piled foundations supporting a large hotel on estuarine deposits in Durban. Proceedings-Seventh International Conference & Exhibition on Piling and Deep Foundations, 1998, Vienna, Austria, (DFI).

[15] Narong Thasnanipan, Zaw Z. Aye, Chanchai Submaneewong, Wanchai Teparaska Performance Of Toe-Grouted Large Bored Pile In Sand-Gravel Formation Of Chiang Mai City, Northern Thailand. Proceedings-Ninth International Conference on Piling and Deep Foundations,

2002, Nice, France, (DFI).

[16] D. E. Sherwood; SIF Enterprise Bachy Ltd., UK J. M. Mitchell; Ove Arup and Partners. Base grouted piles in Thanet Sands, London. Proceedings-Third International Conference-Piling and Deep Foundations, 1989, London, England, (ICDF).

[17] Boleslaw A. Klosinski, Czeslaw Szymankiewicz, Dariusz Petyniak. Drilled Piers with Base Preloading by Grouting Proceedings of the 20th Annual Members' Conference, 1995, Charleston, SC, (DFI).

[18] Hackmet A. Joer, Mark F. Randolph. Capacity of model grouted piles in calcareous sediments Proceedings-Seventh International Conference & Exhibition on Piling and Deep Foundations, 1998, Vienna, Austria, (DFI).

[19] B. D. Littlechild, G. D. Plumbridge, M. W. Fre. Shaft grouted piles in sand and clay in Bangkok Proceedings-Seventh International Conference & Exhibition on Piling and Deep Foundations, 1998, Vienna, Austria, (DFI).

[20] 吴礼广,徐登票. 钻孔灌注桩桩底后压浆的工程实践[J]. 中南公路工程,2002,27(2).

[21] 张晓伟,牛敏照,唐水清. 如何提高桩底后压浆一次压浆成功率[J]. 岩土工程界,2002,5(4).

[22] 杨耕,易良. 桩底压力注浆的大直径灌注桩载卵石地基上的应用[J]. 施工技术,1993(9).

[23] 吴建康. 泥浆护壁钻孔灌注桩的桩底压力注浆. 建筑施工,1994(2).

[24] 祝经成. 灌注桩桩端压浆结合超声波检测技术,施工技术,1995(9).

[25] 沈保汉. 后压压浆技术(2)[J]. 工业建筑,2001,31(6).

[26] 霍凤民. 浅析泥皮对钻孔灌注桩承载力的影响[J]. 地基基础工程,2002,12(4).

[27] 刘俊龙. 大口径灌注桩竖向承载力的影响因素及其评价[J]. 工程勘察,2001,2:14-17.

[28] 李小勇,谢康和,等. 钻孔灌注桩泥浆护壁性状实验研究[J]. 建筑结构,2000,30(5).

[29] 乔建伟. 混凝土灌注桩泥皮对承载力影响的探讨[J]. 特种结构,2000,4(17):32-33.

[30] 戴斌. 钻孔灌注桩泥浆护壁工程性状研究[J]. 铁道建筑技术,2003(3):36-38.

[31] 刘俊龙. 桩底沉渣对超长大直径钻孔灌注桩承载力影响的试验研究[J]. 工程勘察,2000,3.

[32] 黄生根. 超长钻孔灌注桩后压浆技术研究[D]. 南京:东南大学土木工程学院,2005.

[33] 刘小平. 巨厚层土中大直径超长钻孔灌注桩承载性状的应用研究[D]. 湖南:中南大学土木工程学院,2003.

[34] 王志玲,等. 钻孔灌注桩的垂直性状试验研究[M]. 北京:中国建材工业出版社,1996.

[35] 施锋. 某超高层建筑桩基检测结果分析[M]. 北京:中国建材工业出版社,1996.

[36] 程良奎,张作瑂,张志银. 岩土加固实用技术[M]. 北京:地震出版社,1994:179-180.

[37] 张作. 灌浆法·地基处理手册[M]. 北京:中国建筑工业出版社,1988.

[38] 程骁,张凤祥. 土建注浆施工与效果检测[M]. 上海:同济大学出版社,1998.

[39] 叶观宝. 地基加固新技术[M]. 北京:机械工业出版社,2002:108-112.

[40] 沈保汉. 后压压浆技术(6)[J]. 工业建筑,2001,31(10):62-65.

[41] 刘利民,舒翔,能巨华. 桩基工程的理论进展与工程实践[M]. 北京:中国建材工业出版

社. 2002. 279-283.

[42] 李小青. 竖向荷载作用下后压浆桩承载性状的数值分析[J]. 探矿工程,2000(5).

[43] 郭全全. 水泥土材料力学性能的试验研究[D]. 太原:太原理工大学,2004.

[44] 杨顺,高庆新. 桩端后压浆技术及在工程中的应用. 工程质量[J],2002(2).

[45] 白聚波 . 后压浆工法的实验及体会 . 西部探矿工程 [J],1999(4).

[46] 刘金砺,高文生,祝经成. 后压浆灌注桩承载力性状及工程应用. 中国工程建设地下结构新进展及新规范学术报告会. 杭州,1998.

[47] 中华人民共和国行业标准. 建筑桩基技术规范(JGJ 94—2008)[S]:北京,2008.

[48] 张家铭,汪稔,管典志. 桩底压浆灌注桩单桩极限承载力的估算[J]. 土工基础,2003, 17(2):34-35.

[49] 李昌驭. 钻孔灌注桩桩端后压浆工艺与机理研究[D]. 南京:东南大学土木工程学院,2003.

[50] 王秀哲. 超长钻孔灌注桩单桩轴向荷载—沉降曲线研究[D]. 南京:东南大学土木工程学院,2005.

[51] 时仓艳. 钻孔灌注桩孔壁稳定性分析及后压浆应用研究[D]. 南京:东南大学土木工程学院,2006.

[52] 龚维明,蒋永生,薛国亚. 桩承载力自平衡测试[J]. 岩土工程学报,2000,22(5):532-536.

[53] 龚维明,戴国亮,蒋永生,等. 桩承载力自平衡测试理论与实践[J]. 建筑结构学报,2002(1):82-88.

[54] 程晔. 超长大直径钻孔灌注桩承载性能研究[D]. 南京:东南大学土木工程学院. 2005.

[55] 建筑桩基技术规范(JGJ 94—94)[S]. 北京:中国建筑工业出版社,1995.

[56] 公路桥涵地基与基础设计规范(JTG D63—2007)[S]. 北京:人民交通出版社..

[57] 黄生根. 超长钻孔灌注桩后压浆技术研究[D]. 南京:东南大学土木工程学院,2005.

[58] 戴国亮,龚维明,蒋永生. 桥梁大吨位桩基新静载试验方法的工程应用[J]. 东南大学学报,2001,31(4):54-57.

[59] 龚维明,戴国亮,蒋永生,等. 桩承载力自平衡测试理论与实践[J]. 建筑结构学报,2002, 23(1): 82-88.

[60] 戴国亮,龚维明,耿建飚,等. 大直径后压浆桩压浆效果试验研究[J]. 桥梁建设,2002,(5): 5-9.

[61] 戴国亮,龚维明,童小东. 桩端后压浆桩压浆效果检测技术[J]. 施工技术,2005,34(1):74-77.

[62] 戴国亮,龚维明,程晔,薛国亚. 自平衡测试技术及桩端后压浆工艺在大直径超长桩的应用[J]. 岩土工程学报,2005,27(6):690-694.

[63] 龚维明,戴国亮,张浩文. 桩端后压浆技术在特大桥梁桩基中的试验与研究[J]. 东南大学学报. 2007, 37(6):1066-1070.

[64] 东南大学土木工程学院. 苏通大桥一期试桩工程总报告[R]. 2003,南京.

[65] 东南大学土木工程学院. 苏通大桥二期试桩工程总报告[R]. 2003,南京.

[66] 东南大学土木工程学院. 苏通大桥三期试桩工程总报告[R]. 2003,南京.

[67] 东南大学土木工程学院. 苏通大桥四期试桩工程总报告[R]. 2003,南京.
[68] 东南大学土木工程学院. 东海大桥试桩工程总报告[R]. 2003,南京.
[69] 东南大学土木工程学院. 杭州湾大桥二期试桩工程总报告[R]. 2003,南京.
[70] 东南大学土木工程学院. 杭州湾大桥三期试桩工程总报告[R]. 2004,南京.
[71] 东南大学土木工程学院. 杭州湾大桥四期试桩工程总报告[R]. 2005,南京.
[72] 东南大学土木工程学院. 上海长江大桥 F 组试桩报告[R]. 2005,南京.
[73] 东南大学土木工程学院. 上海长江大桥 D 组、G 组试桩报告[R]. 2006,南京.
[74] 东南大学土木工程学院. 印尼苏拉马都大桥试桩报告[R]. 2006,南京